리더의 오판

유효상 지음

A LEADER'S
MISJUDGMENTS

왜 리더는 잘못된 의사결정을 할까

리더의 오판

왜 똑똑한 리더들이 멍청한 의사결정을 할까

2020년에 영국은 전 세계에서 코로나19로 가장 치명적인 피해를 본 국가라는 불명예를 얻었다. 세계 최고의 공공보건 시스템으로 인정받아 왔던 영국 국민보건서비스NHS가 코로나19의 빠른 확산에 제대로 대응하지 못하며 한계를 드러냈기 때문이다. 어떻게 그런 일이 벌어졌을까? 답은 영국 국민보건서비스의 조직문화에서 찾을 수 있다. 영국 국민보건서비스는 우리나라 대기업과 같은 위계적 조직구조를 갖추고 있다. 그러다 보니 무슨 일이든 하려면 아래서부터 단계를 거쳐 올라가 최고경영진의 승인을 받아야 했다. 그런 의사결정 시스템은 위기 상황에 효율적으로 대응하지 못했다.

영국 국민보건서비스는 과거의 방식으로는 문제를 해결할 수 없음을 깨달았고 현장의 직원들에게 모든 권한을 위임하는 파격적인 혁신을 단행했다. 현장의 의사, 간호사, 그리고 모든 부서의 직원들은 문제가 발생할 때마다 보고하고 지시를 기다리는 대신 스스로

머리를 맞대고 논의하고 협력하며 가장 효율적인 방법을 찾아 실행해 나갔다. 그러자 과거 6개월에서 1년씩 걸리던 일들이 단 며칠 혹은 몇 주 만에 해결되기 시작했다.

리더는 집단지성을 설계하고 조정해야 한다

영국 국민보건서비스 이야기는 영국의 경영 사상가 헨리 스튜어트Henry Stuart의 저서 『해피 매니페스토』에 소개됐다. 경영 혁신을 주도한 사람은 영국 국민보건서비스 산하 BHRUH 신탁의 CEO 토니 체임버스Tony Chambers이다. 그가 밝힌 혁신의 성공 비결은 '직원들의 의사결정에 개입하기를 중단하고 대신 무엇이 필요한지만 묻고 지원하는' 리더십으로의 변화였다. "4차 산업혁명 시대에 어떤 리더십이 필요한가?"에 대한 질문과 답을 동시에 제시한 사례이다.

2017년 세계경제포럼의 클라우스 슈밥Klaus Schwab 회장은 4차 산업혁명을 시스템 혁명으로 정의하고 세계의 리더들에게 수평적인 시각에서 시스템 전체를 볼 수 있는 '시스템 리더십System leadership'으로 변화할 것을 당부했다. 세상의 패러다임은 이미 바뀌고 있다. 피라미드 형태의 수직적 구조는 퇴물이 되고 있다. 소수의 리더가 강력한 권한을 갖고 의사결정하는 것이 아니라 다수의 의견을 모아 시스템을 통해 의사결정해야 한다. 이제 기업도, 국가도 집단지성의 플랫폼이 되지 않으면 살아남을 수 없다.

'15년간 풀 수 없었던 효소의 구조를 밝히는 문제를 시민과 과학자들이 게임을 통해 합동으로 연구한 끝에 3주일 만에 풀었다. 인류 역사에서 가장 방대한 백과사전을 펴내는 것에 수백만 명이 10년 만에 끝냈다. 컴퓨터로 연결된 사람들이 이런 목표를 몇 시

간, 며칠, 몇 년 안에 달성할 수 있다.'

미국 MIT 집단지성센터CCI가 집필 중인 『MIT 집단지성 핸드북』(가제)의 첫 장에 나오는 내용이다. 집단지성은 최근 새로 등장한 용어는 아니다. 하지만 지금 전 세계의 가장 뜨거운 화두다. 집단지성을 설계하고 조정하는 능력이 새로운 문명의 생존자를 결정하는 시대가 됐기 때문이다.

전 세계의 개인들이 네트워크로 연결돼 시공간의 제약 없이 역동적으로 움직이며 빠르게 상호작용하는 세상에서는 소수의 집단이 아무리 문제해결 능력이 뛰어나더라도 거대한 집단의 아이디어와 협력의 힘을 절대로 당할 수 없다. 리더들의 역할이 바뀐 것이다. 이제 리더들은 의사결정권자가 아니라 다수 구성원의 집단지성이 조직의 역량으로 최대한 발현되도록 시스템을 만드는 설계자가 돼야 한다.

집단지성의 설계와 조정은 무엇보다도 인간에 대한 이해를 바탕으로 해야 한다. 특히 시스템의 설계자로서 리더의 자기인식Self-awareness이 가장 중요하다. 자기인식이 부족한 리더들은 의사결정을 할 때 인지 편향에 빠지고 의사소통을 할 때 경청을 못 한다는 공통점을 갖고 있다. 그러면서도 리더들은 편향된 직관과 과신에 의한 비합리적 판단의 결과일 가능성을 잘 인정하지 않는다.

리더는 '모른다는 것'을 스스로 인정할 줄 알아야 한다

리더는 조직에서 성공 경험을 축적하고 똑똑하다는 평가를 받으며 그 자리에 올랐다. 그럼에도 의사결정에서 비합리적인 결정을 한다. 왜 그렇게 잘못된 의사결정들을 할까 되짚어 분석하면 대부분 스스로는 절대로 인정하지 않는 인지 편향과 과신이라는 숨은 조정자를 만나게 된다. 인지 편향은 무의식의 작용으로서 누구도 완벽하게 통제할 수 없다. 그러나 리더의 인지 편향은 매우 심각한 문제여서 다른 사람보다 엄격하게 통제돼야 한다. 다수의 사람을 대리해 중요한 의사결정을 할 수 있는 권력과 권한을 갖고 있기 때문이다. 리더의 비합리적 의사결정은 국가 시스템을 망가뜨릴 수 있고 잘 나가던 기업의 문을 닫게 할 수 있고 회복하기 어려운 재해를 일으킬 수 있는 등 막대한 폐해로 나타난다. 그리고 그 결과의 비용은 불행히도 모두의 몫이 된다.

　지금 우리는 위기의 시대에 살고 있다. 그 누구도 예측하기 어려운 불확실성의 시대가 본격적으로 시작됐기 때문이다. 코로나19 팬데믹 후 세상을 뉴노멀New normal이라고 한다. 하지만 과연 앞으로 정상Normal이라는 개념 자체가 존재하는 세상이 가능할까? 언제든 수시로 닥쳐올 '비정상'이라는 위기에 대응하는 능력은 생존의 필수 조건이 돼버렸다. 국가와 기업 등 모든 조직의 필수 역량으로서 진폭이 크고 속도가 빠른 변화에 능동적으로 대처할 수 있는 회복탄력성Resilience이 언급되는 이유다. 리더에게는 조직의 회복탄력성을 키워야 할 책무가 있다. 이는 리더 자신의 본질적 변화에서 시작돼야 한다. 인간의 의사결정이 많은 경우 인지 편향에 휘둘린 판단의 결과임을 증명해낸 행동경제학은 리더의 자기인식이 얼마나 중요한지 강조한다. 리더의 자기인식이란 무엇일까? 바로 많은 것을 알고 있다는 착각에서 벗어나 스스로 '모른다는 사실'을 인식하고 자신의 판단이 잘못됐을 가능성을 인정하는 것이다.

　일론 머스크Elon Musk는 2020년 『월스트리트저널』과의 인터뷰에서 "높은 자리에 오를수록 자신이 틀렸다는 것을 인정하기 힘듭니다."라고 솔직히 토로했다. 그는 "리더가 가장 잘해야 하는 일 중 하나가 자신이 틀렸다는 것을 받아들이는 것입니다."라고 강조한다. 리더의 자존심보다 회사가 '덜 잘못되는 것'이 훨씬 중요하기 때문이다. 그는 리더의 존재 이유에 대해 "직원들이 리더를 위해 존재하는 것이 아니고 리더가 직원들을 위해 존재한다는 것을 깨달아야 합니다."라고 단언했다. 그의 말은 리더십의 본질을 다시 한번 생각하게 한다.

지금은 리더십 이론의 과잉 시대다. 새로운 리더십이 쏟아져 나온다는 것은 그만큼 찾는 수요가 많다는 방증이다. 하지만 성공한 리더십의 정답 같은 것은 애초부터 없다. 리더십은 결과가 아니다. 변화를 읽고 위기에 대응하고 실패로부터 회복하는 기본 역량을 바탕으로 조직에 영감을 불어넣는 과정이다.

이 책은 리더들이 현장에서 부딪히는 이슈들을 행동경제학의 이론으로 풀었다. 리더의 판단과 의사결정에 얼마나 많은 오류가 발생하는지 꼼꼼하게 지적하는 실험과 사례들을 읽다 보면 간간이 불편함을 느낄 수도 있다. 그러나 많은 착각과 오해들을 직시하고 인지 편향에 지배당한 직관으로 세상을 판단하는 자신을 인정하는 것은 매우 중요하다. 통계학자이자 의사인 한스 로슬링Hans Rosling의 저서 『팩트풀니스』는 우리가 편견과 거짓으로 가득한 탈진실Post truth*의 시대를 살고 있으며 직관의 판단에 의존할 때 왜곡된 진실에서 벗어날 수 없다고 경고한다. 팩트에 기반한 합리적 사고를 하

---

* 실제 일어난 일보다 개인적인 신념이나 감정이 여론 형성에 더 큰 영향력을 미치는 현상이다.

기 위해서는 통계적 관점으로 편협한 인식과 고정관념을 의심해야한다. 그러기 위해 필요한 건 변화하는 세상과 정보에 대한 끊임없는 학습과 인간에 대한 탐구다. 우리는 의사결정 능력을 키우기 위해 어떻게 해야 할까? 성공한 리더를 벤치마킹할 것이 아니라 먼저 '인간으로서 자신을 깨닫는 시간'을 가져야 한다. 이 책과 함께 고민하는 기회를 공유하길 바라는 마음이다.

2021년 2월
유효상

리더의 오판 4

우리의 평가는 공정하다 •   111
: 도대체 왜 동기부여가 되지 않을까? (평가와 보상)

리더의 오판 7

우리가 정답을 찾아야 한다   221
: 도대체 왜 의사결정에 집단지성이 필요할까? (의사결정)

리더의 오판 8
인간은 이성적 존재다 · 267
: 도대체 왜 우리는 무지함을 인정하지 못할까?(자기인식)

우리는 서로 같은 생각을 한다

: 도대체 왜 바뀌지 않는 걸까? (커뮤니케이션)

왜 아무도 100년 동안
그 이유를 묻지 않았을까

19세기 독일의 통일을 이끈 비스마르크Otto Eduard von Bismarck는 러시아 주재 프로이센 대사 자격으로 상트페테르부르크에 있는 황제 알렉산드르 2세Aleksandr II의 여름 별장을 방문했다. 그는 황제와 산책을 하던 중 중무장한 경비병들이 아무도 없는 텅 빈 정원을 지키고 있는 것이 이상해서 그 이유를 물어보았다. 하지만 황제도 그 이유를 몰랐고 그제야 부랴부랴 이유를 알아보도록 지시했다. 결국 오래된 경비대 서류철에서 그 이유에 대한 관련 기록을 찾았다.

경비병이 무장하고 정원에서 보초를 서는 전통은 18세기 러시아의 여황제 예카테리나 2세Ekaterina II 때로 거슬러 올라간다. 이른 봄의 어느 날 예카테리나 2세는 정원을 산책하다가 눈 속에 핀 눈풀꽃Snowdrop을 발견했다. 그녀는 추운 날씨에 핀 눈풀꽃을 귀하게 여겼고 정원에 초소를 세워 꽃을 지키도록 명령했다. 그 후 꽃은 시들었고 예카테리나 2세도 그 일을 잊었다. 하지만 경비병들은 매일 보초를 섰다. 거의 100여 년이 흘러 비스마르크가 '왜?'라고 질문하기 전까지 아무도 경비병들이 중무장하고 보초를 서는 이상한 전통을 문제 삼지 않았다. 왜 그래야 하는지 묻지 않고 무조건 따르는 집단적 타성Collective inertia의 대표적 모습이다.

왜 권위주의적인 조직의 의사결정이 위험할까

◇◇◇◇◇

요즘 종이신문은 인기가 없다. 속도와 정보량에서 온라인을 따라가지 못하기 때문이다. 게다가 크기도 커서 펼쳐 읽기도 거추장스럽다. 그런데 도대체 왜 신문은 그렇게 크게 만드는 걸까? 시작은 19세기 영국이다. 당시 영국 정부는 지식세Knowledge tax를 도입하고 신문의 페이지 수에 세금을 부과하기로 했다. 그러자 신문사들은 세금 부담을 낮추기 위해 신문을 크게 만들어 페이지 수를 줄였다. 당시 제작된 신문의 크기는 21세기 현재 신문의 크기와 거의 다르지 않았다. 왜 종이신문은 가독성을 떨어뜨리는 비효율적인 크기를 바꾸지 않는 걸까? 변화의 요구가 전혀 없는 걸까? 물론 그렇지는 않았다. 변화의 목소리가 나올 때마다 '신문은 (전통적으로) 이래야 한다.'라는 고정관념, 즉 타성의 힘이 변화를 막았을 뿐이다. 타성은 자주 '전통' 혹은 '정통'이라는 이름으로 합리화된다. 집단 내 타성이 견고해질수록 다른 목소리는 무시되고 침묵이 자연스러운 문화가 된다.

조직에서 힘과 권력을 가진 사람들은 타성이 강하다. 그들은 과거의 방식에 익숙해 있고 기존의 체제를 고수하려는 현상유지 편향Status quo bias이 매우 강하다. 그들은 과거 성공의 경험을 통해 축적한 지식을 과신하기 때문에 자신들의 판단이 오류일 가능성을 인정하지 않는다. 문제는 이런 리더의 편향성이 빠르게 조직문화로 퍼져나가는 것이다. 바로 폭포 효과Cascade effect다. 폭포 효과는 집단의 힘 있는 소수의 변화가 집단 전체로 빠르게 널리 퍼지는 현상을 말한다. 조직에서 폭포의 시작점은 리더다. 리더의 판단과 행동이 조직에 시그널을 보내면 효과는 걷잡을 수 없이 확산한다.

이때 나쁜 리더십은 좋은 리더십보다 더 빠르게 조직을 오염시킨다. 사람들은 긍정적 경험보다 부정적 경험에 더 민감하고 부정적 경험은 사고와 활동의 범위를 축소한다. 이는 일종의 자기방어 본능이다. 미국 와튼경영대학원의 시걸 바세이드Sigal Barsade 교수는 "조직의 구성원들은 일반적으로 리더의 감정을 파악하는 데 주의를 기울이고 민감하게 반응합니다. 그러다 보니 리더는 부하직원들의 감정 형성과 팀 분위기에 강력한 영향력을 행사합니다."라고 말했다. 리더의 감정은 단지 팀 분위기에만 영향을 미치는 것이 아니다. 미시간대학교의 C. 사비드라C. Saavedra 교수는 리더 개인의 감정이 구성원의 성과에도 영향을 미칠 수 있다는 연구결과를 발표했다.

왜 타성과 침묵이 관행이 된 조직의 의사결정이 위험할까? 그건 집단의 극단화Group polarization 현상이 나타나기 때문이다. 심리학자 데이비드 마이어스David Myers와 도로시 비숍Dorothy Bishop은 인종적 편견을 가진 백인들을 그 정도에 따라 그룹으로 나눠 토론하게 한 후 의식의 변화를 살펴봤다. 그 결과 심각한 인종적 편견을 가진 그룹은 토의 후 편견이 더 강해졌고 인종적 편견이 약한 그룹은 토의 후 편견이 더 약해졌다. 집단의 극단화 현상이 나타난 것이다.

미국 하버드대 로스쿨 교수 캐스 R. 선스타인Cass R. Sunstein은 『우리는 왜 극단에 끌리는가』에서 미국의 전 부시 대통령의 멍청한 의사결정을 예로 집단 극단화의 문제점을 지적했다. 부시 대통령은 재임 당시 일사불란한 백악관을 지향했고 참모들을 '라이벌이 아닌 사람들의 팀Team of unrivals'으로 만들었다. 그들은 팀 내 반대의견을 가차 없이 충성심 부족으로 간주했다. 그 결과 미국은 이라크 전쟁이라는 나쁜 결정을 내렸다.

새로 조직에 들어온 젊고 열정적인 인재들은 기존 집단의 사고와 다른 창의적인 아이디어를 내고 제안할 용기도 있다. 하지만 아무리 말해도 소용없으면 결국 침묵을 선택하고 만다. 인간은 기본적으로 자신이 속한 집단에 호의적인 인상을 주려는 심리가 있다. 여기에 결속이라는 이름으로 충성심을 요구하는 문화에서 침묵은 자기방어의 기본값인 디폴트다. 타성은 수직적인 커뮤니케이션 문화를 익숙하게 받아들이고 집단은 폭포의 힘에 떠밀려 결국 아래로 떨어진다.

조직문화를 혁신하는 데 분수 효과가 가능할까

◇◇◇◇◇

경제학에는 '분수 효과Fountain effect'라는 말이 있다. 분수에서 물이 위로 솟아 퍼져나가는 것처럼 저소득층의 소비 증대가 생산과 투자 활성화 등으로 이어져 경기를 부양하는 효과를 말한다. 즉 하부에서 시작된 변화가 동력이 돼 상부를 변화시키고 집단 전체로 선순환되는 현상이다. 그럼 조직문화를 혁신하는 데 분수 효과가 가능할까? 결론부터 말하자면 불가능하다.

국내 대기업들이 2000년대 초중반 앞다퉈 '캐주얼 데이'를 도입했다. 캐주얼 데이란 금요일 하루 정장을 벗고 자유 복장으로 근무하는 것을 말한다. 자유 복장을 통해 근무문화를 유연하게 바꾸고 자율성, 창의성, 업무능률을 끌어 올리겠다는 의지의 표현이었다. 그런데 정작 직원들의 반응은 "차라리 정장이 속 편합니다."라는 게 대부분이었다.

당시 캐주얼 데이를 도입한 모 기업에서 있었던 일이다. 직원들이 자유 복장으로 출근해 평소처럼 회의에 참석했다. 그런데 회의 내내 임원의 따가운 눈초리를 받느라 좌불안석이었다. 회사의 지시를 따랐을 뿐인데 임원들은 왜 화가 난 걸까? 임원과 직원들의 '캐주얼'에 대한 생각이 서로 판이했기 때문이다. 직원들은 깔끔한 면바지와 칼라는 없지만 얌전한 셔츠 등 '적절한' 캐주얼 차림을 했다. 하지만 임원들의 사고에서 이는 용납하기 어려웠다. 아무리 캐주얼이라도 칼라가 있는 재킷과 구두가 가장 '정상적인' 출근 복장이라고 생각했기 때문이다.

급기야 임원들은 '정상적인 캐주얼'의 기준을 만들고야 말았다. 상의는 무조건 칼라가 있어야 하고 청바지는 절대 금지였다. 양말과 구두 색상도 정해졌다. 그리고 정상적인 캐주얼 데이의 가장 중요한 원칙으로서 임원들은 정장 차림을 고수했다. 이쯤 되니 직원들 마음이 편할 리 없다. 안 입으면 혼나고 입자니 드레스 코드를 맞추는 게 더 큰 스트레스였다. 케주얼 데이는 도입 목적대로 창의적이고 자유로운 조직문화를 만들었을까? 전혀 그렇지 않았다.

왜 우리는 커뮤니케이션에서 실패할까? 가장 큰 이유는 서로 다른 개념과 기준으로 말을 하기 때문이다. 리더는 진심으로 변화를 원했고 또 조직에 변화를 주문했다. 하지만 직원들은 변화의 메시지를 전혀 듣지 못했다. 캐주얼 데이를 통해 한 가지를 확인할 수 있었다. 리더와 직원들이 서로 같은 말을 다른 개념으로 이해하고 있다는 것이다. 캐주얼 데이는 커뮤니케이션의 실패로 목적을 이루지 못했다.

정상과 비정상을 구분하면 커뮤니케이션이 경직된다

◇◇◇◇◇

행동경제학자 대니얼 카너먼Daniel Kahneman은 아주 간단한 실험을 통해 사람들이 보편적 기준으로 인식하는 '정상'의 개념이 얼마나 주관적인지 밝혀냈다. 그는 실험 참여자들에게 아주 작은 코뿔소 위에 무지하게 큰 쥐가 올라탄 모습을 그려보라고 요청했다. 그러자 그림은 딱 두 종류로 나뉘었다.

1) 아무리 작아도 코뿔소는 코뿔소다.
    당연히 코뿔소를 쥐보다 크게 그린다.
2) 쥐보다 작은 코뿔소와 코뿔소보다 큰 쥐를 그린다.

실험에서 사람들은 1)의 경우를 더 많이 그렸다. 아무리 쥐가 커도 코뿔소보다 클 수 없다는 생각 때문이다. 2)의 그림을 그리면

웃어넘길 수는 있지만 정상이라고 생각하지는 않는다. 이유는 코뿔소보다 큰 쥐를 한 번도 본 적이 없기 때문이다. 그러니 사실이 아니고 정상일 수 없다는 논리다. 하지만 만약 인간이 한 번도 가본 적 없는 곳에 코뿔소보다 큰 쥐가 살고 있다면 2)의 그림은 순식간에 정상에 포함된다.

우리는 백조白鳥는 흰색이라고 믿고 있다가 흑조黑鳥가 등장하는 경우를 자주 목격하고 있다. 2008년 글로벌 금융위기가 그랬고 2019년 코로나19가 그랬다. 인간의 정상이라는 개념은 각자의 경험에서 벗어나지 못한 매우 좁은 프레임의 사고다. 2020년 소더비 경매에서 마이클 조던Michael Jordan이 신었던 나이키 운동화가 7억 원에 낙찰됐다. 이 사건은 마이클 조던의 팬에게는 정상의 범주에 속한다. 하지만 그렇지 않은 경우라면 "그게 정상이야?"라고 외칠 수 있다. 사람들은 각자의 머릿속에 나름의 정상 개념을 갖고 있다. 그리고 그걸 인지적 기준Anchor으로 사용해 자신의 판단이 정상 범위에 속하는지 추론하고 평가하고 정당화한다.

조직의 리더는 정상의 개념을 중요하게 인식해야 한다. 조직 내 커뮤니케이션에 부정적 프레이밍 효과Framing effect가 생기기 때문이다. 사람들은 자신의 지식과 경험에 따라 생성된 관점과 프레임에 따라 세상을 해석한다. 그러다 보니 서로 다른 프레임을 가진 상대와 커뮤니케이션하는 것이 어렵다. 조직에서 이것은 정상이고 저것은 비정상이라는 프레임이 작동하는 순간 구성원은 자유롭고 유연한 커뮤니케이션을 할 수 없다. 비정상 프레임에 걸린 견해들은 '틀린' '옳지 않은' 것으로 비난의 대상이 되고 페널티를 주는 행위가 당연시된다. 매우 주관적인 경험을 통해 생성된 정상이라는 개념을 기준으로 판단하면 반드시 오류가 생긴다. '다르다'는 '틀리다'가 아니다. '정상'은 인간이 만든 최악의 개념이라는 말이 생겨난 이유다.

왜 말은 리더가 하고
이해는 부하직원이 해야 할까

대학에서 영어강의를 처음 도입했을 때의 일이다. 당시 상대적으로 영어 실력이 부족한 학부생들을 가르쳐야 하는 교수들은 강의 준비에 꽤 애를 먹었다. 그런데 학기가 끝나고 강의 평가 최하점을 받은 교수 한 명이 화가 나서 총장실을 찾아갔다. 미국의 유명 대학 출신의 젊은 교수는 총장에게 영어 실력이 출중한 자신이 낮은 평가를 받은 것을 인정할 수가 없다고 했다. 총장은 교수의 하소연을 듣고는 조용히 대답했다.

"당신은 영어학과 교수가 아니라 경영학과 교수입니다."

영어를 잘하는 것과 커뮤니케이션을 잘하는 것은 전혀 다른 이야기다. 그 교수는 전문지식에 영어 실력까지 갖추고 있었다. 하지만 학생들은 그의 강의를 거의 이해하지 못했다. 그러다 보니 교수로서 좋은 평가를 받지 못한 것이다. 총장이 그날 꼬집은 것은 전

문가들이 커뮤니케이션에서 흔히 저지르는 실수인 지식의 저주
Curse of knowledge였다.

도대체 왜 말귀를 못 알아듣는 걸까

◇◇◇◇◇

"왜 말귀를 못 알아들어. 대체 몇 번을 말해야 해!"

아마 리더라면 회의가 끝난 후 이런 혼잣말을 한 적이 있을 것이다. 그런데 그렇게 답답해할 게 아니라 스스로 지식의 저주에 빠진 것은 아닌지 먼저 의심해볼 필요가 있다. 지식의 저주란 사람이 무엇을 잘 알게 되면 그것을 모르는 상태가 어떤 것인지 상상하기 어렵게 되는 것이다. 많이 아는 사람들, 즉 전문가들은 자신의 말이 끝난 후 '이 정도면 알아듣겠지.'라고 생각하지만 사실 상대방은 제대로 이해하지 못한 경우가 많다. 이유는 간단하다. 사람은 자신이 알고 있는 수준에 기대어 상대의 수준을 예단하기 때문이다.

1990년 스탠퍼드대학교의 심리학자 엘리자베스 뉴턴Elizabeth Newton의 유명한 실험이 있다. 뉴턴은 피실험자를 두 개의 그룹으로 나눴다. A그룹은 모두가 잘 아는 노래를 들었고 B그룹은 사전에 어떤 노래도 듣지 않았다. 잠시 후 A그룹과 B그룹에서 각각 한 명씩 뽑아 팀을 만들었다. 사전에 노래를 들은 사람과 노래를 듣지 않은 사람이 한 팀이 돼 미션을 수행했다. 그 미션은 A그룹 사람이 노래를 떠올리며 책상에 손으로 리듬을 두드리면 B그룹 사람이 리듬만 듣고 노래 제목을 알아내는 게임이다.

뉴턴은 실험 전 A그룹 사람들에게 "당신의 짝이 리듬만 듣고 노

래를 얼마나 알아맞힐까요?"라고 물었다. 사전에 노래를 들은 A그룹은 "50퍼센트 이상"이라고 답했다. 하지만 실험 결과 정답률은 겨우 2.5퍼센트였다. 무려 120곡을 실험했는데 단 3곡만 정답이었다. A그룹이 정답률을 높게 예측한 건 자신이 노래를 잘 알고 있었기 때문이다. 머릿속에서 재생되고 있는 멜로디가 너무 생생해서 알아맞히지 못하는 상대가 이상할 정도였다. 하지만 사전 정보가 없는 B그룹의 사람이 책상을 두드리는 소리만으로 멜로디를 연상하기란 아주 어려운 일이다. 그들에게 리듬은 멜로디가 아니라 단지 소음으로 들릴 뿐이다.

옛날 우리네 어머니들이 조리법을 설명하면서 "물을 적당히 붓고, 소금을 눈곱만큼 넣고, 참기름을 휙 둘러주면 되는 데 뭐가 어려워?"라고 타박하는 것도 지식의 저주다. 어머니 본인은 뻔한 지식을 쉽게 설명했는데도 자식이 못 알아들으니 답답한 것이다. 지식의 저주는 '내가 알고 있는 것을 남도 알고 있다.'라는 왜곡된 인식이 만드는 고정관념이다. 조직의 리더들은 지식의 저주에 매몰될 위험이 가장 큰 집단이다. 위계가 분명한 조직일수록 또 직급이 높을수록 리더가 부하직원과 대화할 기회가 적어진다. 리더들은 짧은 대화로 핵심을 전달하기 위해 되도록 간결하게 지시한다. 커뮤니케이션이 적을수록 지식의 저주를 피하기가 더 어려워진다.

리더들이 "왜 말귀를 못 알아들죠?"라고 화를 내는 데는 '말은 리더가 하고 이해는 부하직원이 하는 것'이라는 태도가 깔려 있다. 일이 잘 진행되지 않는 데는 제대로 소통하지 못한 리더의 책임도 분명히 있다. 하지만 리더는 지식의 저주를 인정하지 않기 때문에 책임을 늘 부하직원의 몫으로 떠넘기게 된다. 마찬가지로 상사가 회의 때 "아, 그거 왜 있잖아. 다 알지?"라고 하면 부하직원들은 일단 "네."라고 대답한다. 완벽하게 알아들었기 때문이 아니다. 부하직원들은 일단 대답하고 나서 상사의 의중을 이해하기 위해 다시 모여서 회의한다. 우스꽝스럽지만 실제로 일어나는 일이다. 상사들은 자주 "그것도 모르나?" 하며 부하직원에게 핀잔을 준다. 그런 말을 많이 하는 상사일수록 커뮤니케이션 능력이 상당히 떨어진다고 봐도 무방하다.

자기 말만 잘하는 사람들은 언제나 상대를 말귀 먹은 사람으로 만든다. 조직 내 말귀 먹은 부하직원들이 많은 것은 제 할 말만 하는 리더 때문이다. 최근에 방영된 인기 TV 드라마 〈슬기로운 의사생활〉에서 전공의가 환자에게 병에 관해 설명하는 장면이 나온다. 한참 길게 설명했는데 환자는 전혀 이해하지 못하고 눈만 깜박거렸다. 의사가 전문용어를 사용한다면 아무리 친절하고 자세하게 오랜 시간 설명해도 이해하기 어렵다. 이 경우 커뮤니케이션 실패의 책임은 의사에게 있다. 교수는 학생들이 잘 이해할 수 있도록 강의해야 한다. 만약 학생들이 제대로 이해하지 못한다면 강의 평가에서 낮은 점수를 받을 수밖에 없다. 책임을 지는 거다. 조직에서 커뮤니케이션이 원활하지 않으면 마찬가지로 상사에게 더 큰 책임을 물어야 한다.

왜 비판적 사고를 습관화해야 할까

◇◇◇◇◇

2016년 도널드 트럼프Donald Trump가 미국 대통령에 당선되면서 신조어가 탄생했다. 바로 '샤이 트럼프Shy Trump'다. 대선 캠페인 내내 인종차별 논란을 부추긴 트럼프를 공개적으로 지지하기를 꺼리는 숨은 지지층을 말한다. 그들은 주위 사람들에게 유색인종을 싫어한다고 절대로 말하지 않는다. 사회적으로 비난받을 수 있기 때문이다. 트럼프를 지지한다고 드러내 말하지 않았던 숨은 표심은 선거 당일 투표장에서 반전을 연출했다. 4년 후 2020년 대선에서 선거 전문가들은 조 바이든Joe Biden의 압도적 당선을 예측했다. 4년 전과 다르게 샤이 트럼프는 없을 것이라고 했다. 하지만 이번에도 여론조사에 나타나지 않은 샤이 트럼프들이 있었다. 비록 트럼프는 낙선했지만 여론에 드러나지 않은 표심은 충분히 위력을 발휘했다.

우리는 대외적으로 좋은 인상을 주려고 한다. 사회적으로 바람직한 모습으로 보이길 원하는 '사회적 바람직성 편향Social desirability bias' 때문이다. 샤이 트럼프는 사회적 바람직성 편향이 만든 현상이다. 미국의 데이터 과학자 세스 스티븐스 다비도위츠Seth Stephens-Davidowitz는 『모두 거짓말을 한다』에서 사회적 바람직성 편향의 민낯을 적나라하게 보여준다. 타인에게 보여주기 위한 활동이 주를 이루는 SNS와 구글의 검색 데이터를 비교하면 놀랄 만한 차이가 발견된다. 가령 SNS에서 '남편'의 연관검색어는 '최고' '좋은 친구' '훌륭하다' '귀엽다' 등이 주를 이루었다. 반면 구글에서 '남편'의 연관검색어는 '짜증난다' '인색하다' '얼간이' 등이 주를 이루었다. 미국의 지식인들이 많이 구독하는 품격 있는 전통 시사 잡지 『애틀랜틱』과 가십 잡지 『내셔널 인콰이어러』의 페이스북에 '좋아요' 버튼 수를 비교해도 이런 현상은 똑같이 나타난다. 『애틀랜틱』의 페이스북 페이지의 '좋아요' 수는 150만으로 『내셔널 인콰이어러』의 '좋아요' 수 5만보다 압도적으로 많다. 하지만 두 매체의 발행 부수와 구글 검색량은 거의 차이가 없다. 두 잡지에 대한 사람들의 선호도는 비슷하지만 대외적으로 의사를 표현할 때는 품격 있는 전통 시사 잡지에 '좋아요'를 누르는 것이 가십 잡지에 '좋아요'를 누르는 것보다 '더 괜찮은 사람'으로 보일 수 있기 때문이다.

사회적 바람직성 편향은 자신이 드러나지 않는 상황에서도 작동한다. 선거 전 여론조사에서 투표하겠다는 비율은 언제나 실제 투표율보다 높다. 자신이 대외적으로 전혀 드러나지 않음에도 사회적으로 바람직하다는 기준에 맞게 대답한다. 사람들은 자신의 평판에 영향을 줄 만한 민감한 주제에 대해서는 실제 생각을 그대로 말하지 않는다. 조직 내 커뮤니케이션에서 사회적 바람직성 편향은 더 극대화될 수 있다. 조직마다 용인되는 바람직함의 문화가 있다. 가령 권위주의적 조직의 커뮤니케이션은 질문보다 답이 중요하다. 특히 리더가 질문하면 원하는 답을 해야 한다. 조직에서 리더에게 괜찮은 사람으로 평가받고 싶다면 듣고 싶어하는 대로 답하는 것이 현명하다. 하지만 리더들은 직원들과 대화에서 사회적 바람직성 편향을 읽지 못한다. 직원들이 자신과 같은 생각을 할 것이라고 착각한다. 진짜 생각을 감춘 거짓을 진실로 착각하는 탓이다.

특히 우리나라의 리더들은 "내가 사람 볼 줄 안다."라는 말을 참 많이 한다. 척 보면 실력을 알고 한마디만 들어도 거짓말인지 아닌지 알아차린다고 자신한다. 사람도 사업도 뭐든 꿰뚫어 본다는 착각이다. '나는 틀리지 않는다.'라는 전형적인 과신이 만든 착각이다. 진실을 제대로 판단하는 능력은 비판적 사고의 습관화를 통해서 강화할 수 있다. 인간은 기본적으로 외부의 정보를 받아들일 때 '긍정'하려는 경향이 강하다. 단순히 심리적 영향이 아니라 과학적으로 밝혀진 사실이다. 뇌과학자들이 자기공명영상MRI으로 긍정과 부정을 판단할 때 뇌의 모습을 촬영했다. 뇌에서 긍정과 부정을 판단하는 영역은 서로 다른 위치에 있다. 과학자들이 인위적으로 부정의 영역을 방해하자 긍정의 영역이 활성화되는 것을 확인했다.

그런데 긍정의 영역을 방해하자 부정의 영역이 아니라 전혀 다른 분석적 사고의 영역이 활성화되는 것이 관찰됐다. 이는 뇌가 기본적으로 외부의 정보를 '긍정'하는 힘이 더 강하다는 사실을 증명한다. 즉 인간은 태생적으로 거짓을 판단하기 어렵고 뇌는 정보를 접했을 때 일단 긍정부터 하려고 한다. 따라서 그런 뇌의 활동을 제어해야 논리적이고 비판적인 사고가 가능하다는 의미다. 논리적이고 비판적인 사고는 부정적 사고와 전혀 다르다. 논리적이고 비판적인 사고의 핵심은 '합리적 의심'이다. 인간은 의도적으로 논리적이고 비판적인 사고의 과정을 적용해야 한다. 그렇지 않으면 진실을 판단하기가 어렵다.

리더의 뇌가 권력에 취하면
사나운 개가 된다

서점에 가보면 리더는 어떠해야 한다고 주장하는 책들이 넘쳐난다. '리더십이란 무엇인가?'에 대한 정의도 많다. 리더십의 유형도 다양한데 마치 유행처럼 떴다가 사라지기를 반복한다. 실제로 많은 경영자가 유행하는 리더십의 유형에 부화뇌동한다. 그러나 리더십의 전형이라고 할 수 있는 유형은 실제 존재할 수 없다. 경영학의 아버지 피터 드러커Peter Drucker는 일찌감치 "모든 환경에 들어맞는 리더십 역량은 존재하지 않습니다."라고 강조했다. 만능의 리더가 있는 게 아니라 외부 환경, 비즈니스의 성숙 단계, 직무 특성 등 요구되는 역할에 따라 최적의 리더십이 있다는 얘기다. 다만, 행동경제학은 어떤 유형의 리더이든 하나의 자질만큼은 공통으로 꼭 필요하다고 강조한다. 바로 '인간을 이해하는 역량'이다.

오늘날 국가, 사회, 기업의 경쟁력은 서로 다른 개인의 차별성을 잘 통합하는 역량으로 결정된다. 이제 리더는 다양성이 존중되는 사회와 조직문화에서 집단의 갈등을 해결하고 소통의 길을 여는 역할을 해야 한다. 그런데 인간에 대한 이해 없이 절대로 가능하지 않다. 리더는 그러한 속도와 안정, 도전과 신중, 분권화와 통합, 개인과 집단 등 공존이 어려운 양극단의 세상에서 균형을 찾아가는 존재이다. 더욱이 현재와 미래의 리더는 선택의 현명함보다 한쪽으로 치우친 리더십의 주장에 휩쓸리지 않도록 스스로 잘 살피는 것이 더 중요한 덕목이 됐다. 아일랜드 트리니티칼리지의 신경심리학자 이안 로버트슨Ian Robertson 교수는 『승자의 뇌』에서 모든 사람은 권력을 갈망하며 "리더의 뇌가 권력에 취하면 사나운 개가 됩니다."라는 말로 권력의 오남용을 경고했다.

독재자도, 착한 리더도 조직을 망치는 건 똑같다

◇◇◇◇◇

독일의 쾰른대학교 요리스 라머르스Joris Lammers 교수팀은 권력이 심리에 미치는 영향을 연구한 논문 「권력은 사람을 위선적으로 만든다Power increases hypocrisy」를 발표했다. 여기에 소개된 내용이다. 권력감이 높은 사람들과 그렇지 않은 사람들에게 "D씨는 집을 구하는 중인데요. 편법을 쓰면 좀 더 빨리 입주할 수 있습니다. 편법을 써도 괜찮을까요?"라고 질문했다. 자신에게 권력이 있다고 느끼는 권력감이 높은 사람들은 그렇지 않은 사람들보다 훨씬 강하게 "D씨는 편법을 쓰면 안 됩니다."라고 했다. 그러나 "D씨가 당신이라면?"으로 질문을 바꾸자 권력감이 높은 사람들은 "더 많은 편법을 쓰겠습니다."라고 답변했다. 집단에서 힘이 강할수록 남에게는 엄격한 기준을 들이대고 자신에게는 더 느슨한 잣대를 적용하는 뻔뻔함을 드러낸 것이다. 권력층일수록 사회를 놀라게 할 규모의 탈법과 불법을 저지르는 이유이다.

그런데 이는 단지 심리적 영향만이 아니다. 이안 로버트슨 교수는 권력을 갖게 되면 실제로 뇌의 도파민과 테스토스테론 수치가 높아지는 현상을 발견했다. 도파민과 테스토스테론은 사람을 똑똑하게 만들고 목표에 대한 집중력을 높이지만 동시에 냉혹하고 위선적인 성격으로 변화시켜 판단력을 흐리게 하는 호르몬이다. 그래서 직장에서 권력을 쥔 리더들은 언제든 위선적이며 냉혹한 사람으로 변할 위험을 안고 있다.

오랫동안 높은 자리를 지키거나 큰 권력을 가진 리더들에게 자주 보이는 성향이 바로 갓 콤플렉스God complex다. 갓 콤플렉스는 자신이 남들보다 우월한 존재라는 인식에서 출발한다. 자기가 가진 능력보다 더 과신하고 권한과 지위를 더 크게 착각하고 사용한다. 자신의 판단이 틀렸을 가능성을 인정하지 않기 때문에 집단의 규범을 무시하면서까지 주장을 관철하는 문제 행동을 보이기도 한다.

갓 콤플렉스형 리더는 권위주의적 조직문화에서 자주 발견된다. 그들은 부하직원과 건강한 커뮤니케이션을 하기가 어렵다. 자신은 항상 옳은 결정을 하므로 틀린 쪽은 언제나 부하직원이 된다. 조직의 비판도 수용하지 않는다. 부인할 수 없는 논리를 제시해도 받아들이지 않는다. 확증 편향Confirmation bias이 매우 강해서 자신의 주장을 견지할 논리만 모은다. 사실상 논리적 토론이 가능하지 않다. 질문은 '답정너(답은 정해져 있어. 너는 대답만 하면 돼.)'인 경우가 대부분이고 경청보다 자신이 정답을 제시하는 방식의 회의를 선호한다. 그들은 조직에서 자신의 권위를 지키는 데 목을 맨다. 이런 심리는 회의 과정에서 자주 부하직원을 비난하는 언행으로 이어진다. 간혹 이런 행태를 비판적 사고로 포장하기도 한다. 하지만 비난은 비판과 본질이 전혀 다르다.

비판적 사고는 객관적, 통계적, 합리적 근거를 바탕으로 낙관적 과신을 경계하는 데 주력한다. 따라서 문제해결 중심의 회의가 가능하다. 그러나 비난은 인신공격에 초점을 맞춘다. 갓 콤플렉스에 빠진 리더는 업무가 아니라 업무를 담당한 사람을 낙인찍는다. 예를 들어 "당신의 업무가 엉망입니다."라고 말하지 않고 "당신은 엉망입니다."라고 말하는 식이다. 갓 콤플렉스형 리더 옆에는 그를 숭배하는 데 능한 직원만이 살아남는다.

이와 반대로 착한 사람이 되고 싶은 강박관념이 리더십의 유형으로 나타나는 경우가 있다. 바로 '굿가이 콤플렉스Good guy complex'다. 타인을 지나치게 의식하고 사랑받기 원하는 '나이스가이 신드롬Nice guy syndrome'과 일맥상통한다. 그들은 늘 '좋은 게 좋은 것'이라는 태도를 견지한다. 따라서 누구에게도 욕을 먹지 않는 선택을 선호한다. 부하직원의 잘못에도 나서서 행동하지 않는다. 리더가 개입해야 하는 껄끄러운 이슈가 생겼을 때도 회피해버리는 황당한 태도를 보인다. '방 안의 코끼리Elephant in the room'라는 말이 있다. 모두가 잘못됐다는 사실을 알면서도 아무도 얘기하지 않는 현상을 가리킨다. 보통 리더가 문제 제기를 싫어하거나 말을 꺼내봤자 손해만 본다고 생각할 때 나타나는 현상이다. 망가진 커뮤니케이션의 전형이다.

착한 리더는 분노와 갈등을 피하려고 하다 보니 적극적으로 소통을 회피한다. 따라서 갈등관리 능력이 없다. 가령 계획에 없던 업무가 팀에 부과되면서 업무부담이 폭증했다고 하자. 효율적인 업무 조정이 필요하다. 이때 착한 리더의 선택은 두 가지다. 무조건 공평하게 n분의 1로 나누거나 차라리 자기가 떠안는 것이다. 주변에 혼자 남아 야근하는 팀장들이 꽤 많다. 이런 팀장을 상사로 둔 부하직원은 편하다. 그러나 몸만 편할 뿐이다. 성장할 수가 없다. 팀장에게 적절한 피드백을 받지 못하기 때문이다. 몇 년이 지나도 자신의 업무능력에 대한 객관적 평가와 개발이 어렵다.

국내 기업들은 인사고과에서 상위권과 하위권의 비율을 미리 책정한 상대평가를 선호한다. 이때 착한 리더의 무능함이 적나라하게 드러난다. 모 기업에서 실제로 있었던 일이다. 팀원에게 욕을 먹고 싶지 않았던 굿가이 콤플렉스형 팀장은 나름의 공평한 고과 방법을 찾았다. 이제 막 승진한 사람은 2년 후에나 다시 승진 대상에 포함된다는 사실에 착안해 최하점을 주기로 한 것이다. 이런 방식으로 돌아가며 골고루 좋은 고과를 주겠다는 것이다. 팀원들이 만족했을까? 전혀 그렇지 않다. 이런 룰에서 개인은 실력을 최대한 발휘할 이유가 없다. 골고루 바보가 되는 팀에 머무를 이유도 없다. 우수한 직원은 승진해서 몸값이 높을 때 바로 조직을 탈출하는 게 현명하다. 반면 능력이 부족한 직원은 조직에 오래 남는 게 이익이다. 위대한 경영자 모델인 GE의 잭 웰치Jack Welch 전 회장은 '있는 그대로의 솔직함Candor'을 리더의 중요한 덕목으로 꼽았다. 명확한 긍정과 부정의 피드백을 전달하는 커뮤니케이션이 조직과 구성원 개인의 발전에 매우 중요한 요소임을 강조한 것이다.

굿가이 콤플렉스형 리더는 "모두를 생각한 것입니다."라고 변명한다. 하지만 사실은 이기적이다. 인기관리는 리더의 역할이 아니다. 리더는 조직의 성과와 팀원의 성장을 관리할 책임이 있다. 그래서 때로는 갈등과 분노를 기꺼이 감당하는 결정을 내려야 한다. 경영에서는 굿가이 콤플렉스형 리더를 갓 콤플렉스형 리더보다 더 위험하다고 평가한다. 그들이 조직을 확실하게 퇴보하는 방향으로 유도하기 때문이다.

통계적 현상을 리더십의 결과로 해석해선 안 된다

◇◇◇◇◇

'스포츠 일러스트레이티드 표지 징크스Sports Illustrated cover jinx'라는 말이 있다. 미국의 유명 스포츠 매거진 『스포츠 일러스트레이티드』의 표지 모델이 되면 슬럼프를 겪는다는 일종의 징크스다. 왜 이런 징크스가 생긴 걸까? 행동경제학자 대니얼 카너먼Daniel Kahneman은 야구선수들의 최근 3년간 기록의 변화를 살폈다. 그 결과 첫해 좋은 성적을 낸 선수는 3년 차에 그보다 못한 성적을 기록했고 반면 첫해 낮은 성적을 낸 선수는 3년 차에 그보다 좋은 성적을 기록했다는 사실을 발견했다. 그들의 낮은 기록과 높은 기록을 다시 3년의 평균 기록과 비교해보았다. 그 결과 평균 실력보다 낮거나 높은 기록은 결국 평균에 가깝게 회복이 되는 현상을 확인했다. 극단적이거나 이례적인 결과는 평균의 방향으로 되돌아오는 '평균으로의 회귀Regression to mean' 현상이다.

『스포츠 일러스트레이티드』 표지에는 당연히 그해 가장 뛰어난 성적을 낸 선수들이 모델로 등장한다. 자신의 최고 성적을 기록한 다음 자신의 평균 성적으로 돌아오는 건 통계적으로 매우 자연스러운 현상이다. 흔히 성공은 실력과 노력의 결과라고 말한다. 하지만 실제로 성공은 개인의 평균 실력과 예측하기 어려운 여러 운이 복합적으로 작용한 결과다. 여기서 운이란 외부의 변수(환경)를 뜻한다. 뛰어난 실력의 보유자가 의도치 않았던 좋은 변수를 만나면 큰 성공의 결과를 낸다.

실패도 마찬가지다. 뛰어난 실력의 보유자라도 의도치 않았던 나쁜 변수를 만나면 실력보다 떨어지는 결과를 낼 수 있다. 성공의 절대적 원인은 실력과 노력이 아니다. 그럼에도 인과관계로 해석하는 원인 착각은 구성원의 역량개발과 성과를 책임지는 리더들의 판단에 심각한 오해를 불렀다.

국내 스포츠 분야에서 자주 논란이 되는 리더십을 예로 보자. 간혹 폭력과 폭언이 리더십으로 포장돼 사회적 공분을 일으키고 있다. 문제가 된 코치와 감독들은 상당히 억울한 심정을 드러낸다. 그들의 논리는 '무섭게 회초리를 휘둘렀기 때문에 조국에 금메달을 안겼다.'라는 것이다. 그런데 과연 그럴까? 코치의 회초리가 금메달을 만들었다면 세계 최고 선수들도 모두 그런 리더십을 경험했어야 하지만 그렇지 않다. 독한 리더십과 성공은 인과관계가 전혀 없다. 단지 평균으로의 회귀 현상을 리더십으로 해석한 원인 착각의 산물이다.

감독과 코치는 유망한 선수의 성적이 떨어지자 화가 나 무섭게 다그쳤다. 그러자 다음 해부터 성적이 차츰 좋아졌다. 자연스러운 통계적 현상을 리더십의 결과로 해석하기 쉽다. 이런 경험을 축적한 리더는 강한 카리스마의 독한 리더십을 추구한다. 반대로 성적이 떨어진 선수를 따뜻하게 격려했더니 다시 성적이 올랐다고 하자. 이 경우 지도자는 칭찬 리더십을 지향하게 된다. 둘 다 실제로 선수들과 솔직한 커뮤니케이션을 통해 이해된 리더십이 아니다. 그저 지도자 개인의 경험을 인과관계로 해석한 착각일 뿐이다.

조직의 고유한 리더십은 대부분 최고경영자의 경험에서 만들어진 것이다. 예를 들어 예기치 않은 운과 만남으로 거둔 큰 성공을 거두었다고 하자. 거기에 과정의 결정도 좋은 것으로 평가하는 결과 편향Outcome bias이 개입하면 조직구성원들에게 설명이 가능한 리더십의 유형이 탄생한다. 안타깝게도 서점가에 유행처럼 등장했다가 사라지는 온갖 이름의 리더십들은 그런 과정을 거쳐 만들어진 것이다.

우리는 항상 합리적으로 판단한다

: 도대체 왜 불만이 가득한가? (공정성)

도대체 공정성을 판단하는
기준은 무엇일까

미국 경제지 『포춘』은 1998년부터 해마다 '일하기 좋은 100대 기업'을 선정해 발표한다. 선정 기준에는 건강한 조직문화의 조건으로서 공정성이 포함되며 매우 중요한 평가 요소로 이해된다. 어느 조직이든 크고 작은 갈등의 본질을 따져보면 공정성에 관한 문제인 경우가 많다. 조직 공정성의 핵심은 평가와 보상이다. '평가와 보상은 공정해야 한다.'라는 원칙에 리더도 팀원도 모두 동의한다. 하지만 실제로 '공정하다'와 '공정하다고 받아들이다'는 상당한 차이가 있다. 공정성 논란이 있을 때마다 '객관적' 기준을 강조한다. 하지만 공정성에 대한 인간의 판단은 언제나 상대적이다.

내 연봉의 공정성은 동료의 연봉이 결정한다

◇◇◇◇◇

사람들은 비교를 통해 가치를 판단한다. 남과 비교를 하든, 이전의 경험과 비교를 하든, 혹은 미래의 기대치와 비교를 하든 가치를 판단하려면 비교의 기준점이 필요하다. 가령 자신의 연봉이 공정하게 책정됐는지 판단할 때 기준은 객관적 능력 대비 액수가 아니라 동료 혹은 친구의 연봉이다.

몇 년 전 아끼던 제자가 직장을 그만두고 미국 MBA에 공부하러 간다고 해서 추천서를 써준 일이 있다. 그 친구는 보스턴에 있는 명문대학의 MBA에 합격했고 졸업 후 본인이 원하던 월스트리트의 투자은행에 취직했다며 감사의 이메일을 보내왔다. 가장 가고 싶었던 직장이고 근무지도 자신이 원하는 곳으로 배정됐고 생각보다 높은 연봉을 받기로 했다며 아주 기뻐했다. 몇 달 후 그 지역으로 출장을 갈 기회가 있어서 연락했다. 그런데 그가 투자은행이 아니라 다른 컨설팅 회사에 다니고 있었다. 처음에 투자은행에 합격했을 때는 세상을 다 가진 것 같아 몹시 행복했다고 한다.

그런데 MBA에서 친하게 지내던 친구가 자신보다 더 좋은 조건으로 같은 투자은행에 합격했다는 사실을 알게 된 후 입사를 포기했다는 것이다. 자신이 MBA 학점도 더 높고 직장경력도 더 많은데 친구가 더 좋은 조건으로 입사했다는 사실에 크게 실망한 것이다. 그는 자신이 간절히 원했던 투자은행이 공정하지 않을 뿐만 아니라 그곳에서는 자신의 장래도 밝지 않을 것으로 판단했다. 그리고 투자은행보다 조건이 더 좋지 않은 컨설팅 회사를 선택했다. 이것이 바로 대비 효과Contrast effect다. 사람들은 절대적 기준이 아니라 다른 대상과 비교를 통해 가치를 평가한다. 이때 대비되는 정보에 따라 평가자의 판단이 왜곡되고 합리적이지 않은 선택으로 나타난다.

사람들은 평가 절차와 자원 분배가 공정하지 않다고 판단했을 때 매우 감정적인 선택을 한다. 공정하지 않은 결과를 수용하느니 차라리 '너도 죽고 나도 죽는 선택'을 할 정도로 분노한다. 독일의 경제학자 베르너 귀스Werner Guth의 최후통첩 게임Ultimatum game을 보자.

거리를 지나가는 A와 B가 있다. A에게 10달러 지폐 10장을 주고 마음대로 B와 나눠 가지라고 한다. 단, 나눠준 액수가 마음에 들지 않으면 B는 제안을 거부할 수 있다. B가 거부하면 A와 B는 둘 다 돈을 가질 수 없다. 물론 B는 A가 얼마의 돈을 받았는지 액수를 알고 있다. 이때 A는 분배 권한이 있는 자신의 몫이 더 커야 공정하다고 판단한다. 하지만 너무 적은 금액을 주면 B가 거절할 것이다. 그럼 빈손으로 돌아가야 하므로 적당히 나눠줘야 한다. 이번엔 B의 입장을 보자. A가 얼마를 주더라도 수용하면 공돈이 생기니 이득이고 거절하면 한 푼도 가질 수 없으니 손해다. 따라서 A가 고작 10달러 지폐 한 장을 주더라도 제안을 수용하는 게 합리적이다. A와 B는 어떤 선택을 할까? 실험 결과 A는 가진 돈의 평균 40~50퍼센트를 B에게 건넸다. B는 A가 30퍼센트 미만의 돈을 줬을 때 제안을 거부했다. 30퍼센트 미만의 분배는 공정하지 않다고 판단한 것이다. B는 자신의 돈을 포기함으로써 A도 빈손으로 만들었다. 공정하지 않은 처사에 복수한 것이다.

공정성에 대한 상대적 판단은 이해 상충이 발생하는 협상과 평가 등에서 예상 못한 부정적 결과를 낳을 수 있다. 업무평가를 기준으로 차등 보상과 페널티를 설계하는 경우를 보자. 평가에는 상대성이 적용되고 한정된 자원은 평가에 따라 차등 분배된다. 과거 국내 모 기업의 경우 인센티브 레벨을 A~E등급까지 5단계로 설계했다. 구성원은 A등급 10퍼센트, B등급 10퍼센트, C등급 60퍼센트, D등급 10퍼센트, E등급 10퍼센트로 구분된다. 이때 기준이 되는 C등급은 기본 성과급을 받고 A와 B등급은 기본 금액보다 높은 성과급을 받고 D와 E등급은 기본 성과급보다 적은 성과급을 받는다. 결국 D와 E등급의 기본 성과급 일부를 A와 B등급이 초과 성과급으로 받는 시스템이다. 이때 A와 B등급의 구성원이 받는 초과 성과급은 받는 금액 정도에 비례하는 보상 효과가 있다. 하지만 기본 수준의 상여금을 받지 못한 구성원들은 자신이 받지 못한 금액보다 훨씬 더 큰 손실의 감정을 느끼게 된다.

행동경제학자 대니얼 카너먼과 아모스 트버스키Amos Tversky는 2002년 노벨경제학상을 받은 전망 이론Prospect theory에서 손실 회피Loss aversion 심리를 소개했다. 사람들이 이익의 크기보다 손실의 크기를 2~3배 이상 더 크게 느낀다는 것이다. C등급 직원의 성과급과 비교해 100만 원을 덜 받았음에도 200만 원 혹은 300만 원을 덜 받았다고 느낀다. 실제 점수보다 더 손해를 봤다는 심리는 불만으로 쌓였다. 당시 최하위 E등급은 낮은 성과급 외에 진급 불가의 페널티도 있었다. 그들은 불만의 정도를 넘어 불공정한 처우라며 분노했다. 그들은 동기부여가 사라져 업무에 몰두하지 않았는데 그렇다고 퇴사를 선택하지도 않았다. 마치 복수라도 하듯 업무 분위기를 흐리며 조직문화에 부정적인 영향을 미치기 시작했다.

회사는 이러한 상황에 깜짝 놀랐다. 상대적 공정성과 손실 회피 심리 등을 고려하지 못했다는 점을 인식하고 인센티브제에 반영했다. 고과는 여전히 5단계를 유지했지만 C~E등급은 고과를 개인에게 통보하지 않고 똑같이 인센티브를 지급한 것이다. 그런데 또 예상치 못한 문제가 생겼다. 구성원 중 가장 많은 인원을 차지하는 C등급의 불만이 커졌다. 자기가 혹여 D나 E등급이 아닐까 불안해하고 업무에 집중하지 못했다. 동기부여를 위해 도입한 보상제는 전혀 제 역할을 하지 못했다. 조직의 공정성에 대한 평가는 시스템뿐만 아니라 심리의 영향을 크게 받기 때문이다. 성과 평가와 보상 시스템은 심리의 공정성을 충족하지 못할 때 제 기능을 잃게 된다.

공정하다는 것의 잣대는 내 몫을 지키느냐이다

◇◇◇◇◇

경영진과 노조가 구조조정 협상을 진행 중인 회사가 있다고 하자. 회사는 경영 위기를 극복하기 위해 인건비 절감에 필사적이다. 경영진은 직원을 해고하는 것보다 임금의 일부를 삭감하는 것이 합리적이라고 판단한다. 오랜 경기 불황으로 시장의 인건비가 많이 하락했고 현재 자사 직원들보다 훨씬 낮은 임금으로 인력을 충원할 수 있게 됐다. 경영진은 그러한 이유를 들어 노조를 설득했다. 하지만 노조는 완강하게 거부했다. 옥신각신 진통 끝에 경영진과 노조는 임금체계를 조정하기로 합의했다. 단, 새로 조정된 임금체계는 기존 직원들에게는 적용하지 않으며 새로 입사하는 직원들만 대상으로 하는 조건이 추가됐다.

자신의 임금이 줄어드는 것은 부당하다면서도 신입 직원들에게는 적용할 수 있다는 생각은 과연 공정한가? 놀랍게도 사람들은 공정하다고 판단한다. 공정함이란 손실을 강요당하지 않는 것이다. 이때 손실의 준거점은 현재 자신이 소유한 몫이다. 즉 내 몫을 지키면 공정한 것이고 내가 손해를 보는 것은 공정하지 않다는 것이다.

미국의 법률 용어에 조부조항Grandfather clause이 있다. 새로운 법이나 규칙을 시행할 때 소급적용을 배제해 기득권을 인정해주는 법적 조항이다. 미국뿐만 아니라 모든 나라의 모든 집단에 공통으로 존재한다. 아예 기득권의 이익을 예외로 인정하는 것은 공정하다고 제도적으로 보장해주는 것이다. 조부조항은 공정성의 가치가 절대적 개념이 아니라 손실 회피 심리가 반영된 상대적 개념이라는 사실을 보여준다.

세상의 변화에 맞춰 규칙은 현재를 살아가는 모두에게 적용해야 공정하다고 할 수 있다. 물론 조부조항을 무조건 기득권 보호의 프레임으로만 해석할 수는 없다. 과거의 규칙에 따른 계약과 행위에 대한 보호가 필요한 때도 있기 때문이다. 그러나 집단에서 기득권의 인정은 집단의 공공성 등을 고려해 범위를 정하는 세심한 과정이 반드시 필요하다. 제도가 공정성을 왜곡하는 장치로 바뀐 사례가 많다. 내 몫을 지켜야 공정하다는 심리는 극대화한 데 비해 견제할 공정한 장치는 없기 때문이다.

상대적 공정성의 심리는 내 이익과 권리가 변화되는 상황을 꺼리는 태도로 나타난다. 이는 현상유지 편향Status quo bias으로도 설명된다. 현상유지 편향은 지금의 현상을 계속 유지하려고 하는 심리다. 사람들은 특별한 이득이 생기지 않는 한 현재의 주어진 조건을 바꾸지 않으려 한다. 일본의 작가 구사카 기민도日下公人의 저서

『인사파괴人事破壞』에 이에 대한 재미있는 가상의 사례가 있다.

어느 기업에 서로 다른 근무조건에서 일하는 직원들이 있었다. 연봉이 높지만 휴가를 사용하기 힘들 만큼 업무강도가 센 A부서의 직원들과 연봉은 낮지만 일과 가정의 균형을 누릴 수 있을 만큼의 충분한 휴가를 보장받는 B부서의 직원들이 있었다. A와 B부서의 직원들은 모두 근무조건에 불만이 많았다. A부서의 직원들은 휴가를 더 보장해달라고 했고 B부서의 직원들은 연봉을 더 높여달라고 했다. 그러자 사장은 고민 끝에 묘수를 찾았다. 직원들이 모두 자유롭게 원하는 부서로 옮길 수 있는 선택권을 준 것이다. 그 결과는 어떻게 됐을까? 아무도 부서를 바꾸지 않았다. 왜? 두 가지 이유 때문이었다. 첫째는 새로 얻게 될 옵션의 이익보다 포기하게 될 옵션의 손실이 2~3배 더 크게 느껴졌기 때문이다. 손실 회피 심리다. 둘째는 차라리 현재의 옵션을 그대로 유지하는 게 더 낫겠다고 생각했기 때문이다. 현상유지 편향이다.

현상유지 편향이 타성적 조직문화로 정착되면 리더와 구성원 모두 개인의 이익에 집중하느라 혁신은 신경쓰지 않게 된다. 혁신은 보통 기존의 권한(이익)을 내려놓는 것에서 시작된다. 이는 곧 손실로 받아들여진다. 그러다 보니 현실을 그대로 유지하려는 심리가 강하게 작동한다. 권위주의 문화에서 혁신이 제대로 추진되지 않는 것은 기득권을 가진 그룹, 주로 조직 내 많은 권한을 누리는 사람들이 적극적으로 받아들이지 않기 때문이다. 그들은 혁신의 요구가 커지면 기존 조직구조의 장점을 강조하며 왜 바꾸면 안 되는지를 주장한다. 우리나라에만 있는 재벌과 총수체제는 혁신해야 한다는 요구가 커질 때마다 독재적 리더십 덕분에 강력한 책임경

영이 가능하다며 기득권을 유지한다. 바로 현상유지 편향의 전형
이다.

손실 회피와 현상유지 편향은 보신주의적 업무 태도로도 나타
난다. 높은 성과목표를 설정하면 초과이익을 거둘 충분한 가능성
이 있는데도 실패해서 약간의 페널티를 받게 되면 더 큰 손해라고
인식하고 도전하지 않는다. 핵심성과지표KPI를 설정할 때를 떠올
려보자. 대부분 최대한 낮게 지표를 정하려고 한다. 목표를 계획대
로 달성하지 못할 가능성을 염두에 둔 것이다. 이때 상사가 나서서
핵심성과지표를 일방적으로 높게 설정하면 오히려 역효과가 생긴
다. 리스크가 커졌으니 손실 회피 심리가 더 커지고 보신주의적 태
도가 더 강화된다. 그렇다고 손실 회피 심리를 없애기 위해 지표를
낮게 설정하면 어떨까? 그러면 열심히 해야 할 동기가 사라진다.
팀장이 팀과 팀원의 성과목표 설정을 할 때 중요한 것은 수치에 대
한 이해가 아니라 팀원의 심리에 대한 이해이다.

왜 고과는 불공정하다고
생각할까

스웨덴의 가구 브랜드 이케아는 고객이 직접 조립해서 사용하는 콘셉트로 세계적 기업이 됐다. 이케아는 품질 대비 가격이 저렴하지도 않다. 거기다 고객이 노동력과 시간을 투입해야 한다. 그래도 고객은 이케아를 구입할 만한 가치가 있다고 평가한다. 미국 듀크 대학의 행동경제학자 댄 애리얼리Dan Ariely와 하버드대학의 마이클 노턴Michael Norton은 불편한 가구 브랜드 이케아를 선호하는 고객의 심리를 연구했다. 그들은 '아무리 조악한 완성품일지라도 자신이 직접 시간과 노력을 쏟아부어 만든 물건에는 비합리적으로 후한 평가를 주는 심리'를 발견하고 이케아 효과Ikea effect라고 불렀다.

내 노력은 남보다 좋은 평가를 받을 만하다

◇◇◇◇◇

코로나19의 영향으로 언택트 소비가 빠르게 확장하는 가운데 밀키트 상품이 식품업계의 최고 히트상품으로 떠올랐다. 밀키트는 깨끗하게 손질된 재료와 정량의 양념을 포장해 판매한다. 기존의 데우기만 하면 먹을 수 있는 즉석요리와는 다르다. 고객이 직접 끓이고 볶고 조리를 해야 한다. 장을 보고 음식 재료를 다듬고 간을 맞추어야 하는 번거로움은 줄었지만 시간과 노력을 들여야 먹을 수 있다. 하지만 고객은 밀키트 상품에 큰 만족감을 보인다. 밀키트로 차린 밥상은 SNS에 '내가 차린 밥상' '집밥' '홈스토랑' 등의 해시태그와 함께 포스팅된다. '맛있다' '만족스럽다'는 후기도 올라온다. 직접 조리한 음식의 가치를 더 높게 평가한 이케아 효과다.

이케아 효과는 소유 효과Endowment effect로도 설명할 수 있다. 소유 효과는 자신의 소유라고 생각하는 대상의 가치를 매우 비합리적으로 높게 평가하는 심리다. 심지어 아주 잠시 소유했다고 상상하는 것만으로도 그 가치를 높게 평가한다. 그러다 보니 사람들은 소유 효과가 발휘된 대상을 경제적 가치로 교환할 때 실제 가치보다 더 높은 보상을 요구하게 된다. 내 것은 남의 것보다 더 가치가 있고 내 노력은 타인의 노력보다 더 높게 평가받아야 공정하다고 생각하는 것이다.

조직에서 소유 효과는 평가와 보상의 과정에서 공정성과 공정한 감정 사이의 불균형을 가져온다. 가령 직원 4명으로 구성된 브랜드 개발팀이 신규 프로젝트를 완료했다고 하자. 팀장과 팀원 모두 2개월 동안 야근을 밥 먹듯이 할 정도로 심혈을 기울였다. 론칭은 성공적이었고 회사 내부의 평가도 좋다. 브랜드개발팀 모두 마음속에 보람이 가득하다. 그런데 연말 고과를 두고 팀원들은 매우 불편해졌다. 4명 중 1명은 A, 2명은 B, 1명은 C를 받았기 때문이다. 이때 B와 C를 받은 4분의 3의 팀원들은 평가의 공정성을 인정하지 않는다. 소유 효과로 인해 각자 머릿속에 기여도의 가치가 다르게 평가됐기 때문이다. 모두가 자신이 가장 많은 기여를 했고 따라서 당연히 A고과를 받아야 한다고 생각한 것이다.

모두가 공정이란 일한 만큼 인정받고 성과만큼 평가받고 합당한 보상을 받는 것이라는 데 동의한다. 하지만 각자의 심리가 다른 계산법을 사용하는 게 문제다. 팀장이 아무리 공정하게 평가했다고 주장해도 억울한 심정을 호소하는 사람이 반드시 있다. 아무리 평가 시스템을 잘 갖추었다고 자부하더라도 팀원의 심리를 알지 못하면 공정성에 대한 불만을 해결하기 어렵다.

학기 말 평가가 끝나면 어김없이 몇몇 학생들이 학점 문의를 해온다. 다른 학생보다 자신이 더 열심히 했는데 "왜 나는 B학점이고 친구 OO은 A학점인가요?" 하며 따진다. 심지어 A학점을 받은 학생도 간혹 불만을 제기한다. 자신이 A학점인 것은 당연하다. 하지만 친구 OO은 자기보다 노력하지 않았으므로 A학점이 부당하다는 주장이다.

소유 효과는 인간의 머릿속에서 벌어지는 아주 자연스러우면서도 동시에 매우 비합리적인 인지 편향이다. 소유 효과가 공정성에 대한 불만으로 나타나면 팀의 분열을 피하기 어렵다. 공정성을 신뢰하지 않을 때 정치성과 편파성 등의 문제가 제기된다. 공정하지 않은 일터라는 인식은 조직원으로서 자부심을 잃게 한다.

그런데 소유 효과가 꼭 나쁜 것만은 아니다. 소유 효과는 소속 기업의 철학과 사명을 내재화하고 직무에 강한 자부심과 주인의식을 갖게 할 수도 있다. 그렇게 되면 업무에 대한 열정과 몰입도가 높아진다. 따라서 소유 효과가 조직문화에 미치는 부정성은 경계하되 구성원이 자신의 업무와 회사에 애착을 형성할 방법을 고민해야 한다.

때로 폐쇄성과 배타성은 자부심으로 포장된다

◇◇◇◇◇

미국 버클리대학의 헨리 체스브로Henry Chesbrough 교수가 2003년에 오픈 이노베이션Open innovation 개념을 소개했다. 그 후 글로벌 기업들이 꾸준하게 기술의 공유와 개방을 추진하고 있다. 4차 산업혁명 시대를 맞아 산업 간 경계가 허물어지고 있다. 기업은 생존을 위해 내부관점에서 벗어나 새로운 프레임으로 비즈니스의 미래를 준비해야 한다. LG경제연구원의 조사를 보면 북미와 유럽 기업의 약 80퍼센트가 오픈 이노베이션을 추진하고 있으며 중국 기업들은 아예 경영시스템으로 정착시킨 오픈 이노베이션 모델을 선보이고 있다. 가령 샤오미는 충성 고객들이 마케팅과 상품기획에 직접 관여하는 플랫폼을 구축함으로써 창의적 역량을 극대화하는 데 성공했다. 소유 효과의 적극적 활용이다.

반면, 우리 기업의 오픈 이노베이션은 뚜렷한 성공사례가 없다. 전문가들은 그 원인을 '폐쇄적 조직문화'에서 찾는다. 국내 경영자들은 유독 '기술 공유'에 소극적이다. 자사의 핵심 기술 유출을 우려하는 마음이 있는데 특히 NIH 신드롬이 강한 탓이다. NIH란 '여기서 개발되지 않았다Not Invented Here.'라는 뜻이다. 이 신드롬은 외부의 아이디어나 기술은 그 가치가 뛰어나도 평가절하하고 배척하는 집단심리를 일컫는다. NIH 지수가 높은 조직은 폐쇄성과 배타성을 '핵심 역량에 대한 자부심'이라고 포장한다. 하지만 사실은 외부의 아이디어와 기술로 성공적 결과가 나오면 그동안 내부 구성원들이 누려온 이익들, 즉 고용유지와 임금 등에 손실이 생길 것을 우려하는 이기적인 속마음을 부정할 수 없다. 회사의 성장에 꼭 필요한 혁신적인 기업의 인수합병M&A이 직원들의 반대로 좌초되는 사례 등이 해당한다.

NIH 신드롬은 조직에서 자주 '단결력'이라는 이름으로 둔갑한다. 실제로 NIH 신드롬이 강한 조직일수록 팀 내부의 결속력이 뛰어나다. 그들은 '우리 문화가 가장 좋고 우리 전문성이 최고'라는 자아도취에 빠져 산다. NIH 신드롬은 드러내놓고 협업을 피하기보다 다른 부서와 협력의 필요성을 평가절하하는 방식으로 모습을 드러낸다. 부서 간 협업이 필요할 때 무성의한 태도로 임하고 서로 업무책임을 떠넘긴다. 협업 업무 프로세스가 나름 있지만 아예 작동하지 않아 없는 것과 마찬가지다. 부서 이기주의는 NIH 신드롬 현상의 하나다. 심한 경우 회사 내 다른 부서를 아예 배척해야 할 외부인으로 인식한다. 저 부서와 우리 부서는 서로 다른 집단이라고 공공연하게 발언하기도 한다. NIH 지수가 강한 조직에서는 비슷한 아이디어와 업무를 서로 다른 부서가 각자 맡아 진행하는 풍경도 자주 연출된다. 바로 사일로 효과Organizational silos effect다.

NIH 신드롬은 같은 팀 안에서도 나타난다. 가령 신임 팀장들은 과거와 다름을 증명하기 위해 꼭 새로운 변화를 시도한다. 문제는 자기 생각만이 잣대가 된다는 것이다. 팀원의 아이디어는 받아들이지 않는다. 객관적으로 좋은 제안도 "내용이 허술하니 보완해 제출해주세요."라며 딴죽을 걸기 일쑤다. 개인에게도 NIH 신드롬이 나타난다. 자기보다 덜 중요하게 인식되는 직무나 사람과는 협업을 피하는 성향이 여기에 속한다.

NIH 신드롬의 폐쇄성과 배타성은 겉으로는 구성원을 똘똘 뭉치게 하지만 정작 필요한 협력을 망치는 주요 원인이다. 마치 바이러스처럼 구성원의 마음속에 파고들어 조직문화의 건강성을 해친다. 조직의 정체성과 고유한 문화는 자발적 애사심과 업무 몰입도를 높이고 집단 협력을 가능하게 하는 힘이다. 하지만 자칫 나와 너를 가르는 장벽이 돼 창의성을 원천 차단하는 NIH 신드롬으로 변질될 위험을 항상 경계해야 한다.

NIH 지수가 높은 조직일수록 리더의 과거 인식을 기준으로 설계한 평가 시스템을 운영하는 경우가 많다. 그런 조직에서 직원들은 장기적으로 자신의 능력을 공정하게 평가받을 수 있다고 생각하지 않는다. NIH 신드롬은 공식적이고 체계적인 협업 시스템으로 차단할 수 있다. 협업이란 결국 사람 간 이해를 바탕으로 한 신뢰가 핵심이다. 협업에 적합한 업무 프로세스와 협업의 성과를 공정하게 평가하고 보상하는 지원제도가 필요하다. 여기에는 서로의 소통과 이해를 돕는 효율적인 의사소통 채널이 반드시 뒷받침돼야 한다. NIH 신드롬은 조직구성원을 모두 좁은 우물 안 개구리로 만드는 사고의 프레임이다. 사고를 경직되게 하고 조직 내 이기심을 부추긴다. 결국 침묵 속에서 균열을 만들고 조직 전체를 무너뜨리는 매우 위험한 마음이다.

왜 해야 할 때 안 하고
하지 말아야 할 때 할까

넷플릭스의 성공 비결은 빅데이터를 기반으로 철저하게 계산된 '실패 없는 콘텐츠 전략'이다. 그런데 지난 2017년 넷플릭스 CEO 리드 헤이스팅스Reed Hastings는 "넷플릭스의 가장 큰 고민은 무실패입니다. 더 많은 위험을 감수해야 합니다."라고 목소리를 높였다. 실패 위험을 감수할 만한 콘텐츠 제작을 시도하라는 주문이다. 성공이 주는 안정에 취했을 때 굳이 도전을 감수하지 않으려는 조직의 심리, 즉 '보신주의' 조직문화에 대한 경계였다.

타조 효과Ostrich effect라는 말이 있다. 코앞에 닥친 문제를 해결할 의지도 없고 회피만 하는 것을 가리킨다. 타조는 맹수에게 쫓기는 위기에 처하면 적극적으로 도망가지 않고 모래에 머리를 박는다. 제 눈에 보이지 않으니 위기가 사라졌다고 생각하는 것이다. 이런 타조들은 보신주의 조직에서 쉽게 찾을 수 있다. 타조들이 가득한 조직은 도전은커녕 그저 문제를 깔고 앉아 아무것도 하지 않는 것을 관행으로 여긴다. 이런 타조들의 조직을 만드는 건 바로 실패를 무조건 회피하려는 리더들이다. 성공한 경영자들은 공통으로 실패의 중요성을 강조한다. 그러나 '실패하라'는 주문을 일반 직원들은 있는 그대로 받아들이기 어렵다. 사실 '실패론'에 귀를 기울여야 하는 사람은 직원들이 아니라 리더들, 특히 최고 의사결정자들이다.

실패할까 봐 아무것도 하지 않는다

◇◇◇◇◇

실패를 과감하게 인정하고 평가를 공정하게 하는 것은 중요하다. 사람들은 기본적으로 실패를 두려워한다. 아주 낮은 확률일지라도 실패가 예상되면 책임지게 될까 봐 차라리 아무것도 하지 않는 선택을 한다. 바로 부작위 편향Omission bias이다. 마땅히 해야 할 일이고 하지 않으면 모두가 피해를 본다. 그래도 일단 자기방어가 우선이다. 부작위 편향은 무의식의 영역에서 활동하는 인지 편향이다. 따라서 개인의 도덕적 문제로만 치부할 수 없다.

미국 NBA의 통계를 분석하면 심판은 경기가 막상막하로 팽팽할 때 평소보다 호각을 절반 이하로 분다고 한다. 다른 경기보다 심판의 단호한 행동이 더 많이 필요할 텐데 그렇게 하지 않는 것이다. 왜 그럴까? 뜨겁게 맞붙은 경기는 선수, 감독, 관중 모두가 극도로 긴장한 상태이다. 그러다 보니 심판의 호루라기는 단지 승부만 결정하는 것으로 끝나지 않는다. 패배를 받아들이기 어려운 팀과 관중들은 분노하고 때로는 심판 판정에 문제가 있다고 제소하기도 한다. 심판은 무의식적으로 이런 골치 아픈 상황을 피하려고 하게 되고 결정적인 순간 호각을 불지 않는 행동을 하는 것이다.

미래의 부정적 결과가 어느 정도 예상이 되는 상황에서는 특히 부작위 편향이 강하게 발현된다. 전염병이 발생했는데 사망률이 30퍼센트라고 하자. 부랴부랴 치료제를 개발했는데 감염자의 90퍼센트는 완치되지만 10퍼센트는 심각한 부작용으로 사망할 수 있다. 이때 보건당국은 신약을 승인할까? 신약을 투여했다가 부작용으로 사망할 확률은 10퍼센트이다. 약을 투여하지 않아 사망할 확률 30퍼센트보다 훨씬 낮다. 신약을 승인하는 것이 합리적이다. 그러나 보건당국은 결정하기가 쉽지 않다. 만일 사망자가 생기면 여론이 극도로 나빠질 게 뻔하다. 결과가 나쁘니 판단(과정)이 잘못됐다는 결과 편향이다.

언론은 신약으로 인한 사망 사건을 인재人災라고 규정하고 정치는 책임추궁을 시작할 것이다. 보건당국은 부정적 미래가 뻔히 예측되는 상황이다 보니 수학적 합리성보다 다가올 책임 논란을 더 걱정하게 된다. 사망률을 크게 낮출 수 있지만 책임이라는 위험을 회피하기 위해 신약을 승인하지 않을 가능성이 더 크다. 이때 부작위 편향은 확증 편향의 도움을 받아 승인하면 안 되는 이유를 찾아내고 주장을 정당화한다. 이를 두고 복지부동한 태도라며 비난할 수 있다. 하지만 개인이 실패를 책임져야 하는 상황에서 할 수 있는 현실적이고 영리한 선택이다.

부작위 편향은 개인적 위험을 지지 않기 위해 더 중요한 전체의 이익을 버리는 의사결정의 주요 원인이다. 부작위 편향이 조직의 타성이 되지 않게 하려면 리더는 구성원 모두에게 '조직에서 창

의적 도전을 하지 않으면 얻을 것이 없다.'라는 사실을 인지시켜야
한다. 단, 창의적 도전의 결과가 좋지 않을 때 그 책임은 반드시 리
더의 몫이어야 한다. 특히 최고 의사결정권자가 실패를 적극적으
로 부담하지 않으면 보신주의를 피할 수 없다. 코로나19 백신 제조
사들은 백신의 부작용과 공급 실패에 대한 책임을 지지 않는다는
면책조항을 요구했다. 만약 각국 정부가 이를 수용하지 않았다면
백신이 이렇게 빠르게 공급될 수는 없었을 것이다.

기업의 성공 요인으로 자주 나오는 '실패를 두려워하지 않는 리
더십'의 이야기는 사실 과장된 것이다. 리더들은 사실 실패하지 않
으려는 욕구가 무척 강한 사람들이다. 높은 성취보다 차라리 실패
하지 않는 선택을 선호하는 인지 편향이 훨씬 강하다. 조직에서 혁
신이 끝까지 추진되기 어려운 이유다. 리더가 실패를 책임지지 않
으면서 부하직원들에게 도전과 혁신을 요구하는 건 '실패하지 않
을 사업만 하라.'라는 주문과 다를 바 없다.

비난받을까 봐 해서는 안 되는 일을 한다
◇◇◇◇◇

부작위 편향의 반대도 있다. 개인의 이익을 위해서 '하지 말아야
할 결정'을 선택하도록 하는 인지 편향이다. 바로 행동 편향Action bias
이다. 가령 증시가 매우 불안정하고 전망도 나쁜 상황이라고 하자.
신중한 관망이 합리적이다. 그런데 부지런히 매수와 매도를 반복하
다가 막대한 손실을 보는 펀드 매니저들이 상당히 많다. 그들은 예측
불가한 상황이었다고 설명하지만 사실은 행동 편향의 선택이었을

가능성이 매우 크다. 주가가 요동치면 누군가는 돈을 벌고 누군가는 잃는다. 그럴 때 전문가로서 펀드 매니저는 거래를 잠시 중단하는 게 합리적 결정이라는 사실을 잘 안다. 하지만 만약에 주가가 오르면 고객이 아무것도 하지 않았다며 자신을 비난할 상황이 무척 우려된다. 후폭풍이 두려운 심리는 결국 무모한 매매를 하도록 유도한다.

행동 편향은 스포츠 경기에서 선명하게 관찰된다. 축구 경기에서 페널티킥을 막아야 하는 골키퍼를 떠올려보자. 키커가 공을 차는 동시에 골키퍼는 대부분 왼쪽이든 오른쪽이든 몸을 날린다. 데이터를 분석해보면 페널티킥 상황에서 키커가 공을 차는 방향은 오른쪽, 중앙, 왼쪽 각각 3분의 1로 확률이 같다. 이때 골키퍼는 오른쪽이나 왼쪽으로 움직이는 것보다 중앙에 안정적인 자세로 서서 날아오는 공을 막는 게 더 유리하다. 요즘처럼 데이터 분석이 보편화된 세상에서 골키퍼도 감독도 코치도 그 사실을 모를 리 없다. 그런데도 왜 그들은 움직이는 걸까?

이스라엘의 스포츠 분야 연구자 마이클 바엘리Michael Bar-Eli는 골키퍼의 심리를 행동 편향으로 설명한다. 페널티킥 상황에서 골기퍼가 전략적 판단으로 중앙에서 자리를 지키고 있다가 골을 먹으면 관중들은 야유를 쏟아낸다. 수비의 성공 가능성을 높이기 위한 전략적 선택이었다는 사실을 모르는 것이다. '아무것도 하지 않아서 골을 먹었다.'라는 불만의 표시다. 하지만 오른쪽이든 왼쪽이든 움직이면 박수를 받는다. 관중은 설사 골키퍼가 공과 정반대 방향으로 움직였더라도 비난하지 않는다. 그래도 노력은 했다고 평가하는 것이다. 골키퍼가 제자리를 지키지 못하는 이유다.

의미 있는 기다림보다 생각 없는 행동을 선호하는 인간의 심리를 전문가들은 오랜 진화의 결과로 설명하기도 한다. 인간이 사냥과 채집으로 살아가던 시절에는 생각보다 행동할 때 더 많은 보상을 얻었다. 수풀 뒤에서 어른거리는 동물의 그림자가 사슴인지 호랑이인지 알 수 없을 때는 일단 피하는 게 이득이다. 사슴이라면 굶는 게 고작이지만 호랑이라면 목숨을 잃게 되기 때문이다. 생존의 본능으로 축적된 행동 편향은 그래서 위력이 세다. 행동 편향의 습성을 차단하기 위해 장기적인 보상을 걸고 섣부르게 행동하지 않도록 해도 심리는 크게 바뀌지 않는다고 한다.

미래의 결과를 예측하기 어려울 때 행동 편향은 더 강하게 나타난다. 팀장은 인사평가에 반영할 실적이 없을 때 성공이 매우 불확실한 프로젝트를 성급하게 추진하기 쉽다. 미래는 오리무중이지만 일단 뭐라도 해야 나중에 할 말이 있다는 생각 때문이다. 행동 편향은 조직을 망치는 매우 나쁜 심리다. 하지만 방어가 쉽지 않다. 행동 편향은 종종 '뭐라도 열심히 하는 성실함'으로 오인되고 어물쩍 책임을 회피하는 면피용 선택으로 꽤 유용하다. 행동 편향의 선택이 순전히 우연으로 상황을 반전시켰을 때 결과가 좋으면 과정도 좋은 것으로 평가하는 결과 편향이 개입해 결단력 있는 행동으로 포장된다. 존경받는 상황이 발생하기도 한다.

부작위 편향은 마땅히 해야 할 일을 하지 않는 것이다. 행동 편향은 해선 안 되는 일을 하는 것이다. 둘 다 실패의 결과에 대한 추궁을 피하려는 심리다. 일의 결과와 상관없이 과정의 옳고 그름을 명확하게 구분하고 공정한 평가가 이루어져야 한다. 그러지 않을 때 부작위 편향과 행동 편향은 타성이 되고 자연스럽게 보신주의 문화가 형성된다.

왜 나 아니어도 누군가가
할 거라고 생각할까

"OOO은 아무것도 한 것이 없는데 말이야. 팀을 잘 만나 인센티브를 받네."

평가 시즌이 되면 자주 나오는 불만이다. 괜한 볼멘소리가 아니다. 구인구직 매칭 플랫폼 사람인이 2018년에 조사한 결과를 보면 국내 기업 65퍼센트가 내부 동료들의 노력에 편승하는 무임승차형 직원이 있다고 인정한다.

경제학에서 무임승차는 재화나 서비스를 이용하면서 정당한 비용을 내지 않고 이익만 챙기려는 행동을 말한다. 프랑스의 농공학자 막시밀리앙 링겔만Maximilien Ringelmann은 집단 내 무임승차 심리를 간단한 줄다리기 실험을 통해 증명했다. 줄다리기에 참여하는 한 명의 힘을 100퍼센트라고 하자. 그런데 두 명이 한 팀이 돼서 줄을 당기면 각자 93퍼센트의 힘을 쓰고 세 명이 되면 각각 85

퍼센트 정도의 힘만 썼다. 계속 인원을 늘려서 8명에 도달하자 49 퍼센트 정도의 힘만 썼다. 혼자서 일할 때보다 집단에서 함께 일할 때 노력을 덜 기울이는 심리 현상을 링겔만 효과Ringelmann effect라고 한다. 링겔만 효과는 팀으로 업무를 수행할 때는 자연스럽게 무임 승차 현상이 생기는 것을 뜻한다. 노력은 덜 하면서 성과는 똑같이 챙기는 무임승차 현상이 지속되면 곧 '공정성' 이슈로 불거진다. 구성원은 공정성이 깨졌다고 느끼는 순간 성과도 실패도 책임지지 않으려고 한다.

왜 '나 하나쯤은 괜찮다.'라며 무임승차할까

◇◇◇◇◇

일부 특화된 전문 직군에서는 개인의 역량이 절대적이다. 하지만 그 외 조직의 업무는 대부분 팀으로 진행된다. 팀은 곧 협력을 의미하며 시너지에 대한 기대로 연결된다. 실제로 팀의 성과목표는 '1+1=2'가 아니라 '1+1=2+a'다. 그러나 현실은 머릿속 계산과는 자주 다른 방향으로 간다.

왜 링겔만 효과가 나타날까? 그 이유는 여러 인원이 공동의 과제를 수행할 때 개인의 기여도와 책임을 분명하게 가리기가 쉽지 않기 때문이다. 그러다 보니 '나 하나쯤이야.'라는 방관자 효과Bystander effect가 발생한다. 방관자 효과란 여럿이 모일수록 위험에 처한 사람을 돕지 않는다는 심리학 용어다.

사회심리학자 빕 라타네Bibb Latané과 존 달리John M. Darley는 집단에서 책임이 분산됐을 때 사람들이 어떻게 행동하는지를 관찰했다.

서로 낯선 학생들이 모여서 토론하는 중 한 명이 발작으로 쓰러졌다. 학생들은 어떤 선택을 할까? 두 명 중 한 명이 쓰러졌을 때 나머지 한 명이 도움을 요청하는 확률은 85퍼센트였다. 하지만 네 명 중 한 명이 쓰러졌을 때 나머지 사람 중 한 명이 도움을 요청할 확률은 31퍼센트에 불과했다. 사람들은 여럿이 있을 때 '굳이 내가 안 해도 되는 이유'를 찾는 성향이 있다. 책임의 부담을 회피하려는 탓이다.

만약 개인의 기여도가 분명하게 드러나지도 않고 문제 상황에 대한 책임 여부도 가리기 어려운 환경이라면 어떨까? 그럼 열심히 일하는 사람만 손해다. 그럴 때 팀원들은 옆 동료가 일하는 만큼만 일하기로 마음먹는다. 봉이 되고 싶지 않은 심리가 만들어낸 '바보 효과Sucker effect'다. 그러다 보면 조직 전체의 업무 수행 수준은 하락한다.

링겔만 효과는 직원들이 조직 내에서 자신의 가치를 스스로 인정하지 못할 때도 나타난다. 자신이 팀에 기여하는 바가 별로 없다고 인식하면 자신에게도 이익이 되지 않는 업무를 한다고 느낀다. 그러면 공동의 목표 달성을 위해 적극적으로 참여하지 않게 되고 만성적 문제 행동을 반복하는 최악의 상황이 되는 것이다. 국내 기업들이 진단한 무임승차형 직원의 가장 흔한 모습은 '시간이 지나도 발전이 없다.'라는 것이다. 쉬운 일만 찾아서 하고 회의에 적극적으로 참여하지도 않는다. 기본적으로 승진에 관심이 크지 않아서 성과에 욕심을 내지 않는다. 반면 변명과 아부는 능하다(사람인, 2018).

링겔만 효과는 명확한 규칙과 리더의 빠른 개입으로 제어할 수

있다. 팀에 무임승차의 분위기가 나타날 때 적시에 개입하지 않는
건 리더의 직무유기다. 단, 리더의 개입은 근거가 명확해야 한다.
실행력 있는 약속과 구체적인 규칙이 없는 개입은 또 다른 유형의
불만을 낳는다.

팀 성과에서 개인의 성과도 함께 인정해야 한다

◇◇◇◇◇

누구나 공동 프로젝트에 참여할 때 각자의 이익을 기대한다. 경
제 활동에서 이익을 추구하는 것은 합리적 판단이다. 하지만 타인
의 노력에 무임승차하는 것은 매우 비도덕적이고 동시에 협력을
망치는 위험한 행위다.

그럼 링겔만 효과는 어떻게 없앨 수 있을까? 개인의 기여도를 인
정하는 데서 출발한다. 팀 성과를 평가할 때 반드시 개인의 성과를
함께 인정하고 합당한 보상이 가능한 시스템이 필요하다. 이때 이
케아 효과의 영향으로 각자 자신의 기여도를 동료보다 높게 평가
하는 심리적 현상을 피할 수 없다. 따라서 팀장과 팀원이 평가 과
정과 결과를 투명하게 공유해야 한다. 조직에 '묻어가도 괜찮다.'라
는 분위기가 생기면 평가의 공정성이 훼손됐다는 시그널로 이해해
야 한다.

업무 특성상 개인의 기여도를 명확하게 구분하기 어려운 상황도
비일비재하다. 이때 리더십의 핵심은 관심, 인정, 보상이다. 팀장이
수치로는 드러나지 않는 각 개인의 기여도를 파악하고 있으며 또
중요하게 인식한다는 사실을 분명하게 알려야 한다. 만약 팀 내에

무임승차의 태도가 나타난다면 합당한 경고를 적시에 해야 한다. 중요한 것은 제때 작동하는 룰이다. 팀원들은 원칙에 따라 일관성 있게 지켜질 때 공정하다고 생각한다.

그런데 의도적 무임승차자가 아니라 비자발적 무임승차자가 되는 현상은 어떻게 관리할 수 있을까? 의도적이지 않은 무임승차는 주로 자기 역할의 정체성과 가치를 잃었을 때 나타난다. 이는 전형적으로 내적 동기부여에 실패한 경우다. 이 경우는 비금전적 보상을 통해 보완할 수 있다. 스스로 마음을 움직일 수 있어야 자신이 맡은 업무의 가치를 인정하게 되고 협력의 중요성을 알게 돼 비자발적 무임승차의 대열에서 빠져나올 수 있다.

링겔만 효과는 팀의 크기와 매우 밀접한 관계가 있다. 구성원이 많아질수록 의사소통이 쉽지 않고 공동의 목표를 이해하고 공유하기가 어렵다. 자연스럽게 팀워크가 떨어지고 어떻게 힘을 모아야 하는지 몰라 어느 시점에 이르면 자신의 능력을 100퍼센트 발휘하지 않게 된다. 미국의 아마존은 팀을 구성할 때 '피자 두 판의 원칙'을 고수하는 것으로 유명하다. CEO 제프 베조스Jeff Bezos의 '하나의 팀이 함께 식사할 때 피자 두 판을 넘기는 규모여서는 안 된다.'라는 지시에 따른 것이다. 피자 두 판으로 식사를 할 수 있는 6~10명의 팀이 링겔만 효과를 차단할 수 있는 적절한 팀의 크기라는 얘기다. 팀의 규모가 작으면 의사소통을 활발하게 할 수 있고 의사결정을 빠르게 할 수 있다. 또한 개인의 성과 기여도가 분명하게 드러난다. 따라서 의도적 '게으름'으로 동료의 성과에 적당히 묻어가기가 어렵다.

하지만 링겔만 효과는 단지 조직의 인원수나 팀의 규모를 작게 유지하는 것만으로 예방할 수 있는 것은 아니다. 팀의 규모보다 더 중요한 것이 있다. 바로 누군가의 일방적 결정과 지시가 아니라 구성원이 함께 참여해 협력의 룰을 만드는 과정이다. 자신의 역할에 자부심을 가진 구성원은 무임승차를 하지 않는다. 다수의 다양한 의견이 참여하는 의사소통 시스템과 상호신뢰할 수 있는 의사결정 시스템을 구축할 때 조직은 비로소 협력의 시너지 효과를 기대할 수 있다.

왜 유능한 직원은 떠나고
무능한 상사만 남을까

'어떻게 저런 무능한 사람이 저렇게 높은 자리에 앉아 있는 걸까?'

아마 이런 생각을 한 번도 해보지 않은 사람은 없을 것이다. 비즈니스 조직만이 아니다. 정부, 종교단체, 학교 등에는 무능한 사람들이 한자리한다는 높은 위치를 차지하고 있다. 시대와 동서양 문화권을 막론하고 꽤 보편적인 현상이다. 이유가 뭘까? 1969년 미국의 교육학자 로런스 피터Laurence J. Peter와 레이먼드 헐Raymond Hull은 정치, 법률, 교육, 산업 등 각계각층에서 나타나는 무능력한 관리자들을 관찰했다. 사람들은 '무능력 단계'에 도달할 때까지 승진하려고 했고 그러다 보니 조직은 시간이 지날수록 임무를 제대로 수행할 수 없는 무능한 관리자들로 채워지는 것을 발견했다. 이를 피터의 법칙Peter principle이라고 한다.

승진하면 무능해지고 유능한 직원은 떠난다

◇◇◇◇◇

직장에서 승진은 과거의 성과를 기준으로 결정된다. 리더는 업무능력 외 또 다른 역량이 필요하다. 하지만 승진심사에서 이런 역량은 성과보다 더 높이 평가되지 않는다. 로런스 피터는 "승진 후 맡은 새로운 직무를 수행할 때 과거보다 일 처리 능력이 떨어지는 것은 자연스러운 현상입니다."라고 말한다. 예를 들어보자. 업무성과가 탁월했던 김 대리는 최근 팀장으로 특진했다. 그런데 기쁨도 잠시 '여전히 뛰어난 실무 능력'이 문제가 됐다. 그는 기다리지 못하고 팀원들이 할 수 있는 실무까지 도맡아 처리했다. 의욕에 넘쳐 '앓느니 죽지.' 하는 심정으로 자신이 하지 않아도 될 일까지 끌어안고 야근을 밥 먹듯 했다.

그는 팀원들한테 권한을 이양하고 책임지게 하면 개인의 동기부여는 물론 역량 강화의 차원에서 유익하다는 것을 잘 알고 있다. 그렇지만 위임에 대해 불안을 느낀다. 통제와 관리 그리고 신뢰와 위임 사이에서 끊임없이 갈등만 하고 있다. 팀장은 팀장대로 본연의 업무가 무엇인지 깨닫지도 못한 상황에서 무엇을 어떻게 해야 할지 답답하기만 하다. 팀원들은 팀원들대로 팀장이 자기들을 믿지 못해 실무적인 일까지 나서서 한다는 생각에 의욕을 잃어가고 팀에서 웃음소리가 사라진 지 오래다.

예일대 경영대학원의 켈리 슈Kelly Shue 교수는 높은 성과를 인정받아 승진한 관리자들이 리더로서 새로운 업무를 잘 수행하는지 알아보기 위해 동일한 성과관리 소프트웨어를 사용하는 기업 131곳의 승진자료를 분석했다. 그들이 관리자가 된 후 주 업무는 직원교

육과 업무지도였다. 그들이 관리자의 업무를 잘해냈다면 해당 팀의 업무성과가 개선됐을 것이다. 하지만 조사결과는 피터의 법칙대로였다. 1등 영업 사원 출신의 관리자는 팀의 실적을 끌어올리지 못했다. 켈리 슈는 이에 대해 "최고의 엔지니어가 창업한다고 해서 반드시 최고의 경영자가 되는 것은 아니다. 최고의 엔지니어가 되는 것과 엔지니어를 잘 관리하는 사람이 되는 것은 다른 역량이기 때문이다."라고 설명했다. 리더는 성과를 내는 추진력뿐만 아니라 팀원을 독려하고 협력을 유도하는 관리 능력이 매우 중요하다.

조직의 리더는 대부분 실무능력이 뛰어난 사람들이다. 조직에서 성과가 뛰어난 사람이 승진하는 것은 공정하다고 인식된다. 여기에는 실무를 잘하면 자신의 담당 업무만이 아니라 부하직원의 교육과 관리 등 리더의 역할도 잘해낼 거라는 기대가 포함돼 있다. 그러나 실제로 리더의 과거 업무성과는 리더십과 직접적인 연관성이 없다. 과거의 직무수행 능력을 승진 후의 직책에 필요한 능력과 같은 것으로 생각하는 판단의 오류는 승진할수록 되려 무능해지는 상사들을 만드는 아이러니를 낳는다.

그런데 피터의 법칙이 경고하는 진짜 위험은 '유능한 사람들이 끝까지 승진하지 못하고 조직을 떠나는 것'이다. 무능해진 상사들에게는 자리를 지키는 것이 가장 중요한 문제가 된다. 그들의 눈에 창의적 사고로 새로운 도전을 시도하는 유능한 직원은 질서를 어지럽히는 존재일 뿐이다. 따라서 창의적이고 도전적인 인재들은 오히려 승진에서 제외되기 쉽다. 결국 그들은 버티지 못하고 떠나게 된다. 피터의 법칙이 관료적 조직에서 더욱 강하게 나타나는 건 바로 이런 속성 때문이다.

직원은 '팀의 자원'인가, '소비 자원'인가

◇◇◇◇◇

미국 만화 「딜버트Dilbert」는 65개국에서 2,000여 개의 신문에 연재된 기록을 가진 전 세계적인 콘텐츠다. 엔지니어 딜버트의 직장생활을 그린 3~4컷의 만화는 경영진의 무능, 상사의 횡포, 권위주의적 계층구조를 신랄하게 풍자하는 내용으로 선풍적인 인기를 끌었다. 매일 작은 책상에 앉아서 조직이 원하는 대로 일해야 하는 아이큐 170의 주인공 딜버트의 일상에 전 세계 직장인들이 공감했다.

전 세계 직장인들은 작가 스콧 애덤스Scott Adams에게 자신들의 직장생활 이야기를 적어 보냈는데 고스란히 만화의 소재로 활용됐다. 스콧 애덤스는 독자들의 열렬한 반응에 힘입어 '어떤 경영 관행이 사원들을 가장 화나게 하는가?'라는 설문 조사를 했다. 그 결과 가장 많은 표를 얻은 문항이 바로 '경영진으로 승진한 멍청이'였다. 스콧 애덤스는 이 내용을 1996년 만화 『딜버트의 법칙』으로 출간했고 100만 부 이상이 팔려나갔다. 여기서 '무능력하고 비효율적인 직원일수록 중간의 경쟁 단계를 거치지 않고 곧바로 승진하는 현상'을 뜻하는 딜버트의 법칙이 탄생했다.

딜버트의 법칙이 피터의 법칙만큼이나 현실로 공감되는 이유는 정기 인사 때마다 '설마 저 사람만큼은 승진하지 않겠지.'라고 생각한 사람이 꼭 승진하는 모습을 지켜본 경험이 있기 때문이다. 도대체 무능한 사람이 어떻게 조직에서 계속 승진할 수 있을까? 딜버트의 법칙이 작동되는 조직은 변화를 두려워하고 현실에 안주하려는 경향이 강하다. 입으로는 혁신을 주장하지만 실제로는 시도하지 않는다. 이런 풍토에 잘 어울리는 사람이 바로 무능한 사람이다. 대부분의 경우, 혁신을 추구하고 새로운 시도를 감행하는 사람들은 조직이 부담스러워하고 수용하지 못하기 때문에 자의반 타의반으로 회사를 떠나게 된다. 그래서 '딜버트의 법칙'은 무능하지만 승진하고 싶은 사람들에게 '상사에게 잘 보이면 그만이고 너무 열심히 일하면 오히려 곤란하다.'라는 메시지를 강조한다.

피터의 법칙은 조직이 리더의 자질을 제대로 평가하지 않을 때 무능한 리더가 조직을 가득 채운다고 경고한다. 무능해진 리더들이 자신의 결점을 보완하고 새로운 지식과 기술을 습득하는 데 게을러지면서 조직에 딜버트의 법칙이 작동된다. 무능한 상위 의사결정권자들은 일에 대한 열정을 가진 직원이 성가시다. 실제 최고경영자 중에는 의도적으로 똑똑하지 않은 직원을 승진시켜서 옆에 두는 일이 있다. 자신의 권력 유지가 더 중요한 목표일 때는 경쟁자의 성장을 원천적으로 차단해야 한다. 무능한 사람이 고위직으로 승진하는 꽤 흔한 이유다.

무능한 리더는 부하직원을 본질적이지 않은 요소들로 평가한다. 회사의 규칙을 잘 따르는지, 상사를 대하는 태도가 어떤지, 자신이 구축한 체제 안에서 능력을 발휘하는지가 중요하다. 부하직원을 평가할 때 자신이 충분히 활용할 만한 도구인지 살피는 것이다. 간혹 부하직원에게 승진 기회를 주지 않으려고 하고 지시를 잘 따르지 않으면 괴롭히기도 한다. 이것이 피터의 법칙이 경고한 '자신도 모르게 무능함이 극에 달한 수준에 이른 리더'의 행동이다. 그들은 십중팔구 딜버트의 법칙에 따라 인사평가를 한다. 무능한 리더와 유능한 리더의 가장 큰 차이점은 무능한 리더가 직원을 '소비하는 자원'으로 여기는 반면에 유능한 리더는 직원을 '팀의 자산'으로 여긴다는 것이다. 유능한 리더는 조직이 개인을 성장시킬 수 있어야 비로소 조직의 성과역량이 확장되고 지속가능성을 확보한다는 사실을 잘 알고 있다.

조직의 구성원들에게 승진은 강한 동기부여 중 하나다. 직원들은 무능력한 상사가 승승장구하고 연봉을 더 챙겨간다면 공정한 평가를 기대하지 않게 된다. 이때 똑똑한 딜버트들의 선택은 떠나거나 '현실은 원래 이런 것'이라며 자위하고 타협하는 것뿐이다. 만년 저성과 조직은 이렇게 만들어진다.

우리는 딱 보고 인재인지 안다

: 도대체 왜 인재를 못 알아볼까? (인재 선발)

어떻게 그런 거물들마저
사기를 당했을까

스타트업 테라노스_{Theranos}는 한때 실리콘밸리의 스타였다. 피 한 방울로 무려 250여 가지의 질병을 진단할 수 있는 키트를 개발했다고 했다. 더욱이 15달러만 내면 암까지 진단할 수 있다고 해서 세상을 깜짝 놀라게 했다. 특히 의료비가 비싼 나라 미국에서 주목을 받기에 충분했다. 테라노스에 대한 높은 관심은 곧 창업주 엘리자베스 홈즈_{Eelizabeth Holmes}로 향했다. 스탠퍼드대학교 재학시절 열아홉 살의 나이에 기술을 개발했고 회사를 창업했다.

금발의 아름다운 여성 CEO 엘리자베스 홈즈는 벤처투자 업계의 엄청난 관심을 끌었다. 2014년 테라노스의 기업가치는 약 90억 달러로 한화 9조 6,000억 원에 달했다. 최연소 여성 억만장자가 된 엘리자베스 홈즈는 검은 터틀넥을 입고 미디어를 누비며 '여자 스티브 잡스'의 캐릭터를 완성했다. 하지만 2015년 『월스트리트저널』의 보도로 신화는 무너졌다. 테라노스의 기술이 불과 10가지 기초적 질병 진단만 가능하고 상용화도 어려운 수준임이 드러나자 기업가치는 제로 수준으로 폭락했다.

그런데 이 엄청난 사기극보다 더 충격적인 건 엘리자베스 홈즈를 뜨겁게 지지하며 투자와 자문을 아끼지 않았던 미국 사회의 거물들이었다. 미국의 전설적인 정치외교 전략가인 헨리 키신저Henry Kissinger와 조지 슐츠George Shultz 전 국무장관, 윌리엄 페리William Perry 와 제임스 매티스James Mattis 전 국방장관, 샘 넌Sam Nunn 전 상원 군사위원장 등이 이사회에 참여했다. 엘리자베스 홈즈의 은사 채닝 로버트슨Channing Robertson 스탠퍼드대학교 공대 교수는 공개적 응원을 아끼지 않았다. 실리콘밸리의 거물 투자자 팀 드레이퍼Tim Draper 와 도널드 루커스Donald Lucas, 오라클의 창업자 래리 엘리슨Larry Ellison, 그리고 언론재벌 루퍼트 머독Rupert Murdoch 등 면면이 화려한 거물들이 투자자 리스트에 이름을 올렸다. 게다가 대형 슈퍼마켓 세이프웨이Safeway와 대형 약국 체인 월그린Walgreens 등은 수억 달러의 사업 파트너십을 맺었다. 투자자들은 테라노스의 추락으로 10억 달러의 손실을 봤다고 한다. 만약 『월스트리트저널』의 보도가 1년만 더 늦었더라면 미국 고객은 대형 슈퍼마켓과 약국 체인을 통해 거짓 진단기를 구매했을 것이고 피해는 더욱 늘어났을 것이다.

어떻게 테라노스는 12년 동안이나 사기극을 벌일 수 있었을까? 그에 대한 많은 분석이 쏟아졌다. 엘리자베스 홈즈의 비밀주의 경영과 폭압적 리더십이 원인으로 지적됐다. 하지만 그 무엇보다도 테라노스를 둘러싼 강력한 후광의 힘이 사람들의 눈을 가렸다는 사실을 부인할 수 없다. 투자, 자문, 파트너 리스트에 이름을 올린 엄청난 거물들의 이름은 놀라운 파급 효과를 낳았다. 지위가 높고 학식이 높은 이들의 판단은 '묻지 마' 팩트로 둔갑했다. 엘리자베스 홈즈는 무려 12년 동안 제대로 실력을 증명해낸 적이 없었다. 테라노스의 기술이 진짜인지에 대한 의혹이 여러 차례 제기됐지만 철저하게 무시당했다. 각 분야의 리더들은 엘리자베스 홈즈의 허술한 변명을 철석같이 믿었다. 테라노스의 기술이 미국 식품의약국FDA 승인을 받지 못했고 화려한 투자자 명단에 정작 있어야 할 의학 분야 전문 투자자는 한 명도 없다는 사실도 간과했다. '미모'와 '스탠퍼드대학교'의 조합이 '합리성'을 조작했다. 이것이 바로 후광 효과Halo effect다.

왜 처음 입력된 정보에 큰 영향을 받을까

◇◇◇◇◇

'잘생긴 기획실 김 대리는 일도 잘할 것 같다.'
'성실한 박 과장의 잘못은 실수일 뿐이다.'
'착한 사람은 착한 일만 하고, 나쁜 사람은 나쁜 일만 한다.'
'히틀러가 개와 어린이를 매우 좋아했다니 도저히 믿을 수 없다.'

후광 효과란 하나의 두드러진 특성이 무의식적으로 다른 구체적 특성을 평가하는 데 영향을 미치는 인지 편향이다. 사람 또는 성과를 평가할 때 후광 효과를 완전히 무시하기란 쉬운 일이 아니다. 특히 처음 입력된 정보가 이후 평가에 미치는 영향력은 정말 대단하다. 바로 초두효과Primacy effect다. 심리학자 솔로몬 애시Solomon Asch는 정보의 입력 순서가 만들어내는 후광 효과의 영향력을 실험했다.

1) A씨는 똑똑하고 근면하며 충동적이고 비판적이다.
   때론 고집스럽고 질투심도 많다.
2) B씨는 질투심이 많고 고집스러우며 비판적이고 충동적이다.
   하지만 근면하고 똑똑하다.

사람들에게 A와 B의 정보를 주고 누구에게 더 호감을 느끼는지 물었다. 대부분이 A를 선택했다. 그런데 자세히 보면 A와 B는 나열한 단어의 순서만 다를 뿐 내용은 똑같다. 사람들은 앞의 단어에서 각인된 인상의 영향을 받아 이후 평가를 결정했다. A는 '똑똑하고 근면한 사람이구나. 똑똑하니 비판적이지. 고집이 있다는 것을 보니 의견을 분명하게 표현하는 사람이야.'라고 이해했다. 반면 B는 '질투심이 많고 고집스럽고 비판적이면 동료로서 함께 어울리기 쉽지 않겠어. 게다가 똑똑하다니 잘난 척을 많이 하는 성향이지 않을까?'라는 나름의 정합적 논리를 완성한 것이다. A와 B를 비교하며 일일이 따져보면 '매우 비논리적 판단'이라는 것을 알 수 있다. 하지만 후광 효과는 우리가 미처 알아차리지 못하는 사이 직관의 이름으로 혹은 촉의 이름 뒤에 숨어 거짓을 사실로 둔갑시킨다.

입사 면접 시 지원자의 출신학교, 성적, 최종 학위 등을 먼저 보게 되면 자연스럽게 후광 효과가 생긴다. 좋은 학교, 높은 학점, 석박사 등의 학위를 보고 그 사람이 다른 사람보다 일을 더 잘하고 리더십도 뛰어나리라 판단하는 것이다. 1920년대에 미국의 심리학자 에드워드 손다이크Edward Thorndike는 군대의 지휘관들에게 병사들의 역량평가를 부탁하고 평가서를 조사했다. 그 결과 뚜렷한 공통점이 발견됐다. 체격이 좋고 잘생긴 병사는 충성심, 신뢰성, 용맹성, 리더십 항목에서 우수한 평가를 받았고 그렇지 않은 병사는 모든 항목에서 낮은 평가를 받은 것이다. 그때와 달리 오늘날의 리더들은 그렇지 않을 것으로 생각하는가? 그렇다면 다시 실리콘밸리의 엘리자베스 홈즈를 떠올려보길 바란다.

오랫동안 한 분야에서 업적을 이룬 사람들은 자신의 판단을 의심하길 꺼린다. 조직 내 권한과 권력이 클수록 '나는 합리적이다.'라고 확신한다. 사람을 직관적으로 알아보고 사업을 고르는 눈이 있다는 근거 없는 자신감을 매우 균형적인 사고의 산물로 착각하는 것이다. 의사결정자들의 착각은 참담한 결과로 이어진다. 미국의 권력자들과 실리콘밸리 큰손들의 후광 효과로 테라노스의 투자자들은 무려 10억 달러의 대가를 치렀다.

후광 효과도 긍정직 영향을 발휘할 때가 있다. 스티브 잡스와 애플의 관계가 대표적이다. 애플이 업계의 혁신을 이끄는 리더인 것은 분명하다. 하지만 스티브 잡스의 후광이 애플의 이미지를 독보적으로 구축했다는 사실은 부인할 수 없다. 하지만 반대의 사례도 있다. 우리나라에서 기업 이미지가 회장의 후광이 되고 재벌 총수의 이미지가 곧 기업으로 인식된다. 그러다 보니 회장의 비리 사건이 터질 때마다 소위 'CEO 리스크'로 경영 전체가 흔들리는 경험을 하게 된다. 이 경우 CEO 개인이 잘못되면 마치 회사 전체가 곧 무너질 것처럼 위기를 과장하고 주장하는 사람들이 나타나고 동의하는 여론도 형성된다.

후광 효과는 인간의 제한된 인지능력 때문에 나타나는 인지 편향이다. 세상은 크고 복잡하다. 그런데 인간은 인지능력의 한계로 제대로 판단하기 어렵다. 그래서 개인의 경험에 비추어 '확실하다'고 여겨지는 부분을 크게 확대해 전체의 보편적 상황으로 이해한다. 후광 효과는 시간이나 정보가 불충분할 때 이를 보완할 합리적 추론 대신 어림짐작으로 빠르게 판단하는 휴리스틱Heuristics의 산물이다. 여기에 한번 고정화된 생각을 바꾸기 싫어하는 인지부조화 현상이 더해지면 더욱 강력한 힘을 발휘한다.

누가 더 훌륭한 성과를 낼지는 아무도 모른다

◇◇◇◇◇

"면접에 합격하려면 고급 브랜드 옷을 입어라."

네덜란드 틸뷔르흐대학교의 사회심리학과 롭 넬리선Rob Nelissen 교수는 고급 브랜드가 사람들의 인식에 미치는 영향을 실험해 발표한 결과다. 전 세계가 그 결과에 깜짝 놀랐다. 면접에 합격하려면 고급 브랜드 옷을 입고 가면 된다고? 정말로? 그렇다. 실제로 실험에서 면접관에게 라코스테나 타미힐피거 같은 고급 브랜드의 로고가 드러난 옷을 입고 있는 구직자의 영상과 같은 사람이지만 브랜드 로고를 지운 상태의 영상을 두 개 준비해 보여주었다. 그러자 면접관들은 고급 브랜드 옷차림의 구직자에게 더 높은 점수를 주었고 연봉도 10퍼센트 이상 높게 책정했다.

우리도 비슷한 실험이 있었다. 연세대학교와 미국 코스탈 캐롤라이나대학교 연구팀은 능력, 스펙, 생김새까지 같은 두 사람이 각각 중저가 브랜드 H&M과 고급 브랜드 루이비통을 입고 면접을 치르는 영상을 준비했다. 결과는 앞선 실험과 같았다. 명품 옷을 입은 사람을 채용할 확률이 더 높았다. 그리고 실험 참여자들은 중저가 브랜드 로고가 새겨진 옷을 입은 사람보다 고급 브랜드의 옷을 입은 사람들에게 더 많은 급여를 줘야 한다고 평가했다(『비즈니스리서치저널』, 2015). 단지 로고만 봤을 뿐이다. 그런데도 브랜드의 이미지가 착용한 사람에 대한 평가로 이어진 후광 효과다.

후광 효과는 과학적으로도 확인된다. 미국 다트머스대학교 연구팀은 새로운 자극이 들어왔을 때 뇌가 얼마나 빨리 호감과 비호감을 결정하는지 알아보기 위해 자기공명영상으로 첫인상을 관장하는 뇌 측두엽 편도체를 촬영했다. 뇌는 공포의 표정을 봤을 때 1,000분의 17초의 속도로 반응했고 행복한 표정에는 1,000분의 183초의 속도로 반응했다. 부정적인 첫인상을 판단하는 데 0.017초면 충분하다는 얘기다. 면접관들이 지원자의 첫인상을 판단하는 데 걸리는 시간을 5분 이내라고 답했다. 하지만 실제로는 보자마자 몇 초 안에 호감과 비호감을 결정했다. 물론 면접관들은 후광 효과가 이렇게 빨리 생기고 그것이 전체 평가에 편향성을 미친다는 것을 전혀 알아차리지 못했다.

아주 익숙한 상황을 가정해 보자. 한 기업의 마케팅 담당 경력사원을 뽑는 면접에 두 명의 지원자가 참여했다. A는 마케팅 관련 석사학위를 받았고 업무경력도 눈에 띈다. 하지만 긴장을 많이 한 탓인지 시종일관 무표정한 얼굴로 면접 내내 인사담당자와 자연스럽게 대화를 이어 가지 못했다. B는 마케팅 관련 전공자가 아니다. 업무경력도 A보다 짧았다. 하지만 매우 능동적인 태도로 소통하고 자신감도 있어 보였다. 당신이 면접관이라면 A와 B 중 누구를 더 긍정적으로 평가할까? 객관적으로 A의 조건과 경력이 더 우수하지만 면접에서는 B의 첫인상이 더 긍정적인 후광 효과를 발휘한다. 인사담당자의 머릿속에는 오랫동안 사람을 봐서 아는데 아무래도 B의 조직 적응력이 높고 실무 능력도 좋을 것이라는 생각이 맴돈다. 전문가로서의 직관을 객관적 기록보다 더 신뢰할 가능성이 커지는 것이다.

조직의 의사결정자들이 사람을 채용하고 평가할 때 중요하게 생각하는 기준은 '자질'과 '성과'다. "누가 더 일을 잘할까?"라는 질문은 자질을 예측하는 것이고 '성과'도 미래의 시점이 돼봐야 안다. 의사결정자들은 인재를 한눈에 알아볼 수 있다고 자신한다. 그런데 그런 자신감을 얼마나 신뢰할 수 있을까? 행동경제학자 대니얼 카너먼은 이스라엘군의 장교 후보생 선발에 참여했던 경험을 통해 인재를 알아보는 전문가의 '눈'이라는 것은 존재하지 않는다고 결론을 내렸다. 당시 대니얼 카너먼과 인사전문가들은 장교 후보생들의 계급장과 이름을 가린 블라인드 테스트를 진행했다. 나름 후광 효과를 차단하려는 의도였다. 전문가들은 각자 오랜 경험을 통해 축적한 기준에 따라 '좋은 자질'을 평가했다. 하지만 그들의 평가는 훈련과정이 모두 끝난 후 실제 객관적 성적과 매우 큰 차이가 있었다. 전문가 각자 경험이 후광 효과로 작용해 몇 가지 특징을 토대로 전체 능력의 우수성을 예측한 것이다.

후광 효과는 널리 알려진 개념이다. 그러다 보니 최근에는 기업 인사담당자의 71퍼센트가 면접 시 후광 효과를 느낀다고 인정하고 있다. 물론 여전히 후광 효과를 느끼지 않는다는 답변도 약 30

퍼센트나 된다. 하지만 이는 느끼지 않는 것이 아니라 느끼지 못하는 것이라는 게 더 정확할 것이다. 실제로 대기업에서 오랫동안 근무한 인사전문가들은 "면접관들이 각자 선호하는 부하의 유형이 있고 그 기준으로 사람을 뽑는다."라고 솔직하게 토로한다. 사람을 보는 눈이란 결국 자신의 주관적인 경험으로 뽑을 만한 이유를 만들고 그것이 타당하다고 믿는 타당성 착각Illusion of validity일 뿐이다. 솔직히 입사 후 누가 더 훌륭한 성과를 낼지는 아무도 장담할 수 없다. 하지만 타당성 착각은 알 수 있다고 확신하게 만든다.

프레임으로 보고
앵커링으로 평가한다

우리 사회에서 사람과 집단을 평가하는 데 가장 흔하게 영향력을 발휘하는 인지 편향이 친밀성 편향Affinity bias과 외집단 동질성 편향 Outgroup homogeneity bias이다. 친밀성 편향은 자신과 비슷한 사람과 함께 있으면 편안함을 느끼고 신뢰하는 것을 말한다. 편안하니까 좋아하고 좋아하니까 자주 어울리며 신뢰를 쌓는다.

'내 학교 후배니까 믿을 만하지.'
'나랑 성향이 비슷해서 일도 잘할 거야.'
'나와 술을 자주 마시는 홍 대리는 대인관계가 좋은 사람이야.'

친밀성 편향이 강한 리더는 특히 자신과 오랫동안 함께 지낸 직원 위주로 일하는 것을 선호하고 다른 직원은 배제한다. 리더의 친밀성 편향은 고과에도 개입한다. 친한 사람에게 더 많은 기회를 주고 상대적으로 좋은 평가를 한다. 자신과 비슷한 부하직원을 편애하는 성향이 크다. 심지어 그들에게 승진의 기회를 먼저 제공하기도 한다. 거의 모든 인사권자가 '공사를 구분한다.'라고 강조하지만 공정성의 신뢰도는 리더 자신의 확신만큼 높지 않다.

프레임은 우리의 사고를 테두리 안에 가둔다

◇◇◇◇◇

외집단 동질성 편향은 한마디로 '너희는 전부 똑같아.'라고 하는 것이다. '우리' 그룹은 다양한 특징을 가진 구성원들로 이루어진 집단이라고 이해하면서 다른 그룹은 하나의 특징으로 동질화된 집단으로 평가한다.

'미국 사람들은 다 그래.'
'삼성 직원은 스마트하지.'
'요즘 애들은 대체 왜 이래? 나 때는 그러지 않았는데……'

외집단 동질성 편향은 사람을 평가할 때 인그룹Ingroup과 아웃그룹Outgroup으로 나누는 이분법의 사고다. 나와 너 또는 우리와 너희로 나누는 순간 편향은 시작된다. 매우 위험한 평가의 관점, 즉 프레임이 짜여지는 것이다. 프레임은 우리의 사고를 테두리 안에 가둔다.

'여자들은 모두 감정적이야.'
'남자들은 대체로 책임감이 있지.'

예를 들어 이런 외집단 동질성 편향이 강한 남성 리더라면 여성 팀원을 이해할 때 '여성 = 감정적'이라는 프레임을 작동한다. 가령 팀원 중 여성인 최 대리와 남성인 김 대리 중 누구에게 먼저 승진의 기회를 줘야 할까 고민한다고 하자. 최 대리는 팀 내 실적이 가장 좋다. 또 성취 욕구가 강한 완벽주의자다. 반면 김 대리는 최 대리보다 실적은 나쁘지만 성실성은 가장 높게 평가받는다. 이때 '여자들은 모두 감정적'이라는 외집단 동질성 편향은 최 대리의 성취 욕구를 다른 프레임으로 평가한다. 성취욕은 '경쟁적'이고 완벽주의적인 성향은 '까칠하다' '예민하다' 등의 감정적 성향으로 이해되는 것이다. 반대로 김 대리의 성실성은 강한 책임감으로 이해된다. 순전히 편향이 개입한 판단이다. 하지만 프레임은 이를 사실로 이해하고 받아들이게 만든다.

'과장의 자리는 부서원의 협력을 끌어내야 해. 까칠하고 예민한 성향보다 책임감이 더 중요하지. 역시 김 대리가 먼저 승진하는 게 회사와 팀에 도움이 되겠어.'

하지만 승진을 앞둔 두 명의 대리가 모두 남성일 경우 전혀 다른 프레임이 작동한다. 가령 남성 홍 대리는 성취 욕구가 강하고 완벽주의 성향의 까칠한 사람이라는 평가를 받지만 같은 남성 김 대리보다 실적이 좋다. 이 경우 객관적인 성과지표가 더 중요하게 활용되고 홍 대리가 승진 대상이 될 가능성이 더 크다. 여성인 최 대리와 남성인 홍 대리는 같은 조건이지만 외집단 동질성 편향이 만든 프레임에 따라 판단과 선택이 크게 달라진다. 바로 프레이밍 효과 Framing Effect다.

프레이밍 효과는 동일한 문제도 제시되는 방법에 따라 그에 관한 해석이나 의사결정이 달라지는 인지 편향이다. 프레이밍 효과는 '역시'라는 결론을 만드는 합리화의 주범이다. 언젠가 와인 클래스에 참석한 사람들을 대상으로 심리실험을 한 적이 있다. 당시 와인 클래스에 참석한 사람들은 "아직 와인에 대해서 많이 알지는 못합니다. 그래도 10만 원 이상의 비싼 와인은 정확하게 찾아낼 수는 있습니다. 그 이유는 확실히 맛있기 때문입니다."라고 자신했다. 그래서 1만 원대 와인을 두 개의 잔에 따라 준비했다. 각각 1만 원대의 와인과 10만 원대의 와인이라고 거짓으로 알려주고 품평을 부탁했다. 모두 신중하게 맛을 음미했다. 한두 명을 제외하곤 대부분 10만 원대로 알고 있는 1만 원대 와인을 "역시 더 맛있습니다."라고 답했다. 바로 심리학에서 말하는 플러시보 효과 Placebo effect다. 가격을 보고 '비싼 와인 = 맛있다'는 인식의 프레임이 작동한 것이다. 이는 거짓말을 한 것이 아니다. 사람들은 실제로 더 맛있다고 느낀다.

교육방송EBS에서 방영한 실험의 한 장면이다. 한 아이를 부유한 동네에 사는 듯 보이게 연출한 영상과 가난한 동네에 사는 듯 보이게 연출한 영상으로 나눠서 촬영했다. 관찰자들에게 각각 학업 성취도를 판단하도록 했다. 이때 똑같은 질문과 똑같은 대답이었지만 관찰자들은 부유한 환경에 사는 듯 보이는 아이의 학업 성취도는 높다고 판단했고 가난한 환경에 사는 듯 보이는 아이의 학업 성취도는 낮다고 판단했다. '부 = 학업 성취도'라는 프레임이 작동한 결과다.

한국과 독일의 축구 경기에서 '한국이 이겼다.'와 '독일이 졌다.'라는 말은 논리적으로 같은 뜻이다. 그러나 '한국이 이겼다.'라는 프레임은 한국팀 전략의 장점을 더 부각해서 생각하도록 하고 '독일이 졌다.'라는 프레임은 독일팀 전략의 문제점을 더 부각해서 생각하도록 한다. 같은 얘기지만 다른 의미의 정보로 해석되고 다른 감정이 생성된다. 그리고 이는 의사결정에 직접적인 영향을 미친다.

어느 날 부장이 매우 마음에 드는 보고서를 봤다. 누가 보고서를 작성했나 살펴보니 평소 믿게 보던 직원의 이름이 있다. 이때 부장의 머릿속에 어떤 생각이 떠오를까? '혹시 누가 도와준 게 아닐까?'라는 의심이 들거나 '다시 보니 허점이 있군.'이라며 재평가하기 쉽다. 부정적 후광의 프레임이 작동하기 때문이다. 인간은 그 누구도 프레이밍 효과에서 벗어날 수 없다. 프레임으로 세상을 보고 평가하는 존재가 바로 인간이기 때문이다.

모든 판단의 과정에는 기준점이 있다

◇◇◇◇◇

평가하는 위치에 있는 리더들은 한결같이 '할 수 있는 한 최대한 공정하게' 평가한다고 확신한다. 과연 직원들도 그렇게 생각할까?

- 인사담당자 60퍼센트가 인사평가는 공정하다고 생각한다.

  (취업포털 커리어, 2020)
- 직장인 75퍼센트가 인사평가는 공정하지 않다고 생각한다.

  (대한상공회의소, 2017)

달라도 너무 다른 생각의 차이는 단지 입장의 차이 때문일까. 모든 판단의 과정에는 기준점이 있다. 사람들은 기준점이 없으면 평가를 하지 못한다. 기준점에 따라서 좋고 나쁨, 긍정과 부정, 그리고 점수를 결정한다. 사람들은 설사 처음에 엉터리로 설정됐다고 해도 그 기준점에서 멀리 벗어나지 못한다. 특정 개념 혹은 숫자가 사고의 기준점이 돼 이후 판단에 영향을 미치는 앵커링 효과Anchoring effect다. 앵커는 배가 움직이지 않도록 바닥에 고정하는 닻이다. 닻을 내린 배는 움직이지 못한다. 마찬가지로 앵커링 효과는 사람들의 생각을 고정해 좁은 범위로 제한한다.

행동경제학자 대니얼 카너먼과 아모스 트버스키의 실험을 보자. 사전지식이 없는 사람들을 두 그룹으로 나누고 아프리카 국가의 UN 가입률을 추정하라는 문제를 줬다. 이때 두 그룹이 토의하는 방에 각각 아무런 의미 없는 10과 90이라는 숫자를 벽에 붙여두었다. 숫자 10이 붙여진 방에서 논의한 그룹은 평균 25퍼센트라고 답했고 숫자 90이 붙여진 방에서 논의한 그룹은 평균 65퍼센트라고 답했다. 토의주제와 전혀 상관없는 수치에 자신도 모르는 사이 무의식이 고정된 것이다. 하지만 사람들은 전혀 눈치채지 못했다. 오히려 매우 그럴듯한 논리를 찾고 합리적인 판단에 이르렀다고 믿는다. 가령 숫자 10이 붙여진 방에 들어간 그룹은 UN 가입률과

10이라는 숫자를 연결했다. '아프리카의 국가들은 사회, 경제, 정치적으로 안정돼 있지 않기 때문에 유엔 가입에 적극적이지 않을 것이다.'라며 낮은 이유를 찾아내려 노력한다. 반대로 숫자 90에 앵커링된 그룹은 '유엔의 원조가 필요한 나라가 많으니 유엔 가입에 적극적일 것이다.'라고 가입률이 높을 만한 이유를 찾아 판단의 근거로 제시한다.

앵커링 효과는 명문화된 법에 따라 판단하는 판사들의 판결에서도 나타난다. 미국 코넬대 법대 제프리 J. 라츨린스키Jeffrey J. Rachlinski 교수 등이 연구한 「심리학이 판결에 미치는 영향Investigating judicial decision making」은 매우 놀랍다. 그들은 먼저 판사들에게 가상의 나이트클럽이 소음 법규를 위반했다는 시나리오를 제공했다. 이때 제공된 나이트클럽에 관한 법적 정보는 모두 같았고 이름만 달랐다. 절반의 판사들은 '클럽55', 나머지 판사들은 '클럽11866'의 이름이 적힌 정보를 받았다. 판결의 결과 클럽11866이 명시된 시나리오를 본 판사들이 클럽55가 명시된 시나리오를 본 판사들보다 3배 더 높은 벌금을 구형했다. 어처구니가 없지만 사실이다. 리더가 매우 중요한 의사결정을 내리기 전 우연히 본 숫자 혹은 단순한 정보에 사고가 고정되어 판단했을 가능성을 부인할 수 없다.

리더는 자신이 틀릴 수 있음을 인정해야 한다
◇◇◇◇◇

뉴질랜드 캔터베리대학교의 심리학자 제 첸Zhe Chen과 사이먼 캠프Simon Kemp는 「의사결정과 판단에서의 편향들Biases in judgement and decision making」에서 '평가'에 개입하는 앵커링 효과를 증명했다. 학부생 80명을 모집해 무작위로 4개 그룹을 나눈 후 승진을 원하는 가상의 대학 강사가 제출한 2~3페이지 분량의 지원서를 읽고 승진 여부를 결정하도록 했다. 그들의 지원서에는 마치 낙서처럼 '좋다, 높다, 낮다, 별로다' 등의 평가가 적혀 있다. 실험 참여자들은 꼼꼼하게 지원서를 살폈다. 하지만 누군지도 모르는 사람이 의미 없이 좋다고 평가를 적은 지원서는 10점 만점에 평균 8.8점을 주었고, 반면 낮거나 별로라고 기재한 지원서는 평균 6.8점을 부여했다. 여지없이 앵커링 효과가 나타난 것이다.

제 첸과 사이먼 캠프는 의사결정권자들이 지원자의 실제 성과를 확인하지 않아서 앵커링 효과가 나타났다고 보고 한 번 더 실험해보기로 했다. 객관적으로 성과를 확인할 수 있으면 앵커링 효과를 피할 수 있는지 알아보기로 한 것이다. 이번에는 평가 경험이 많은 전문가인 교수들을 대상으로 동일 실험을 했다. 교수들은 지원자의 실제 성과를 꼼꼼하게 살폈다. 하지만 이번에도 역시 앵커링 효과를 피하지 못했다. 객관적으로 성과가 낮은 지원자와 높은 지원자의 점수는 큰 차이가 없었다. 교수들은 실제 실력보다 사전에 본 지원서에 적힌 평가에 생각이 고정된 것이다.

요즘 기업에서는 대부분 인사고과에 직원들 스스로 자기평가를 하도록 하고 있다. 하지만 사람들은 기본적으로 자신의 능력을 평균 이상으로 평가하는 경향이 있다. 따라서 자기평가는 객관적인 능력보다 과장될 가능성이 크다. 리더가 자신이 처음 생각한 점수와 능력보다 과장됐을 가능성이 있는 직원의 자기평가 사이에서 고민할 때 타협 효과Compromise effect가 발생한다. 타협 효과란 양극단의 옵션이 있을 때 중간 지점에서 대안을 찾는 심리다. 마트 진열대에 5만 원의 와인과 10만의 와인이 있다고 하자. 그럼 사람들은 대부분 7~8만 원의 와인을 적절한 가격이라고 생각하고 고른다. 마찬가지로 진열대에 10만 원대의 와인과 20만 원대의 와인이 있다고 하자. 그럼 사람들은 14~15만 원대 와인이 합리적인 가격이라고 생각하고 선택한다. 이것이 타협 효과다. 기업들은 마케팅 전략에 타협 효과를 활용한다. 예를 들어 기업이 중저가 제품을 판매하려고 한다면 아무도 살 것 같지 않은 높은 가격대의 상품을 중저가 상품과 나란히 진열하는 것이다.

팀원은 자신의 능력과 성과 기여도를 높게 평가한다. 반면 리더는 자신의 판단은 늘 공정하고 합리적이라고 과신한다. 거기에 앵커링 효과까지 개입하면 사실상 객관적이고 합리적인 평가는 불가능하다. 이런 이유로 평가는 리더의 판단에만 의존할 것이 아니라 독립적인 평가 시스템을 통해 이루어져야 한다. 나는 매 학기 성적 처리를 할 때 반드시 지키는 원칙이 있다. 평가 전 학생의 이름과 과거 성적을 철저하게 가린다. 과거 높은 성적을 받은 학생의 이름을 보는 순간 후광 효과와 앵커링 효과가 작동되어 점수에 영향을 미치지 못하게 하기 위해서다.

기업의 인사평가는 여러 항목을 평가한다. 여기에 한 가지 원칙을 더하면 좋겠다. 바로 항목별 평가를 도입하는 것이다. 개인별로 모든 항목의 평가를 완료하는 방식은 이전 항목의 점수가 다음 항목의 평가에 영향을 미칠 수 있다. 따라서 한 사람씩 모든 항목의 평가를 완료하는 방식이 아니라 하나의 항목에서 모든 팀원을 평가하고 다음 항목으로 넘어가 다시 모든 팀원을 평가하는 방식으로 바꾸는 것이다. 하지만 이런 간단한 방법들도 리더에게 문제의식이 없다면 현장에서 실행되기 어렵다. 리더가 자신의 판단에 인지 편향이 개입했을 가능성을 인정하는 것이 가장 중요하다. 스스로 경계해야 할 필요성을 느끼고 의지를 갖지 않는다면 변화를 위한 작은 노력들은 그저 귀찮기 짝이 없는 일이 돼버리기 때문이다.

따뜻한 커피 한 잔에도
마음이 바뀔 수 있다

"지금 상사에게 평가받거나 결재받아야 한다면 그에게 따뜻한 커피를 권하라." 하는 말이 있다. 따뜻한 커피가 상사의 마음을 너그럽게 해준다는 의미다. 따뜻한 커피는 어떻게 상사의 판단을 바꿀 수 있는 걸까?

예일대학교 심리학자 존 바그John Bargh는 온도가 선택에 미치는 영향을 알아보기 위해 실험을 진행했다. 10명의 면접관이 한 사람의 구직자를 인터뷰한 후 채용 여부를 결정하게 했다. 모든 면접관에게 똑같은 질문지를 주고 구직자에게도 똑같은 대답을 하게 했다. 다만 면접관 다섯 명에게는 차가운 콜라를 주고 나머지 다섯 명에게는 따뜻한 커피를 줬다. 결과는 놀랍게도 차가운 콜라를 마신 면접관들은 채용을 거부했고 따뜻한 커피를 마신 면접관들은 채용을 결정했다.

존 바그는 콜로라도대학교의 로런스 윌리엄스Lawrence Williams와 또 다른 실험을 진행했다. 피실험자들에게 냉찜질 팩과 온찜질 팩을 나눠 주고 똑같은 제품의 평가를 요청한 후 보상으로 자신을 위한 음료와 친구를 위한 아이스크림 무료 쿠폰 중 하나를 선택할 수 있도록 했다. 그 결과 냉찜질 팩을 쥐었던 피실험자의 75퍼센트가 자신을 위한 음료 쿠폰을 선택했고 온찜질 팩을 쥐었던 피실험자의 54퍼센트가 친구를 위한 아이스크림 쿠폰을 선택했다. 이 실험을 통해 차가운 온도는 냉철함을 가져오고 따뜻한 온도는 관대함을 가져온다는 사실을 증명했다. 인간의 마음은 온도의 변화만으로도 바뀐다. 점화 효과Priming effect 때문이다. 점화 효과란 앞서 경험한 자극이 자신의 의지와 상관없이 이후 정보의 해석과 판단에 영향을 주는 심리 현상이다.

무의식은 편향을 낳고 편향은 행동을 만든다

◇◇◇◇◇

영국 뉴캐슬대학의 멜리사 베이트슨Melissa Bateson 박사는 교직원용 구내식당에 있는 무인 자율 계산대를 이용해 실험했다. 구내식당 벽면에 일주일씩 꽃 사진과 사람의 눈 사진을 번갈아 가며 붙여놓았다. 한 달 후 꽃 사진을 붙인 주의 상자 속 돈과 사람의 눈 사진을 붙인 주의 상자 속 돈의 액수를 비교했다. 결과는 사람의 눈 사진을 붙였을 때 돈의 액수가 훨씬 더 많았다. 사람들은 벽면의 눈 사진을 본 것만으로 누군가 자신을 지켜보고 있는 듯한 느낌을 받았던 것이다. 그래서 사람이 있을 때와 마찬가지로 계산을 했다.

이 실험을 통해 그림이나 사진만으로도 무의식을 자극할 수 있다는 사실을 증명해냈다.

사람들은 자신이 추구하는 가치와 신념에 따라 판단하고 행동한다고 믿는다. 물론 맞는 말이다. 하지만 매 순간의 판단과 행동은 무의식적으로 이루어진 경우가 더 많다. 심지어 매우 중요한 의사결정도 알고 보면 무의식이 개입한 결과일 수 있다. 2011년 4월 『미국국립과학원회보PNAS』에 '법원의 보석 허가 판결이 식사 시간과 높은 상관성을 보인다.'라는 내용의 논문이 발표됐다. 컬럼비아대학교 경영대학원의 조나단 레바브Jonathan Levav 교수는 이스라엘 법원의 경험 많은 치안판사가 10개월간 처리한 1,000여 건의 보석 신청을 분석했다. 그랬더니 오전 업무 시작 직후와 점심 식사 후의 보석 허가 판결은 65퍼센트이고 점심시간 직전과 업무 종료 직전 허기를 느끼는 시간에는 보석 허가 판결이 0퍼센트라는 사실을 발견했다. 죄수들의 범죄유형, 성별, 수감기간 등을 고려해 조정해도 결과는 같았다. 존 바그의 실험에서 따뜻한 온도가 관대함을 유발했듯이 포만감도 마음속 너그러움을 점화한 것이다.

점화 효과는 온도, 냄새, 그림이나 사진, 단어, 행동 등 아주 사소한 자극으로부터 촉발될 수 있다. 사람들은 미국의 대표적 휴양지 '플로리다'라는 단어와 함께 '망각' '건망증' '회색'이라는 단어를 동시에 보는 것만으로도 머릿속에 '노인'의 이미지를 떠올리고 자신도 모르게 노인처럼 느릿느릿 걷는다. 반대로 '플로리다'라는 단어와 함께 '휴가' '여름' '시원한' 이라는 단어를 동시에 보는 것만으로 정반대의 이미지를 떠올리고 행동한다. 심리학자 존 바그는 이를 '플로리다 효과Florida effect'로 명명했다.

미처 의식하지 못한 자극으로 점화된 생각은 감정을 만들고 그 감정으로 반응이 생기고 반응은 다시 감정을 격화한다. 이런 감정의 자기 강화 과정에서 'A는 B다.'라는 나름의 논리가 생긴다. 이런 과정으로 만들어진 여러 패턴이 기억에 저장돼 있다가 유사한 상황과 만났을 때 편향된 생각으로 발현되고 행동으로 나타난다. 생김새, 냄새, 말투, 색깔, 단어, 고향, 출신학교 등 다양한 직관적 정보를 통해 점화된 생각이 후광 효과, 프레이밍 효과, 앵커링 효과 등과 어우러져 '척 보면 안다.'라는 어림짐작 휴리스틱의 판단으로 연결되는 것이다.

공정한 평가를 하려면 어떻게 해야 할까? 리더의 직관을 제어할 수 있는 객관적 평가모형을 적극적으로 활용해야 한다. 업종과 직무의 특성에 따라 평가모형은 달라지지만 기본 원칙은 같다. 심리학자 폴 밀Paul Meehl과 대니얼 카너먼은 평가모형의 설계 원칙으로, 우선 평가항목의 수를 대여섯 개로 제한하라고 조언한다. 항목이 많을수록 오히려 평가에 방해가 될 수 있다. 인터뷰에서 질문은 객관적 사실을 확인하는 것이어야 한다. 리더의 주관적 관점에 따른 유도성 질문이나 평가 대상자의 주장이 사실인지 확인하기 어려운 질문은 지양한다. 평가결과의 기록은 수치로 남긴다. 혹여 최종 점수가 평가자의 직관과 다를 때 리더는 최종 점수를 신뢰하는 원칙을 고수한다. 이 간단한 원칙을 지키는 것만으로도 공정한 평가의 확률을 높일 수 있다.

기분과 감정은 판단에 큰 영향을 미친다

◇◇◇◇◇

슬기로운 직장생활의 기본수칙은 무엇일까? 바로 '눈치'다. 상사의 기분이 좋은 타이밍을 놓치면 별거 아닌 일로 잔소리를 들어야 하고 무리 없이 통과될 보고서도 다시 써야 하는 황당한 상황이 벌어진다. 매일 아침 상사의 표정부터 살피는 건 직장인들에게 특별할 것 없는 일상이다. 직장인이 가장 서러운 순간은 '상사가 기분에 따라 트집을 잡을 때'이고 직장 선배들이 가장 뽑고 싶은 부하는 '눈치 빠른 후배'라고 말하는(사람인, 2014) 데는 다 이유가 있다.

'기분'은 의사결정에서 상당한 힘을 행사한다. 어떤 순간의 기분이 계속 남아서 이후 다른 판단에 영향을 주는 경험을 해본 적이 있을 것이다. 바로 기분 휴리스틱Mood heuristic이 작동한 결과다. 대니얼 카너먼의 실험을 보자. 피실험자들에게 먼저 '얼마나 행복한가?'라는 질문을 하고 이어서 '최근 몇 번의 데이트를 했는가?' 물었다. 이때 두 질문에 대한 피실험자들의 답은 서로 어떤 상관관계도 나타나지 않았다. 반면 질문의 순서를 바꿔서 '최근 몇 번의 데이트를 했는가?'라고 먼저 질문하고 '얼마나 행복한가?'를 묻자 전혀 다른 현상이 나타났다. 최근에 데이트를 많이 한 사람들은 자신의 행복도를 높게 평가했다. 질문의 순서를 바꾼 이유는 기분이 판단에 미치는 영향을 알아보기 위해서다. 첫 질문인 '얼마나 행복한가?'는 특별한 기분을 형성하지 않았고 이후 최근 데이트 횟수를 떠올릴 때 영향을 미치지 않았다. 그러나 데이트 횟수를 먼저 물었을 때 최근 데이트 경험을 떠올리면서 피실험자들은 좋은 기분을 형성했다. 좋은 기분은 자신의 행복도를 더 높게 평가하는 데 큰 영향을 미쳤다. 상사가 기분이 좋을 때 너그러워지는 이유다.

기분만이 아니다. 감정도 판단에 개입한다. 호불호의 주관적 감정은 신뢰도를 결정하고 선택은 논리까지 만든다. 바로 감정 휴리스틱Affect heuristic이다. 평소 좋아하는 직원이 하는 말은 믿고 싶고 믿지는 않더라도 호감을 느끼게 된다. 반면 싫어하는 직원의 보고서는 왠지 불신의 감정이 앞선다. 프로젝트 진행을 앞두고 투자 비용에 대한 이견이 분분한 상황이라고 하자. 만약 그때 자신이 좋아하는 프로젝트라면 투자 대비 수익이 더 클 것이라는 주장을 더 신뢰하게 된다. 듣고 싶은 정보와 보고 싶은 근거에 더 집중하는 확증 편향 때문이다. 이미 결정을 했기 때문에 자기가 주장하는 근거가 아무리 부족해도 그냥 밀고 나가는 것이다.

인간은 원래 감정에 반응하는 존재다. 감정을 완벽하게 배제한 판단은 불가능하다. 그러나 감정이 판단에 개입하면 합리적 추론의 필요성은 무시되기 쉽고 크게 증폭된 감정이 문제의 본질을 덮어버리기도 한다. 따라서 결정을 앞두고 감정을 자극하는 분위기가 형성되거나, 특정 이슈를 두고 의견이 무조건적 긍정이나 부정의 평가로 나뉘거나, 제안에 호불호의 감정이 느껴진다면 일단 판단을 미루는 것이 현명한 선택이다.

경기장의 해결사인
'뜨거운 손'은 진짜 있을까

농구 경기를 보면 경기가 잘 안 풀릴 때 유독 패스를 많이 받는 선수들이 있다. 팀의 해결사로 불리는 선수들이다. 신기하게도 그들은 경기 종료가 얼마 남지 않은 짧은 시간 동안 여러 번의 슛을 성공시키며 관중을 열광시킨다. 어려운 경기를 해결하는 이 선수들을 '뜨거운 손Hot hand'이라고 부른다. 감독은 경기가 치열해질수록 뜨거운 손이라 불리는 특정 선수를 찾는다. 그들이 특별한 능력의 소유자로 경기를 잘 마무리해줄 것으로 믿기 때문이다.

하지만 행동경제학자 아모스 트버스키와 토머스 길로비치Thomas Gilovich는 경기장의 뜨거운 손은 실제로 존재하지 않고 환상일 뿐이라는 사실을 밝혀냈다. 언제든지 연속적으로 슛을 성공시키는 해결사는 없다는 것이다. 많은 경기의 데이터를 분석해보니 뜨거운 손의 높은 슛 성공률은 짧은 시간 동안 슛을 던지는 횟수가 그만큼 많아서 생긴 착시일 뿐이다. 실제로 뜨거운 손의 슛 성공률은 그 선수의 평균 실력에서 크게 벗어나지 않았다. 뜨거운 손은 앞서 여러 번 슛을 성공시켰으니 다음 슛도 성공할 것이라고 믿는 심리가 만들어낸 인지 착각이다. 이것이 바로 '뜨거운 손의 오류Hot hand fallacy'다. 하지만 많은 농구 감독들은 데이터를 통해 밝혀진 뜨거운 손의 오류를 전혀 인정하지 않는다. 그들은 여전히 뜨거운 손을 믿으며 자신들의 인지 착각을 부정한다.

뜨거운 손의 오류는 경기장에만 있는 게 아니다. 여러 팀원이 함께 공동의 성과를 달성해야 하는 조직에서도 빈번하게 나타난다. 한 명이 팀을 구원할 수 있으리라고 믿는 것은 착각이다. 리더의 그러한 착각은 전혀 기대하지 않은 결과를 가져올 수 있다. 리더가 소수의 해결사를 믿고 편애하면 장기적으로 팀 전체가 망가지고 말 것이다.

과거에 성공했으니 앞으로도 성공할까

◇◇◇◇◇

리더들의 가장 흔한 편견 중 하나가 자신이 조직의 해결사라거나 조직 내 해결사가 존재한다고 믿는 것이다. 리더는 여러 차례 성공 경험을 하고 나면 자신을 뜨거운 손이라고 믿는다. 특히 조직은 누군가 연속적으로 성공사례를 만들면 뜨거운 손이라고 신뢰한다. 과거에 성공했으니 앞으로도 성공할 것이라는 믿음이다. 하지만 이는 뜨거운 손의 오류가 만든 착각이다. 뜨거운 손의 오류란 성공은 오직 개인의 실력에 달려 있다는 과신이다. 그렇게 되면 당사자는 무모한 모험을 불사하게 되고 조직도 용납한다.

조직에서 뜨거운 손이 실제 존재하는 것처럼 보이는 건 농구 경기 현상과 같다. 감독은 경기가 잘 풀리지 않을 때 특정 선수에게 볼을 더 많이 패스하도록 지시한다. 물론 실력이 있는 선수다. 해결사로 지목된 선수는 특별히 더 많은 기회를 잡게 된다. 한 시합에서 평균 15번의 슛을 던질 기회가 주어진다고 해보자. 그런데 해결사로 지목되는 순간 20번 이상의 슛을 던질 기회가 주어지는 것이다. 이것이 바로 운(기회)이다. 실력과 운이 만나면 더 높은 점수를 낼 가능성이 커진다. 실제로는 아주 특별한 운의 도움이다. 그리고 머릿속에서 과정은 무시되고 골을 넣은 장면과 전광판의 점수만 남는다.

조직의 해결사도 마찬가지다. 몇 번의 성공사례를 만들었거나 실력이 있다고 믿음을 준 경우 상대적으로 더 좋은 프로젝트에 참여하거나 더 많은 기회를 받는다. 리더들은 "기회는 능력에 따라 공정하게 부여합니다."라고 주장하면서 공정성을 의심하는 비난 때문에 억울하다고 할 수도 있다. 자신의 편애가 비의도적이고 무의식적인 행동일 수 있다는 사실을 모르는 탓이다. 하버드대학교의 심리학자 로버트 로젠탈Robert Rosenthal은 이에 대한 매우 의미 있는 실험을 했다.

로버트 로젠탈은 샌프란시스코의 한 초등학교에서 무작위로 학생 20퍼센트를 선발했다. 그리고 교사들에게 이 학생들에겐 특별한 가능성이 있다고 알려줬다. 물론 이는 거짓이다. 그런데 한 학기가 지난 후 이 학생들은 정말로 다른 학생들의 평균보다 높은 성적을 받았다. 왜 그런지 알아보니 바로 교사들의 태도에 원인이 있었다. 교사들은 남다른 가능성이 있다고 인식한 학생들에게 더 친절했고 더 적극적으로 교감했고 더 많은 학습자료를 제공했다. 교사들은 학생들이 믿음만큼 특별한 자질을 보여주지 않아도 참고 기다려주었다. 평범한 학생들이 높은 성적을 낼 수 있었던 건 더 나은 기회의 제공과 적극적인 피드백의 결과였다. 리더는 특별하게 일을 잘 해낼 해결사라고 혹은 해결사가 될 가능성이 충분하다고 생각하는 것만으로도 특별한 관심, 인내심, 차별적 태도를 보이게 된다. 이것이 조직에서 리더가 의식하지 못하는 편애다.

인정과 편애는 전혀 다르다

◇◇◇◇◇

팀 내 고성과자들의 특별한 역량은 인정받아야 한다. 그러나 인정과 편애는 전혀 다르다. 인정은 공정한 평가와 보상을 통해 구성원으로부터 정당성을 부여받는다. 편애는 평가의 불공정성을 의미한다. '특별히 말이 잘 통해서' 혹은 '특별히 일을 잘해서'라는 이유로 소수의 팀원과 더 자주 소통하고 더 좋은 기회를 제공하는 것은 인정이 아니라 편애다. 팀을 위해서라고 하지만 전혀 사실이 아니다.

편애는 기회의 차별적 부여와 기회의 박탈이라는 양면의 얼굴을 갖고 있다. 눈에 띄는 성과는 내 편애의 대상이 될 수 있고 반대의 경우가 되기도 한다. 한두 번 연속적인 실수와 실책을 범한 팀원이 있다고 하자. 리더의 머릿속에 의심이 자라기 시작한다. 확증 편향으로 자신의 의심을 강화하는 증거만 눈에 띈다. 리더는 편향성이 강화될수록 직원의 능력을 믿지 못해 권한을 위임하지 않는다. 대신 빈틈없는 관리를 시작한다. 이때 리더의 의심을 받는 직원은 어떻게 될까? 실제로 역량이 부족하지 않더라도 일일이 간섭받으면 위축되게 마련이다. 보고할 때마다 리더의 의심스러운 눈길을 의식하며 팀에서 필요 없는 존재라는 생각도 하게 된다. 이쯤 되면 자연스럽게 직무 몰입도가 떨어지고 업무의 질도 낮아진다. 리더의 의심대로 정말 무능한 직원이 되는 것이다. 그렇게 되면 리더의 확증 편향은 정점을 찍는다. '거봐, 내가 사람을 보는 눈이 있지.'라며 자신의 행동을 합리화한다. 리더는 편애가 문제의 본질이라는 사실을 절대로 인정하지 않는다.

리더가 팀원 중 누군가를 해결사로 특정하고 편애하면 어떤 일이 벌어질까? 나머지 팀원들의 사기가 크게 떨어지고 능력을 발휘하지 못하게 된다. 이런 경우 십중팔구 패거리 문화가 만들어진다. 총애받는 그룹과 그 외 그룹으로 갈라진 조직에서 협력이 이루어질 리가 없고 총애받지 못하는 평범한 다수는 불공평한 처우에 불만만 높아진다.

미국 프로 농구 역사상 가장 위대한 감독으로 꼽히는 필 잭슨Philip Douglas Jackson은 시카고 불스와 LA 레이커스의 감독을 거치면서 무려 11번의 우승이라는 전설적인 기록을 달성했다. 그는 비결을 묻는 사람들에게 "편애의 폐해를 피하세요."라고 강조했다. 선수들의 다양한 개성과 욕구를 인정하고 동등하게 대우하라는 것이다. 필 잭슨은 모든 선수를 "고르게 편애함으로써 편애의 일반적인 폐해를 피하는 것이 바로 우승팀이 되는 비결입니다."라고 강조했다.

팀의 성과 기여도를 분석하면 실제로 소수의 고성과자가 존재한다. 그들의 역량이 전체의 성과를 좌우하는 건 사실이다. 문제는 소수 고성과자에 집중되는 기회가 다수 직원의 동기부여를 떨어뜨리는 것이다. 고성과자의 역량은 매우 중요하다. 하지만 조직은 다수 구성원의 협력으로 시너지를 도출해야만 지속적인 성장 가능성을 확보할 수 있다. 능력과 개성과 목표가 제각각인 구성원 모두가 각자 팀에 필요한 사람이라고 느낄 수 있을 때 이기는 팀이 만들어진다.

우리의 평가는 공정하다

: 도대체 왜 동기부여가 되지 않을까? (평가와 보상)

가장 최근의 기억으로
전체를 평가한다

해마다 연말 시상식 시즌이 되면 방송가에는 '상반기 드라마의 저주'라는 말이 떠돈다. 시상식에서 상반기에 방영된 작품은 하반기 방영된 작품에 비해 상대적으로 수상 확률이 낮은 데서 나온 말이다. 굵직한 상은 대부분 하반기, 특히 시상식 전후로 방영된 드라마의 몫으로 돌아간다. 어지간히 강한 인상을 남기지 못했다면 상반기 작품은 연말이 됐을 때 사람들의 뇌 속에서 희미해지게 마련이다. 가장 최근의 기억으로 전체를 평가하는 건 공정할 수 없다. 하지만 사람들은 이에 대해 문제의식을 느끼지 않는다.

리더가 떠올리는 직원들에 대한 기억은 과연 팩트일까

◇◇◇◇◇

인간의 뇌는 모든 경험을 있는 그대로 기억하지 않는다. 가장 인상 깊었던 순간과 가장 최근의 순간이 기억을 지배한다. 생생하게 경험했고 선명하게 기억한다고 하며 내린 판단일지라도 실제 팩트와 다를 수 있다.

대니얼 카너먼은 대장내시경 실험을 통해 인간의 뇌가 경험을 있는 그대로 기억하지 않고 그러다 보니 잘못된 결정을 내리는 과정을 생생하게 보여주었다. 먼저 환자들을 두 그룹으로 나눠 대장내시경 검사를 받도록 했다. A그룹은 8분이 걸렸고 B그룹은 24분이 걸렸다. 1분 간격으로 고통의 강도를 기록했다. 두 그룹의 검사 중 가장 높았던 고통의 강도는 같았고, 검사 마지막의 고통의 강도는 A그룹이 높았다. 두 그룹 중 어느 그룹이 더 많은 고통을 느꼈을까? 당연히 24분이나 검사를 받은 B그룹이다. 그런데 검사 종료 후 인터뷰는 정반대의 결과를 보여줬다. A그룹은 엄청 고통스러웠다고 답했고 B그룹은 상대적으로 덜 고통스러웠다고 답했다. 이는 피크엔드 법칙Peak-end rule 때문이다.

사람들은 특정 경험을 기억할 때 그 경험의 시간의 길이는 철저히 무시되고 가장 강렬한 순간Peak과 가장 마지막 순간End의 평균에 가깝게 떠올린다. A그룹은 고작 8분 동안 검사했지만 검사를 종료한 시점에 고통의 강도가 매우 높았다. 반면 B그룹은 A그룹보다 3배나 더 긴 24분 동안 검사를 받았지만 고통이 잦아들 무렵 검사를 마쳤다. 고통의 총량이 무려 3배 더 많았다. 하지만 마지막 경험이 지배한 기억은 팩트를 완전히 바꿔버렸다.

직원들에 대한 리더의 머릿속 기억은 과연 팩트일까? 피크엔드 법칙에 따르면 그렇지 않을 가능성이 크다. 개인에 대한 신뢰는 단 한 번의 큰 성과와 호감의 영향을 받아 과대평가된 기억일 수 있다. 반대로 한 번의 큰 실수와 부정적 인상이 평가절하된 기억으로 남을 수 있다. 특히 단 한 번의 호감과 실망이 최근의 일이라면 절대적인 영향을 미친다. 최신 편향Recency bias이 작동하는 것이다. 최신 편향이란 판단을 할 때 최신의 정보에 지나치게 가중치를 두는 심리를 말한다.

가령 연말 평가를 시작한다고 하자. 1년의 성과를 평가할 때 1월부터 12월까지 고르게 평균을 반영한다는 원칙은 확고하게 지켜질까? 물론 기록을 객관적으로 반영할 것이다. 하지만 아무래도 리더의 머릿속에는 하반기 성과와 태도 등이 더 생생하게 살아난다. 평가시기를 전후로 성과를 냈거나, 매우 인상적인 한 번의 이벤트가 있었거나, 또는 최근 즐거운 경험을 공유한 직원에 대한 종합적 평가는 더 긍정적으로 인식된다. 이때도 어김없이 확증 편향이 개입한다. 평가점수를 더 높게 줄 만한 근거를 기어이 찾아내고 자신의 판단을 합리화한다.

그런데 기억하는 뇌는 부정적인 경험에 더 크게 반응한다. 여러 번 잘했어도 한 번의 실수가 모든 평가를 덮을 수 있다. 평가는 최근의 가장 나빴던 경험에 휘둘린다는 말이 있다. 이는 회상용이성 휴리스틱Availability heuristic의 영향 때문이다. 인간의 직관은 뭐든 서둘러 판단을 내리는 성향이 있다. 빨리 대충 생각하고 결론을 내리기 때문에 통계와 이성이 끼어들 틈이 없다. 휴리스틱, 어림짐작으로 결론을 내리는 직관을 좌우하는 건 쉽게 떠오르는 정보다. 최근의 경험, 가까운 지인의 경험, 그리고 특히 부정적인 감정을 유발하는 정보는 회상하기 쉽고 직관의 판단에 큰 영향을 미친다.

"박 부장, 김 대리는 어떤 사람이에요?"

우연히 점심 식사를 함께한 임원이 물었다. 김 대리에게 매우 좋은 기회가 될 수도 있는 순간이다. 이때 박 부장의 머릿속에 주르륵 떠오르는 정보는 수년간 자료를 분석한 통계적 평가의 결과일 가능성보다 최근의 경험이 반영된 판단일 확률이 더 높다. 이성의 파일에서 객관적 데이터를 꺼내어 합리적으로 결론을 내리는 일은 드물다. 직관의 빠른 속도를 절대로 따라가지 못한다.

리더와 부하 중 누구의 기억이 더 편집되기 쉬울까

◇◇◇◇◇

분명 함께 회의했는데 기억이 서로 다를 때가 있다. 리더는 분명하게 지시했다고 기억하는데 부하직원은 기억에 없거나 혹은 아예 지시사항을 다르게 기억하기도 한다. 하지만 그렇다고 시시비비를 따지는 상황은 생기지 않는다. 부하직원 쪽이 바로 꼬리를 내리기 때문이다. 리더는 부하직원이 거짓말을 했다고 생각한다. 그런데 과연 리더의 기억이 100퍼센트 맞는 걸까?

리더와 부하, 남편과 아내, 엄마와 아들, 어떤 관계이든 사람들의 상호 기억이 일치하지 않는 경우가 상당히 많다. 기억의 큰 틀은 공유하고 있을지라도 세밀한 부분으로 들어가면 다른 기억이 반드시 존재한다. 진실게임 하듯 따져 들어가면 누군가는 필연 거짓말쟁이가 되고 억울한 사람이 나오게 마련이다. 하지만 사람들이 미처 깨닫지 못하는 진실이 있다. 바로 기억이 착각의 산물일 수 있다는 사실이다.

심리학자 엘리자베스 로프터스Elizabeth F. Loftus는 사람들에게 거짓 기억을 주입했을 때 어떻게 반응하는지 관찰했다. 옛 기억을 가지고 대화하는 중에 실제로 일어나지 않은 사건을 슬쩍 끼워 넣는 방식이다. "당신이 어렸을 때 시장에서 길을 잃었잖아요. 그때 누군가 도와줘서 부모를 찾았어요."라고 꾸며낸 이야기를 들려주었다. 그런데 실험 참가자 네 명 중 한 명이 "맞아요. 내가 시장에서 길을 잃은 적이 있어요."라고 기억을 떠올렸다. 심지어 이야기를 덧붙여 구체적으로 설명도 했다. 하지만 그들은 거짓말을 하지 않았다. 정말 머릿속에서 사건을 떠올린 것이다. 바로 기억 착각Illusion of memory이다. 기억 착각은 단지 기억을 헷갈리는 것이 아니다. 자신도 감쪽같이 속을 만큼 사실로 기억하는 것이다.

인간의 뇌는 같은 사건을 보고 서로 다른 기억을 재생하기도 하고 거짓 기억을 만들기도 한다. 심리학자들은 이처럼 불완전한 기억의 속성 때문에 "이것만은 확실하다고 말할수록 거짓일 가능성이 크다."라고 말하기도 한다. 어쨌든 기억에 의존한 판단이 부정확하다는 건 진실이다.

기억이 만들어지는 과정에는 많은 정보가 개입한다. 그 과정에서 감정이 증폭되면 거짓도 진실이라고 믿게 된다. 자주 노출된 자극에 긍정적인 태도를 품게 되는 단순노출 효과Mere exposure effect가 대표적이다. 1889년 파리만국박람회를 기념해 에펠탑을 세울 때 파리 시민들은 크게 분노했다. 특히 파리의 지성인들이 대놓고 나서서 조롱하며 시 당국을 비난했다. 결국 20년만 유지하기로 시민과 약속한 후에야 에펠탑을 건축할 수 있었다. 하지만 약속된 20년이 채 지나기 전에 시민들은 에펠탑과 사랑에 빠졌다. 그들은 에펠탑을 완벽한 건축물이라고 칭송했고 프랑스의 상징이라고 말했다. 심리학자 로버트 자이언스Robert B. Zajonc는 이를 에펠탑 효과Eiffel tower effect라고 불렀다. 처음엔 싫었는데 자주 보니 정이 들고, 정이 들면 좋은 것이 되고, 좋은 것은 신뢰할 수 있고, 신뢰할 수 있는 사실은 진실로 인식된다. 이것이 단순노출 효과다.

직관은 진실과 친숙함이나 편안함을 잘 구분하지 못한다. 중요한 비교 분석이 필요한 순간에도 편안하고 익숙한 것을 특별히 좋아하는 직관이 판단에 개입한다. 가령 리더의 책상 위에 읽기 어려운 이름의 회사에 대한 투자보고서와 읽기 쉬운 회사명의 투자보고서가 놓여 있다고 하자. 이때 사람들은 단지 회사 이름이 읽기 편하다는 이유만으로 그 회사에 대한 보고서를 더 신뢰하고 주목한다는 실험 결과가 있다. 또 보고서의 내용보다 종이 색깔, 글씨체, 혹은 주요 인용 출처가 읽기 쉽다는 이유로 더 주목하고 신뢰하기도 한다. 보고서를 검토한 리더는 논리적인 주장에 의해 설득됐다고 생각한다. 하지만 실제로는 내용보다는 편안함을 제공하는 사소한 다른 요인에 영향을 받은 직관적 판단일 가능성을 무시할 수 없다.

사람들은 자기가 믿는 사실에 대해서 '내 기억이 맞다.'라고 확신한다. 머릿속에서 생생하게 재연되는 장면들을 거짓이라고 의심하기는 쉽지 않다. 인간은 원래 보고 싶은 대로 보고 듣고 싶은 대로 듣는다. 기억은 편집의 산물이고 편집은 편집하는 자의 마음이다. 회의실에서 시작된 서로 다른 기억은 각자 자기만의 맥락에 따라 사건을 재구성한 결과다.

그런데 심리학에서는 이런 경우 리더와 부하 중 리더의 기억이 더 편집되기 쉽다고 말한다. 이는 리더가 부하직원들보다 더 거시적인 틀로 정보를 이해하는 훈련이 돼 있기 때문이다. 리더는 회의 중 실시간 정보를 기억하는 과정에서 실제로 등장하지 않은 정보를 개입시켜 이해하고 다시 저장할 가능성이 크다. 물론 부하직원도 기억 착각에 빠진다. 그들은 일반적으로 리더의 말에만 집중하지 않는다. 이른바 '의중'을 읽기 위해 상상력과 오감을 동원한다. 그렇게 수집된 정보는 회의를 마칠 때쯤 기억으로 저장된다. 그러다 보니 긴 회의, 특히 여러 명이 참여하는 회의일수록 서로 다른 기억이 존재할 가능성이 커진다. 이 경우 핵심 내용을 요약해 정리하고 회의 참여자 모두가 기록을 공유하는 시스템을 통해 서로 다른 기억으로 인한 오해와 갈등을 피할 수 있다.

결과만을 중요시 여기면
조직이 위험해진다

리 아이아코카Lee Iacocca는 전설적인 경영자다. 그는 미국 자동차 기업 크라이슬러가 35억 달러의 누적적자를 기록하고 있을 때 사장에 취임해서 완벽하게 재건했다. 경영 전문가들은 크라이슬러의 성공을 리 아이카코카의 탁월한 리더십 덕분이라고 설명했다. 명확한 비전의 제시, 효과적인 커뮤니케이션 능력, 자신감, 그리고 인간적인 매력까지 거론되며 탁월한 판단력의 소유자로 추앙받았다. 그의 자서전은 출간 6개월 만에 170만 부 이상이 팔렸다. 한때 미국 대통령 후보로 거론되기도 했다. 그런데 그 후 크라이슬러의 실적이 하락하기 시작하면서 리 아이아코카에 대한 평가가 완전히 바뀌었다. 그의 독선적 리더십이 기업의 조직문화를 경직시켰고 경영부실로 이어졌다는 것이다. 결국 리 아이아코카 회장은 불명예 퇴진을 했다.

왜 "결과로 말하라."라고 말하면 안 될까

◇◇◇◇◇

리 아이아코카 스토리에서 주목할 점은 회사의 경영 상태에 따라 달라진 리더십에 대한 평가다. 크라이슬러가 잘나갈 때 그의 판단과 선택은 모두 옳다고 평가됐다. 하지만 크라이슬러가 어려워지자 그의 결정들은 독선적이고 옳지 않은 것으로 치부됐다. 사실 리 아이아코카는 변한 적이 없다. 변한 건 달라진 결과에 따라 평가를 손바닥 뒤집듯 바꾼 세상의 눈이었다. 전형적인 결과 편향의 모습이다.

"결과로 말하라."

조직에서 흔하게 쓰는 말이다. 가장 확실한 평가 기준은 결과다. 결과를 공정하게 평가하는 일은 매우 중요하다. 그런데 사람들은 자주 결과를 평가하는 것과 결과 편향으로 평가하는 것의 차이를 헷갈리곤 한다. 결과 편향은 결과(성과)로 과정의 좋고 나쁨을 판단하는 인지 편향이다. 결과가 좋으면 과정의 판단도 옳다는 생각이다. 하지만 이는 논리적으로 맞지 않다. 음주운전을 해서 집에 무사히 갔다고 해보자. 그렇다고 음주운전을 선택한 결정을 좋다고 말할 수 없는 것과 같은 이치다. 또 모든 좋은 결정이 반드시 좋은 결과를 낳는 것도 아니다. 선한 의도로 했거나 올바르게 한 결정도 종종 나쁜 결과로 이어진다.

결과 편향은 평가에 얼마나 강력한 영향을 미치는 걸까? 심리학자 조너선 배런Jonathan Baron과 존 허시John C. Hershey의 심리실험을 보자. 수술 경험이 많은 외과 의사들에게 굉장히 어려운 수술 사례를 보여주고 수술한 의사의 능력을 평가하도록 했다. 환자가 회복한 시나리오와 회복하지 못한 시나리오를 보여주었다. 그러자 환자가 회복했을 때는 의사의 능력을 높게 평가했고 환자가 회복하지 못했을 때는 의사의 능력을 낮게 평가했다. 같은 의사에 대한 평가가 시나리오에 따라 달라진 것이다. 사전에 수술 결과를 모르는 상태에서 실험 참가자들은 이 수술이나 의사의 능력에 대해 나쁘게 평가하지 않았다. 수술의 속성을 매우 잘 알고 있는 외과 의사라는 전문가 집단조차 결과에 따라 개인의 결정과 능력을 다르게 평가했다.

조직에서 이런 일은 비일비재하다. 리스크가 상당히 큰 프로젝트가 있다고 하자. 모두들 성공 가능성이 아주 낮다고 판단했다. 하지만 리더의 결정에 따라 그대로 추진됐다. 그런데 뜻밖의 대성공을 거두었다. 그러면 프로젝트의 리더는 비즈니스 트렌드를 읽는 통찰력과 도전의식의 소유자로 평가되고 보상을 받는다. 반대로 실패하면 같은 프로젝트의 리더라도 무모하고 독단적인 사람이라는 비판을 받고 나쁜 평가와 함께 혹독한 페널티를 받는다.

10여 년 전 미국 보건복지부HHS가 병원별로 수술 후 사망률을 공개하기로 했다. 그럼으로써 의료진의 의술 향상을 기대한 것이다. 그런데 병원들은 이미지가 나빠질까 봐 의술 향상을 위한 노력보다는 중환자를 받지 않았다. 사람들은 결과 편향이 평가를 좌우할 때 모든 일에서 결과를 우선으로 생각한다. 좋은 결과를 장담할 수 없다면 아예 시도하지 않는다. 굳이 실패 가능성이 있는 도전을 해서 위험을 감수할 이유가 없다. 리더들은 책임을 지는 자리에 있기에 결과에 더욱 촉각을 곤두세울 수밖에 없다. 특히 성과가 재임 기간을 결정하는 데 큰 영향을 미치는 고위 임원에게 결과 편향은 매우 큰 부담이다. 리더들은 결과 편향이 팽배한 조직에서 장기적 비전을 제시하고 도전을 격려할 수 없다. 좋은 의도와 우수한 전략도 실패할 수 있다는 것을 알기 때문이다. 하지만 조직에서 결과 편향으로 평가와 보상을 한다면 살아남기 위해서는 선한 의도, 용감한 도전, 공정한 경쟁이 아니라 일단 실패하지 않아야 한다.

결과만 중요시 하면 편법과 불법을 저지를 수 있다

◇◇◇◇◇

조직이 결과 편향에 빠져 있으면 무한 경쟁주의가 지배하게 된다. 오직 결과만 중요시하다 보면 부정행위 혹은 속임수 등도 용납하는 문화가 만들어진다. 속임수도 발각되지만 않는다면 경쟁력이라고 인정하는 암묵적인 관행이 만들어지는 것이다. 능력이 있어야 이기는 것이 아니라 이기면 능력이 있는 것으로 둔갑한다. 그러한 조직에서 공정한 룰을 준수하려는 의지는 약해진다.

2020년 초 언론에 국내 대형 통신사가 '중고 셋톱박스를 수거한 뒤 박스만 바꿔서 새 제품처럼 고객에게 제공하고 있다.'라는 보도가 있었다. 당시 회사는 설치 기사들에게 책임을 넘기는 듯한 모습을 보였다. 이에 고객들은 더욱 분노했다. 그런데 설치 기사들은 왜 이런 비도덕적 행위를 했을까? 중고 단말기 속임수 사건은 새로운 단말기 공급이 원활하지 않았던 수요와 공급의 문제에서 비롯됐다. 단말기가 부족하면 신규가입자를 늘릴 수 없다. 그러나 회사는 신규가입자 유치에 사활을 걸었다. 신규고객 가입률은 직원들의 평가에 직접적인 영향을 미치는 요소였다. 설치 기사들은 이

후 인터뷰에서 '고객을 속이는 줄 알면서도' 신규가입을 늘리기 위해서는 어쩔 수가 없었다고 토로했다. 조직에서 결과(성과)만 평가하고 결과가 좋으면 과정의 정당성을 인정할 때 흔히 일어나는 일이다. 이는 직원들에게 부당한 행위를 강요하는 것과 다르지 않다. 이 사건의 책임은 부정행위를 한 설치 기사들이 아니라 전적으로 기업의 경영진, 바로 리더들에게 있다.

리더들은 결과를 중심으로 평가하는 것의 공정성에 대해 고민해야 한다. 결과 중심주의 평가와 보상 시스템은 자연스럽게 결과 편향의 폐해를 피하기 어렵다. 결과 편향이 판단을 지배하면 문제의 본질을 찾기보다 책임 소재를 따지고 서로 회피하게 된다. 평가의 공정성은 아예 기대할 수 없다. 결과에 대한 공정한 평가는 건강한 조직의 조건이다. 그러나 누구든 결정의 순간에 미래의 결과를 알 수는 없다. 결과만 좋으면 과정에 문제가 있었더라도 괜찮고 결과가 나쁘면 그간의 과정과 노력을 깎아내린다면 조직은 모두의 위험이 될 수 있는 나쁜 의도와 옳지 않은 결정들을 통제할 수 없다. 목적이 수단을 정당화하는 위험성은 결국 조직의 생존을 위협한다.

권한은 상사의 것이고
책임은 부하의 몫인가

"내가 그럴 줄 알았어요. 그 회사가 사고 칠 것 같더니만……. 제대로 꼼꼼하게 평가했어야 했습니다."

이른 아침 모 은행 지점장 사무실의 회의 풍경이다. 대출을 결정한 회사의 재무제표에 문제가 있다는 사실이 뒤늦게 드러난 터라 분위기가 심상치 않다. 지점장은 아무래도 분식회계가 의심된다는 담당 부하직원의 보고에 크게 화를 내고 있다. 부하직원은 당시에 시간적 여유가 없었다고 말했다. 그는 당시 지점장이 자신의 실적을 위해 대출 심사를 빨리 진행토록 강압적으로 지시했던 사실을 기억해주길 기대했다. 그런데 정작 지점장의 반응은 황당하기 그지없다.

"어떻게 일처리를 이렇게 엉성하게 합니까?"

일본의 인기 드라마 「한자와 나오키半沢直樹」에 등장하는 한 장면을 재구성한 스토리다. 사건이 터지면 책임을 회피하는 리더의 모습이 상당히 익숙하다. 드라마 속에서 지점장은 자기는 위험성을 알고 있었는데 부하가 잘못해서 문제가 터졌다며 분통을 터뜨린다. 앞뒤가 맞지 않는다. 리더가 알고 있었으면서 막지 못했다면 더 큰 책임을 져야 하기 때문이다. 그러나 지점장은 당당하게 담당 직원의 책임을 추궁하고 전가한다. 책임을 회피하는 상사의 뻔뻔함과 책임을 뒤집어써야 하는 부하직원의 억울함 사이에는 사후확신 편향Hindsight bias이 있다.

왜 '나는 이럴 줄 알았다.'라고 말하는 걸까

◇◇◇◇◇

미국 카네기멜론대학교의 심리학자 바루크 피쇼프Baruch Fischhoff는 1975년에 발표한 논문 「나는 그 일이 일어날 줄 알았다I knew it would happen」에서 사건의 결과를 예측했다고 착각하는 사후확신 편향을 소개했다. 사후확신 편향은 일의 결과를 알고 난 후 처음부터 그 일을 예상했다고 믿는 인지 편향이다. 어떤 사건이 발생한 후 '그럴 줄 알아.' '당연한 결과 아니야?' '그건 예고된 사고야!'라는 사람들의 반응은 바로 사후확신 편향에서 나온다. 사후확신 편향은 그냥 '아는 척'하는 것이 아니다. 정말 알고 있었다고 믿는 것이다.

2008년 미국발 글로벌 금융위기가 발생하자 미국의 경제 전문가들은 이미 예고된 위기였다는 분석과 비판을 쏟아냈다. 그런데 참으로 비논리적인 주장이다. 정말 예고된 위기였다면 사전에 대응했을 것이고 금융위기는 일어나지 않았을 테니 말이다. 2008

년 금융위기 전 미국의 금융 전문가들은 사실 아무것도 몰랐다. 전문가들은 리스크가 높은 간접펀드 상품이 등장했을 때 높은 수익률을 예측하는 말들을 쏟아냈다. 사람들은 안정적인 예금을 해지하고 펀드를 구매했다. 게다가 당시 전문가들은 미래의 경제 상황도 상당히 밝게 전망했다. 당시 월가의 실화는 배우 크리스천 베일Christian Bale과 브래드 피트Brad Pitt가 출연한 영화 「빅쇼트Big short」에 생생하게 소개됐다. 사람들의 생각과 다르게 간접펀드 상품의 위험성을 경고하는 분석들은 금융위기가 본격적으로 시작된 후에야 등장했다.

사건이 일어나고 나서 결과를 보면 왜 그런 일이 발생했는지 원인과 결과가 선명하게 드러난다. 원인이 너무 분명하다. 그래서 오히려 몰랐다는 것이 이상할 정도다. 사후확신 편향이 개입한 착각을 사실로 믿게 되는 이유다.

사후확신 편향은 특히 리더에게 매우 위험하다. 다수의 타인을 대신해 중요한 의사결정을 내리고 타인을 평가하는 권한을 갖고 있기 때문이다. 사후확신 편향은 결과를 미리 알고 있었다는 착각과 자신의 판단이 틀리지 않았다는 확신의 주범이다. 리더의 편견과 선입견을 합리화하고 고정화하는 것이다.

우수한 성적으로 입사한 홍 대리를 예로 보자. 소위 말하는 대로 스펙이 좋은 홍 대리가 어려운 계약을 성공시켰다. 이때 상사의 사후확신 편향은 "그럴 줄 알았어. 공부 잘하는 사람이 일도 잘하는 법이지."라고 결론을 내린다. 어떻게 어려운 계약을 성공시켰는지에 대해 객관적으로 분석하고 홍 대리의 역할과 팀원의 노력을 공정하게 평가하는 과정은 상대적으로 중요하지 않게 취급된다.

반대로 기대했던 계약이 성사되지 않았다고 하자. 상사의 사후확신 편향은 "잘난 척할 때부터 이럴 줄 알았지. 원래 공부머리와 일머리는 다르거든."이라고 결론을 내린다. 이번에는 홍 대리가 그간 애써온 노력과 계약이 성사되기 어려웠던 객관적 외부 환경의 영향을 무시하게 된다.

사후확신 편향은 나쁜 결과에 대한 평가에서 특히 공정성을 잃는다. 충분히 대비할 수 있는 위기를 막지 못했다는 논리는 반드시 담당자의 책임추궁으로 이어진다. 재난재해가 발생했을 때 상황을 떠올리면 쉽게 이해된다. 홍수, 가뭄, 지진 등 자연재해는 물론이고 대규모 사회적 재난이 발생하면 결론은 언제나 '인재人災'다. 50년에 한 번 있을까 말까 한 폭우가 쏟아져서 저수지가 넘치고 마을 하나가 통째로 잠겼다고 하자. 그러면 언론사들은 기다렸다는 듯이 미리 저수 용량을 확대하는 공사를 하지 않은 잘못을 추궁한다. 기사를 본 사람들이 공분하고 저수지를 관리하는 담당 공무원은 징계를 받는다. 예고된 사건을 미리 막지 못했다는 게 이유다. 그러나 50년 만에 한 번 발생할 가능성을 미리 예견할 수는 없다. 저수 용량이 컸다면 재난을 막을 수 있었다는 건 사후판단일 뿐이다. 익숙하게 반복되는 사건의 장면이다. 우리 인간들의 사고가 사후확신 편향에 얼마나 익숙하게 길들어 있는지 잘 보여준다.

권위적 조직일수록 사후확신 편향이 강하다

◇◇◇◇◇

사람을 평가하든 사건을 평가하든 사후확신 편향은 본질을 판단하는 사고의 눈을 가린다. 그래서 사후확신 편향이 강한 리더는 문제해결 능력이 크게 떨어진다는 공통점을 갖고 있다. 뭐든 그럴 줄 알았다고 생각하기 때문에 결과의 원인을 세밀하고 집요하게 분석하지 않는다. 사후확신 편향은 빨리 진단하고 빨리 대책을 세우는 선수다. 현상에 드러난 원인에만 주목하고 문제의 본질은 그대로 남게 된다.

문제해결 과정에서 리더의 책임 회피도 자연스럽다. 드라마 〈한자와 나오키〉 속 지점장처럼 미리 알고 있었던 자신은 책임이 없고 몰랐던 담당자가 책임이 있다는 논리다. 나쁜 결과의 책임 여부가 이슈로 부상했을 때 사후확신 편향은 '주어'가 쏙 빠진 결론을 만들어낸다. 리더의 사후확신 편향이 강할수록 부하직원들은 적극적으로 책임을 회피하는 선택을 함으로써 자신을 보호한다. 책임지지 않을 선택만 하는 조직에서 혁신과 성장의 씨앗은 절대로 자라지 않는다.

폴란드 출신으로 영국에서 활동한 사회심리학자 헨리 타즈펠Henri Tajfel과 영국 사회심리학자 존 터너John Turner의 사회정체성 이론Social identity theory에 따르면 개인주의적 성향이 강한 서구사회보다 집단주의적 성향이 강한 동양사회에서 사후확신 편향이 더 강하다고 한다. 2007년 미국 버지니아 공대 총기 살인사건을 예로 보자. 사건 발생 후 한국계 학생 조승희가 범행 전 남긴 동영상이 발견됐다. 그러자 우리나라와 미국 두 나라가 발칵 뒤집혔다. 범행을 예고하는 내용이 담겼기 때문이다. 하지만 동영상은 조승희가 범행 당일에 그것도 첫 번째 총기 난사를 한 후 수정을 한 것으로서 범행 전에는 공개되지 않았던 것이다. 하지만 언론은 '예견된 사건이었는데 막지 못했다.'라는 기사를 쏟아냈다. 심지어 당시 국내 모 언론은 미국 교도소에 수감된 이름도 알려지지 않은 아시아계 총 기 난사범을 찾아가 옥중 인터뷰를 하고 기사를 썼다. '아시아계 이민자는 수동적인 문화적 특성으로 정신적 스트레스가 축적된다. 그러다 보니 조승희처럼 한 번에 크게 폭발한다.'라는 그럴듯한 분 석과 함께 이미 뚜렷한 시그널이 있었음에도 미국 수사당국이 예 측하지 못했다는 것이다. 당시 조승희의 범죄는 '예측이 가능했다.' 라는 기사는 사건이 발생한 미국(48.8퍼센트)보다 한국(86.4퍼센트) 이 압도적으로 많았다(박재영·이완수·노성종, 언론학회보, 2009).

권위주의적이고 위계적인 조직문화가 있고 그런 조직의 리더라 면 특히 사후확신 편향을 더욱 경계해야 한다. '미리 알고 있었다.' 라는 인지 편향은 미래를 예측할 수 있다는 착각으로 이어진다. 하 지만 인간은 지금의 선택이 미래에 어떤 결과를 낳을지 완벽하게 예측할 능력이 없다. 미래를 예측할 수 있다는 건 근거 없는 망상 일 뿐이다. 리더 혼자 예측하고 과신으로 의사결정을 할 때 부하직 원의 선택지는 넓지 않다. 특히 집단사고의 문화가 형성된 조직이 라면 아예 브레이크가 작동하지 않는다. 물론 결과가 잘못됐을 때 도 리더는 사후확신 편향으로 자신의 과거 결정을 편집한다. 타인 을 대신해 의사결정을 내리는 리더는 타인의 미래도 책임져야 한 다. 판단 전 스스로 사후확신 편향을 점검하고 인정하는 용기가 필 요하다.

칭찬은 고래를 춤추게 하지 않고 병들게 한다

경영 컨설턴트 켄 블랜차드Kenneth Blanchard의 저서 『칭찬은 고래도 춤추게 한다』가 출간된 후 많은 기업이 동기부여에 미치는 칭찬의 영향력을 주목했다. 조직에서 칭찬, 즉 보상을 확대할수록 부하직원들은 정말 더 열정적으로 업무에 몰입할까? 국내에서도 칭찬이 실제로 고래의 춤 실력을 키웠는지 알아보는 조사가 진행된 적이 있다. 2003년 한국교육개발원 보고서는 1980년대 전후로 태어나 영재로 주목받던 81명의 대학진학 결과를 조사했다. 그 결과 50퍼센트 이상이 평범하거나 상식적인 기대 수준에 미치지 못한 것으로 밝혀졌다. 리더십 연구자들은 그들이 어릴 때부터 '(남보다) 똑똑하다' '잘났다'는 칭찬을 계속 들어왔다. 하지만 결과적으로 칭찬은 그들의 재능이 장기적 성과로 이어지는 데 긍정적 역할을 하지 못했다(LG경제연구소, 2014)고 분석했다.

왜 지능 혹은 재능의 칭찬은 오히려 독이 될까

◇◇◇◇◇

스탠퍼드대학교 사회심리학자 캐럴 드웩Carol Dweck은 '칭찬의 역설'이라는 말을 소개했다. 초등학생들을 대상으로 칭찬과 동기부여의 관계를 관찰했다. 실험은 3차례에 걸쳐 단계적으로 진행되었다.

먼저 아이들에게 아주 쉬운 문제를 풀도록 한 후 그중 절반의 아이들에게는 점수를 알려주며 "참 똑똑합니다."라고 지능을 칭찬했다. 그리고 나머지 절반의 아이들에게는 "정말 열심히 했습니다."라고 노력을 칭찬했다. 이후 두 번째 실험에서는 아이들에게 직접 시험의 난이도를 선택하도록 했다. 그러자 매우 뚜렷한 차이가 나타났다. 지능을 칭찬받은 아이들은 대부분 쉬운 시험을 골랐다. 반면 노력을 칭찬받은 아이들의 90퍼센트가 어려운 시험을 골랐다.

왜 지능을 칭찬받은 아이들은 쉬운 시험을 선택했을까? 그건 성적이 낮으면 사람들이 실망하고 자신을 멍청하다고 생각할까 봐 두려웠기 때문이다. 그들은 심리적으로 실패를 인정하기 어려워했고 따라서 도전을 선택하지 않았다. 반면 노력의 가치를 인정받은 아이들은 상대적으로 실패를 두려워하지 않았다. 오히려 어려운 시험을 스스로 선택해 도전했고 문제 풀이 과정에서도 몰두하는 태도를 보였다. 실제로 일부의 아이들은 어려운 문제를 성공적으로 풀어냈다.

세 번째 실험은 아이들 모두 첫 시험과 같은 난이도의 문제를 다시 풀게 한 후 성취도를 비교했다. 그 결과 노력을 칭찬받은 아이들은 성적이 30퍼센트나 올랐다. 하지만 지능을 칭찬받은 아이들은 처음보다 오히려 20퍼센트나 성적이 떨어졌다.

왜 지능 혹은 재능의 칭찬은 오히려 독이 됐을까? 그건 실패를 부끄러움으로 인식하기 때문이다. 재능과 성공의 아이콘 스티브 잡스Steve Jobs는 1985년 자신이 창업한 애플에서 해고당했다. 그는 훗날 스탠퍼드대학교 졸업식 연설에서 당시 자신은 "너무 창피해서 실리콘밸리를 떠날 생각까지 했습니다."라고 말했다. 자신이 주변에 '공인된 실패자'로 인식될지 모른다는 두려움 때문이었다. 이는 '능력'에 대한 칭찬으로 자신감이 고양된 똑똑한 인재들이 공통으로 갖는 심리적 부담이다.

2010년 EBS는 드웩 교수와 같은 방식으로 칭찬의 역효과를 실험했다. 그런데 여기서 주목할 만한 장면이 등장한다. 1차 시험에서 지능을 칭찬받은 실험 참여자의 70퍼센트가 어려운 문제를 푸는 단계에서 감독관이 잠시 자리를 비우자 부정행위를 시도한 것이다. 반면 처음부터 아예 칭찬하지 않은 실험 참여자들은 감독관이 없는 사이 단 한 명도 부정행위를 시도하지 않았다. 실험을 마친 후 부정행위를 시도한 사람들에게 이유를 물었다. 그러자 역시나 "실망시키기 싫어서 그랬습니다."라고 답했다. 이 장면을 그대로 조직으로 옮겨가 보자. 조직에서 칭찬하는 쪽은 상대적으로 지위가 높은 상사들이다. 그들은 자신의 미래에 적지 않은 영향을 미칠 힘을 가지고 있다. 그러므로 부하직원들은 상사들을 단지 실망시키지 않는 수준 정도가 아니라 절대로 그들에게 자기 실패를 보여줄 수 없다는 심리가 강화될 수 있다.

자, 다시 첫 질문으로 돌아가 보자. 조직이 칭찬을 확대할수록 부하직원들은 더 열정적으로 업무에 몰입할까? 그럴 수 있고 아닐 수도 있다. 좋은 칭찬은 동기부여에 효과적이다. 나쁜 칭찬은 동기부여는커녕 조직문화를 망친다. 조직에서 능력(성과)에 집중한 보상은 아이들의 지능과 재능을 칭찬하는 것과 같다. 매번 평가에서 능력을 증명해 보여야 한다는 부담으로 눈에 보이는 성과에 집착하게 된다. 혹시라도 공인된 실패자로 낙인찍힐까 두려워서 성과의 크기가 작거나 실패의 가능성이 있는 프로젝트는 시도하지 않는다. 그리고 어쩌면 자신의 실패를 감추기 위해 조직을 망치는 비도덕적 선택의 유혹에 빠질 수도 있다.

좋은 칭찬은 과정을 칭찬하고 실패를 노력으로 평가한다

◇◇◇◇◇

그렇다면 좋은 칭찬이란 무엇일까? 아이들의 행동에 답이 있다. 바로 과정을 칭찬하는 것이다. 결과에 대한 평가는 '최고', 즉 성과를 기대하는 태도이고 과정에 대한 평가는 '최선', 즉 노력을 기대하는 태도이다. 결과는 상대적으로 계량화가 쉽다. 최고, 중간, 최저 등으로 나눠 어렵지 않게 평가가 가능하다. 반면 과정의 평가는 리더와 관리자의 특별한 노력이 요구된다. 오랜 시간을 들여 일이 진행되는 단계를 세심하게 살펴야 한다. 그 과정에 적절한 소통을 통한 공감은 필수다. 노력이 꼭 성과로 연결되는 것은 아니다. 그럼 최선을 평가한다는 것은 무슨 의미일까? 좋은 실패를 구분하고 공정하게 평가하고 적절하게 보상하겠다는 약속이다. 이는 경영진의 말이 아니라 실패를 관리하는 공식적인 시스템을 의미한다.

실리콘밸리에는 페일콘$_{FailCon}$이라는 매우 독특한 행사가 있다.

창업자와 투자자들이 모여 실패 경험을 공유하는 실패 콘퍼런스인데 실리콘밸리의 정상회담으로 불린다. 2009년에 '실패의 공유를 통해 창업 성공률을 높이고 혁신을 가속화하자.'라는 취지로 출발했다. 실리콘밸리에 '실패는 혁신의 일부'라는 인식을 확고하게 심어주었을 뿐만 아니라 스타트업 생태계의 보편적 가치관을 대표하는 상징이 됐다. 지금은 전 세계 정상급 스타트업 대표들이 모두 참여할 정도로 뜨거운 지지를 받고 있다.

　조직의 실패관리는 리더의 인식 전환에서 시작된다. 리더가 실패는 누구나 겪을 수 있는 학습의 기회라는 인식과 태도를 진심으로 견지할 때 구성원들은 '공인된 실패자'의 두려움에서 벗어날 수 있다. 실패를 대하는 리더의 첫 번째 자세는 실패가 발생했을 때 누구의 책임이 아니라 그 원인을 주목하는 것이다. 프로젝트 담당자를 불러서 책임을 따져 묻는 게 아니라 실패의 원인을 분석하고 소통하는 것이 먼저다. 사실 대부분의 실패는 조직 내부와 외부의 복합적 문제가 결합한 결과다. 온전히 개인의 책임인 경우는 드물다. 다만, 개인의 나태함과 부주의로 인한 실패와 반복되는 실패는 나쁜 실패로서 절대로 용납될 수 없다. 또 고의로 실패를 감추는 행위와 결과의 실패는 아니어도 과정의 비도덕적인 행위는 역시 나쁜 실패로서 과감한 경고와 결단이 필요하다.

　그러나 합리적 프로세스로 진행했음에도 예측 불가능한 외부 환경 등으로 인한 실패는 정당한 '노력'으로 평가받아야 한다. 그중에는 보상을 받아야 하는 실패도 있다. 창조적 도전의 결과로서 발생한 실패다. 실리콘밸리에서 비즈니스로 성공하는 아이디어는 1퍼센트에 불과하다. 99퍼센트의 창조적 실패를 통해 성공한 1퍼센트가 미래의 가능성을 열었다. 그리고 그 힘으로 문명은 진보한다.

창조적 실패를 보상하는 건 한계에 도전하는 과정을 칭찬하는 것이다. 미국 기업 3M은 연구보고서에 반드시 소수의 의견을 적도록 하는 원칙이 있고 연구 과정에서 실패한 직원들을 위해 '실패파티'를 연다. 연구원들의 아이디어를 존중하고 좌절하지 않도록 격려하는 게 목적이다. 인기 게임프로그램 '앵그리 버드'를 개발한 핀란드 기업 슈퍼셀Supercell은 게임 개발에 성공한 팀에는 맥주파티를 열어주고 실패한 팀에게는 더 성대하게 와인파티를 열어준다. 회사가 실패했지만 과정의 노력을 인정하고 있다는 사실을 알려주는 것이다. 독일의 자동차 기업 BMW는 아예 '이달의 가장 창의적 실수상'을 선정해 포상한다. 창조적 아이디어를 거리낌 없이 제안하고 시도하는 문화를 조성하기 위한 경영진의 노력이다.

스탠퍼드대학교 경영대학원의 조직행동학자 제프리 페퍼Jeffrey Pfeffer와 경영학자 로버트 서튼Robert Sutton은 『증거경영』에서 실패를 과감하게 '용서'하고 그 원인과 해결의 방법을 모두가 '기억'하라고 조언한다. 그래야 직원들이 실수를 숨기지 않고 이야기할 수 있으며 실패를 동력으로 창조적 역량을 확보할 수 있기 때문이다. IBM의 토머스 왓슨Thomas Watson 전 회장은 "성공에 이르는 가장 빠른 방법은 실패의 속도를 두 배로 하는 일입니다."라고 했다. 하지만 이는 이미 과거의 이야기다. 지금은 변화의 속도가 비교할 수 없을 만큼 빨라졌다. 따라서 실패의 속도도 두 배가 아니라 더 빨라져야 한다. 그러기 위해 필요한 것은 빨라진 실패의 속도만큼 더 많아질 실패의 양을 똑똑하게 관리하는 경영이다.

고액연봉을 받으면
자발적 동기부여가 될까

상사와 부하직원, 리더와 팔로워는 다르다. 달라도 너무 다르다. '꼰대'와 '요즘 젊은것'이라는 말들 사이에는 넘기 쉽지 않은 인식의 장벽이 존재한다. 경영자나 상사가 조직과 부하직원의 동기부여를 고민할 때 주로 생각하는 방법론은 '보상과 페널티'다. 성과가 높아질수록 보상을 크게 주고 실패에 페널티를 줌으로써 자발적 동기와 경쟁을 일으키겠다는 것이다. 꽤 합리적으로 보이지만 무척 단순하고 어리석은 생각이다. 인간은 금전적 보상이 커질수록 열정이 커지고 일에 집중해 성과를 높이는 존재가 아니다. 금전적 보상이 성과에 미치는 영향은 분명 한계가 있다. 인간은 기본적 욕구가 충족되고 나면 돈이 더 많아진다고 해서 행복을 느끼지 않는다. 동기부여의 효과가 크게 떨어진다는 얘기다. 이것이 바로 이스털린의 역설Easterlin's paradox이 주는 교훈이다.

그렇다면 반대로 페널티는 어떨까? 일의 몰입도를 높이는 동기부여의 효과가 있을까? 미국 캘리포니아대의 경제학자 유리 그니지Uri Hezkia Gneezy와 알도 루스티치니Aldo Rustichini가 페널티를 주면 잘못된 행위를 고칠 수 있는지 실험했다. 한 유치원에서 부모들이 아이들을 데리러 오는 시간을 늦지 않게 하려고 벌금제도를 만들었다. 그런데 반전이 펼쳐졌다. 부모들의 지각률은 벌금제도 도입 후 오히려 두 배로 증가했다. 부모들은 지각해도 벌금을 내면 된다고 생각했고 벌금을 지각할 권리로 여겼다. 페널티의 전형적인 역효과 현상이다.

이스털린의 역설과 유리 그니지의 실험은 보상이든 벌이든 돈으로 인간의 행동을 유인할 수 있다는 생각은 틀렸다는 사실을 명확하게 보여준다. 하지만 아직도 많은 기업이 당근과 채찍론을 선호한다. 돈과 경쟁이 기대했던 것보다 동기부여 효과가 낮다는 확실한 연구결과가 있다. 그럼에도 상사들은 제도의 문제가 아니라 젊은 직원들의 '연봉보다 칼퇴근이 더 중요하다.'라는 인식이 더 문제라고 얘기한다. 반면 직원들은 아직도 '높은 인센티브'만 강조하는 꼰대들이 자발적 동기를 강조하는 것에 공감하기 어렵다고 얘기한다. 동기부여가 풀 수 없는 숙제가 돼버리고 말았다. 나이와 직급 간 인식의 차이가 아니라 인간의 마음을 이해하지 못한 리더십 때문이다.

높은 금전적 보상과 성과 압박은 역효과를 가져온다

◇◇◇◇◇

대니얼 카너먼과 프린스턴 대학의 앵거스 디턴Angus Deaton은 2010년 미국인 45만 명을 대상으로 연봉 상승에 따른 행복감의 상승 관계를 조사했다. 결과는 7만 5,000달러를 기점으로 돈으로 인한 행복감은 더 증가하지 않았다. 8년 후 퍼듀대학교와 버지니아대학교 심리학자들은 '소득과 행복의 비례관계'에 대한 또 다른 연구결과를 발표했다. 세계 164개국 170만 명을 대상으로 한 설문에서 행복도는 9만 5,000달러(약 1억 원)에서 최고점에 이르렀다. 나라별 물가와 임금상승 등을 고려하더라도 행복도는 일정 금액까지만 비례하는 패턴이 똑같이 나타났다.

행동경제학자들은 여러 차례 실험을 통해 경제학자 리처드 이스털린의 주장을 증명해왔다. 물론 이들 연구에 대한 반론도 있다. 행복과 만족은 주관적 개념이고 소득의 가치도 주관적 평가다. 가령 소득 계층별 1,000달러에 대한 가치는 다르게 평가된다. 저소득층이 심리적으로 느끼는 1,000달러의 가치는 고소득층이 심리적으로 느끼는 1,000달러의 가치보다 훨씬 크고 만족과 행복감도 다르다. 따라서 소득과 행복의 관계를 일반화할 수 없다는 주장이다. 그러나 이스털린의 역설과 행동경제학 연구의 핵심은 '얼마의 돈에 만족하고 행복한가?'가 아니다. 소득 수준과 상관없이 인간에게 금전적 보상의 동기부여 효과는 분명히 한계가 있다는 사실이다.

금전적 보상의 한계는 먼저 초점 착각Focusing illusion으로 설명할 수 있다. 초점 착각이란 '~만 하면(있으면)' 행복할 것으로 믿는 인지 착각이다. 제주도에서 살면 더 행복할 것이고, 비싼 집이 있으면 더 행복할 것이고, 임원 승진을 하고 연봉이 높아지면 더 행복할 것이라는 믿음은 사실 착각이다. 물론 처음엔 크게 만족하지만 행복감은 오래 유지되지 않는다.

미국 하버드대학교의 심리학 교수 대니얼 길버트Daniel Gilbert는 심지어 로또 당첨자의 행복도 유지 기간이 평균 3개월에 불과하고 1년이면 일상적 감정으로 돌아온다고 말했다. 불행도 다르지 않다. 교통사고로 다리를 잃은 사람은 사고 직후 최고 수준의 불행감을 경험한다. 하지만 이 역시 1년 이내에 일상적 감정으로 돌아온다. 장애인 농구를 즐기고 정원에서 꽃을 보고 맛있는 음식을 즐기며 일상의 행복을 경험한다. 하지만 그의 삶을 알지 못하는 사람들은 다리를 잃은 사람의 행복을 상상하지 못한다. 다리를 잃은 상태에만 초점을 맞추기 때문이다.

금전적 보상도 마찬가지다. 더 높은 자리로 승진하고 더 높은 연봉과 더 높은 인센티브를 받으면 만족감이 커지고 행복감도 역시 높아진다. 하지만 곧 금전적 보상을 준 회사를 실망시키지 않기 위해 더 높은 성과를 내야 하는 부담도 함께 커진다. 강도 높은 스트레스는 행복감은 물론 업무의 질도 떨어뜨린다.

마크 피셔Mark Fisher의 저서 『골퍼와 백만장자』에는 사업에 성공한 백만장자가 프로테스트에서 계속 낙방해 상심에 빠져 있는 젊은 골퍼와 내기를 하는 장면이 나온다. 백만장자는 젊은 골퍼에게 초보자도 쉽게 성공할 수 있는 거리에서 퍼트를 성공시키면 돈을 주고 실패하면 반대로 돈을 내놓으라는 게임을 제안한다. 골퍼는 거의 100퍼센트 성공확률에 가까운 너무나 쉬운 게임이라 흔쾌히 응한다. 골퍼는 100달러를 건 첫 번째 게임에서 가볍게 성공했고 곧 이어 1,000달러를 건 게임에서도 상금을 얻었다. 그러나 상금이 1만 달러로 커진 세 번째 게임에서는 상당히 긴장하며 힘들게 성공을 거뒀다. 그리고 마침내 10만 달러가 걸린 네 번째 게임에서 그는 손을 떠는 등 도저히 안정을 찾지 못했다. 초보자도 성공률이 거의 100퍼센트에 가까운 퍼트이고 지금까지 모두 성공했다. 하지만 실패 후 갖지 못할 돈의 액수가 너무 커지자 공포심을 느낀 것이다.

듀크대학의 행동경제학자 댄 애리얼리는 이와 비슷한 실험을 통해 낮은 보상이 걸린 게임에 참가한 사람들의 성취율이 높은 보상이 약속된 게임에 참가한 사람들의 성취율보다 높다고 했다. 그 이유는 심리적 '압박감' 때문이라고 설명했다. 사람들은 높은 보상이 약속되면 잘해야 한다는 극심한 부담으로 목표에 집중하지 못하는 모습을 보인다.

연봉, 인센티브, 승진 등에 치중한 보상 시스템이 주목할 지점이 바로 이것이다. 직원들에게 금전적 보상을 높이면 지속적으로 노력하고 성과가 높아질 것이라는 믿음은 초점 착각이다. 사람들은 일정한 수준의 금전적 보상을 얻고 나면 다른 만족과 행복으로 관심을 이동시키는 경향이 있고, 높은 금전적 보상이 동반하는 지나친 성과압박은 원래의 목적과 전혀 다른 역효과를 유인하는 부메랑 효과Boomerang effect를 가져온다.

어떻게 스스로 일의 의미와 가치를 설정하게 할까

◇◇◇◇◇

영국 사회학자 리처드 M. 티트머스Richard M. Titmuss는 1970년 영국과 미국 헌혈제도의 비교 연구결과를 저서 『선물 관계』에 소개했다. 영국은 자발적 헌혈제도고 미국은 상업적 거래가 가능한 헌혈제도다. 그런데 양국의 헌혈량과 혈액의 질을 비교한 결과 경제적 보상을 제공하는 미국의 혈액은 질도 더 떨어지고 만성적 공급 부족 현상을 겪고 있었다. 리처드 M. 티트머스의 연구는 동기부여의 구축 효과Crowding out effect 현상을 잘 설명해준다.

동기는 내적동기와 외적동기로 구분한다. 내적동기는 마음에서 우러나와 자발적으로 행동하는 것이고 외적동기는 금전적 이익이나 승진 등의 보상을 얻기 위해 행동하는 것이다. 이타적 마음으로 혈액을 기증할 때는 내적동기가 부여된 경우다. 경제적 보상을 위해 혈액을 기증할 때는 외적동기가 부여된 경우다. 리처드 M. 티트머스는 혈액 공급에 시장 법칙, 즉 보상을 도입했을 때 이타적으로 혈액 기증을 결심한 사람들의 '자발성'이 오히려 시장에 의해 강요받고 제약받는 구축 효과가 나타난다고 설명했다.

외적동기 부여를 자극했을 때 내적동기 부여가 오히려 밀려나는 것이다. 구축 효과는 조직의 보상 시스템에서도 나타난다. 성과에 따른 차등 인센티브제는 금전적 보상으로 행동을 유인하는 외적동기 부여다. 외적보상과 노동은 교환의 의미이고 실제로 보상의 효과가 있다. 그러나 경제적 보상에 의한 동기유발은 뛰어난 창의력과 높은 질적 수준이 요구되는 분야에서 효과가 크지 않고 협력의 시너지를 방해하는 등 역효과를 가져올 수 있다.

미네소타대학교의 심리학자 캐슬린 보Kathleen Vohs의 심리실험을 보자. 그는 사람들을 두 그룹으로 나눈 후 한 그룹에만 모니터 스크린을 통해 아주 잠시 돈의 이미지를 보여줬다. 그리고 돈의 이미지를 본 그룹과 보지 않은 그룹 모두에게 협력이 필요한 공동과제에 참여할 것인지를 물었다. 그러자 돈의 이미지를 본 그룹의 17퍼센트만이 참가를 결정했다. 반면, 돈의 이미지를 보지 않은 그룹의 80퍼센트가 공동과제에 협력하겠다고 답했다. 돈의 이미지가 이기심과 경쟁심을 자극한 점화 효과의 위력이다. 캐슬린 보의 또 다른 실험에서 사람들은 돈Money이라는 단어를 읽은 후 그렇지 않은 사람들보다 자선기금에 돈을 더 적게 내는 인색함을 보였다.

경제적 보상은 사람들의 이기적 선택을 자극하는 최대의 요소이고 규범적 가치를 몰아내는 힘을 갖고 있다. 과거 프랑스가 베트남을 통치했을 때 들끓는 쥐의 문제를 해결하기 위해 쥐를 잡아 오면 돈을 주기로 했다. 돈을 인센티브로 주면 쥐를 퇴치할 수 있으리라 확신했다. 그러자 사람들은 쥐를 잡는 대신 쥐를 키우기 시작했다. 경제적 이기심은 공동체의 이익과 가치를 가뿐하게 이겼다.

경영진은 조직의 동기부여를 위해 외적 동기부여 방법론을 선호한다. 하지만 이는 오히려 현장의 협력을 망칠 위험을 간과한 것이다. 동기부여는 위에서 아래로 해주는 것이라는 생각도 잘못된 것이다. 인간의 행동을 결정하는 것은 마음이고 마음은 스스로 움직일 때 잠재적 역량을 촉진하는 기폭제가 된다.

마음을 스스로 움직이는 내적동기가 실제 성과에 미치는 영향이 궁금했던 행동경제학자 댄 애리얼리는 아주 간단한 실험을 설계했다. 컴퓨터 모니터를 보며 화면 위 도형을 마우스로 끌어다 위치만 바꾸는 단순 작업에 참가자를 모집한 후 5분간 작업에 수고료로 각각 5달러와 5센트를 주겠다고 알리고 성취율을 비교해봤다. 예상대로 5달러를 받기로 약속한 참가자들의 성취율이 더 높았다.

금전적 보상의 크기가 동기부여된 결과다. 그런데 댄 애리얼리는 여기서 한 걸음 더 나아갔다. 이번에는 아예 무료로 작업을 부탁한 것이다. 물론 고맙다는 인사도 잊지 않았다. 그런데 금전적 보상이 아예 없는 작업에서 사람들은 5달러를 줄 때보다 높은 성취율을 보였다. 댄 애리얼리는 사람들이 돈과 관련 없는 노동, 가령 실험의 '부탁과 도움'과 같은 사회 규범적 가치가 마음을 움직일 때 자신의 시간과 노력을 자발적으로 들인다는 사실을 확인했다.

내적동기는 스스로 일의 의미와 가치를 설정하는 힘이다. 인간은 마음에서 우러나 움직이는 자발적 행동을 통해 행복을 느끼고 능력을 발휘한다. 성과의 질이 매우 높을 수밖에 없다. 동물심리학자 글렌 젠슨Glen Jenson은 동물들이 노력 없이 쉽게 먹을 수 있는 공짜 먹이보다 직접 찾아서 먹는 먹이를 더 좋아하는 성향을 발견하고 콘트라프리로딩Contrafreeloading이라고 명명했다. 콘트라프리로딩은 '콘트라Contra = 반대의견' '프리Free = 공짜' '로딩Loading = 먹이를 먹는'의 합성어로서 아무 수고 없이 공짜로 밥 먹기를 거부한다는 의미다. 댄 애리얼리가 발견한 이케아 효과는 인간도 쉽게 얻은 것보다 어려운 과정을 통해 성취했을 때 결과를 더 소중히 여기는 콘트라프리로딩의 성향이 있음을 보여준다.

심리학자 미하이 칙센트미하이Mihaly Csikszentmihalyi는 조직이 필요로 하는 장기적 목표를 세우는 능력은 상과 벌이 아니라 내적동기에 의해 결정된다고 강조했다. 내적동기는 직원들이 자발적으로 일에 몰입하게 만든다. 내적동기가 충만한 사람은 위기가 닥쳤을 때 쉽게 좌절하지 않는다. 일의 의미와 가치를 스스로 설정했기 때문에 포기하지 않을 이유도 스스로 찾는다. 지시와 통제, 금전적 보상, 페널티로는 절대로 끌어낼 수 없는 힘이다.

그렇다면 내적동기는 어떻게 부여할 수 있을까? 콘트라프리로 딩의 시스템이 필요하다. 구성원들이 주요 결정에 적극적으로 참여할 수 있는 의사결정 시스템이 대표적이다. 직원들은 개인의 다양한 의견이 자유롭게 소통되고 의사결정에 반영되는 구조에서 강한 내적동기를 갖게 된다. 물론 평가와 보상의 공정한 균형과 과정에 대한 적절한 인정은 기본이다. 일방적으로 애사심을 강조하는 것이 아니라 경영 구조의 적극적 변화로 내적동기 부여가 가능한 것이다. 인간은 집단 안에서 자신의 존재 가치를 스스로 인정할 수 있을 때 열정을 발휘한다. "도대체 왜 동기부여가 되지 않는가?"에 대한 답이다.

리더의 오판 5

우리의 능력이 성공을 만든다

: 도대체 왜 능력과 과신을 구별 못 할까? (과신)

왜 리더는 1퍼센트의 성공을
쉽게 확신할까

최근 중국 시장은 글로벌 기업의 무덤으로 불린다. 숨이 막힐 듯한 빡빡한 규제와 예측이 어려운 변덕스러운 정책이 주된 원인이다. 유래를 찾기 어려울 정도의 빠른 성장은 사실 세계 기업들의 막대한 투자가 있었기에 가능했다. 중국은 낮은 인건비를 무기로 글로벌 공급 사슬Supply chain의 핵심이 됐고 14억 인구의 구매력을 바탕으로 경제 대국이 됐다. 중국이 적극적으로 개방정책을 펼칠 때 초기 중국 비즈니스에 투자를 결정했던 국내 기업가들이 입버릇처럼 하던 말이 있다.

"중국은 인구 13억 시장이라 '단 1퍼센트만 차지해도 대박'이 납니다."

그러나 '단 1퍼센트'의 확신은 허상이었다. 2020년 전국경제인연합회 자료에 따르면 중국에서 삼성전자의 스마트폰 시장점유율은 2014년 19퍼센트에서 2019년 1퍼센트로 하락했다. 삼성전자는 중국 내 스마트폰 생산시설을 모두 철수한 상태다. 세계 정상의 스마트폰 제조사인 삼성전자가 악전고투하며 힘들게 지킨 시장의 규모가 바로 1퍼센트다. 비즈니스에서 1퍼센트는 엄청난 의미를 담은 숫자일 수 있다. 1퍼센트의 목표에 다가가기 위해서는 매우 높은 허들을 넘어야 하는 경우가 허다하다. 하지만 통계와 확률의 이면을 모른 채 단지 숫자의 크기만 보는 안이한 태도는 쉽게 대박을 낙관하는 의사결정을 낳는다.

단지 소수의 성공이 착시현상을 만들었을 뿐이다

◇◇◇◇◇

확률과 통계에는 '정규분포Normal distribution'라는 말이 있다. 정규분포를 그래프로 그리면 평균값에 가장 많은 데이터가 분포하고 양극단으로 갈수록 데이터 분포가 적어지는 좌우대칭의 종 모양Bell curve을 그린다. 가령 우리나라 청소년의 평균 키나 수학능력시험 점수 분포 등에서 정규분포를 확인할 수 있다. 사람들은 데이터를 이해할 때 대부분 정규분포를 먼저 떠올린다. 즉 1퍼센트라는 수치는 전체를 고르게 100분의 1로 나눈 분포이고 평균값에 가장 많은 데이터가 분포하는 것으로 이해한다.

세상을 정규분포로 이해하면 미래에 대한 예측도 꽤 선명해진다. 1퍼센트가 만드는 착시가 가능해지는 것이다. 하지만 세상의 많은 일은 정규분포가 아니라 L자 형태의 멱함수 분포를 따라간다. 멱함수는 가능성의 빈도Frequency와 세기Strength or Progress가 반비례하는 현상이다. 강할수록 더 많은 자원을 갖게 되는 이치다. 가령 세계 각국에 국제공항이 있다. 하지만 항공 물류의 80퍼센트는 고작 8퍼센트의 공항이 차지한다.

비즈니스 세상은 먹함수 법칙이 뚜렷하게 적용된다. 세계 인수합병M&A 시장을 주도하는 FAMGA(페이스북, 아마존, 마이크로소프트, 구글, 애플)는 지금까지 총 770건의 인수합병을 진행했다. 그들은 팬데믹이 선포된 와중에도 경쟁적으로 기업 인수합병에 돈을 쓰고 있다. 기업지표로만 보면 그들의 판단과 선택은 매우 성공적인 것으로 보인다. 하지만 2016년 『하버드비즈니스리뷰HBR』에 따르면 미국 내 기업의 인수합병 실패율은 무려 70~90퍼센트에 이른다. 그런데 어떻게 시장의 승자가 될 수 있었을까? 먹함수 법칙에 비밀이 있다.

인수합병 시장의 큰손 구글은 2000년대 들어서 무려 200여 개에 달하는 기업을 사들였다. 그런데 이중 상당수가 실패작이다. 2010년 소셜 네트워킹 회사 슬라이드를 8,200만 달러에 인수하며 페이스북의 경쟁자가 될 것으로 예측했지만 2년 만에 서비스를 접었다. 2011년 모토로라 모빌리티 인수합병에는 무려 125억 달러가 투입됐다. 당시 구글이 드디어 제조 분야 진출의 신호탄을 쏘았다며 장밋빛 전망이 쏟아졌지만 실패였다. 구글은 3년 후 중국 기업 레노버에 모토로라를 다시 팔았다. 구글은 의사결정의 엄청난 실패를 소수의 성공적 의사결정으로 보완한다. 2005년 5,000만 달러에 인수한 안드로이드, 2006년 16억 5,000만 달러에 인수한 유튜브, 2014년 인수한 인공지능 알파고 개발 기업 딥마인드의 성공이 대표적이다.

2017년 아마존이 오프라인 식료품 체인점 홀푸드Whole Foods를 137억 달러에 인수했다. 당시 경영 전문가들은 '아마존 유통망 증식의 대전환'이라며 CEO 제프 베조스의 의사결정을 추켜세웠다. 하지만 정작 그는 "모든 실험에는 실수할 가능성이 있고, 단지 소수의 성공이 무수한 실패를 상쇄할 뿐입니다."라며 상당히 신중한 태도를 보였다. 스타트업과 테크 기업을 연구 분석하는 미국의 CB 인사이트에 따르면 실패한 인수합병의 주요 원인은 충분히 예측 가능한 상황(사건)을 전혀 고려하지 않거나(39퍼센트), 너무 큰 비용을 투자했거나(39퍼센트), 시너지 효과를 과대평가했거나(35퍼센트) 등이다. 과신의 의사결정이 낳는 전형적인 결과들이다.

실리콘밸리의 투자자들 사이에는 '5:4:1 법칙'이란 말이 있다. 10개의 스타트업에 투자하면 5개 기업은 완전히 망하고 4개는 좀비기업이 되고 1개의 기업이 성공한다는 데서 나온 얘기다. 실리콘밸리의 투자자들은 평균 400여 개의 스타트업을 검토한 후 1개 기업에 투자한다고 한다. 결국 세계 최고의 스타트업과 액셀러레이터 그리고 투자자들이 즐비한 실리콘밸리에서도 4,000개 스타트업 중 겨우 1개 정도만 대박의 주인공이 되는 것이다.

경영 의사결정은 언제나 실패의 가능성을 포함하고 있다. 실패하지 않는 완벽한 의사결정만 할 수는 없다. 다만, 결과를 과대평가하고 그래서 너무 큰 비용을 투자해 실패하는 등 쉽게 예측 가능한 위험을 간과하는 실책은 대부분 리더의 과신에서 비롯된다는 사실은 매우 중요하게 인식돼야 한다. 경영 의사결정에서 가장 중요한 것은 바로 성공을 자신하지 않는 리더의 자세다.

우리는 '평균 이상의 능력'을 갖고 있다고 착각한다

◇◇◇◇◇

미국의 풍자작가 개리슨 케일러Garrison Keillor가 쓴 라디오 드라마 〈프레리 홈 컴패니언Prairie home companion〉에는 워비곤 호수Lake Wobegon 라는 가상의 작은 마을이 등장한다. 이 마을 주민들은 모두 평균 이상으로 잘났다. 남자들은 모두 미남이고 여자들은 모두 힘이 세다. 아이들도 모두 평균 이상으로 뛰어나다. 물론 과학적 근거는 없다. 그저 자신이 평균 이하라고 생각하기 싫은 마을 주민들이 스스로 '평균 이상의 능력자'라고 생각하면서 유쾌하게 사는 것이다. 워비곤Wobegon이라는 이름은 '근심Woe'과 '사라진Be gone'이라는 말의 합성어다. 워비곤 호수 마을 주민들의 믿음은 심각한 오류에 빠져 있다. 마을 주민들 모두가 평균 이상이면 도대체 평균은 누구이고 평균 이하는 어디에 있다는 걸까? 통계적으로 절대 불가능한 논리다. 심리학자 톰 길로비치Tom Gilovich는 '자신이 평균보다 더 낫다.'라고 믿는 인식의 오류를 '워비곤 호수 효과Lake Wobegon effect'라고 불렀다.

사람들은 집단의 평균 수준을 모르면서도 자신에게 평균 이상의 능력이 있다고 믿는다. 운전자에게 "당신의 운전실력은 어느 정도인가?"라고 물으면 대부분 "뭐, 평균보다 낫다."라고 답한다. 모든 운전자의 실력을 객관적으로 테스트해 점수화하지 않는 이상 '평균'의 운전실력이 어느 정도인지 알 수 없음에도 평균 이상의 실력을 믿는다. 그래서 도로에 나오면 조금만 불편한 상황이 발생해도 다른 사람의 운전실력을 나무라기 바쁘다. 자신의 운전실력을 탓하는 운전자는 많지 않다. 행동경제학은 자신의 능력을 과대포장하는 심리를 '평균 이상의 효과Above-average effect'로 설명한다.

해마다 상사로부터 평가를 받는 직장인들은 자신의 능력을 어느 정도라고 생각하고 있을까? 자신을 '우수하고 모범적인 80점 이상'으로 평가한 직장인이 41.1퍼센트에 이른다. 놀라운 건 직장인 85.9퍼센트가 '자기평가와 회사평가가 일치할 것'으로 믿고 있다는 것이다(벼룩시장구인구직, 2019).

자기 능력을 과장하는 성향은 직급이 높을수록 더 강하다. 실제 위 조사에서 직급별로 답변을 분석한 결과 과장~임원급에서 스스로에 대한 평가가 더 높았다. 사회심리학자 데이비드 마이어스David G. Myers는 미국의 기업 임원 중 무려 90퍼센트가 자신의 성과를 평균 이상으로 평가한다고 말한다. 행동경제학자 대니얼 카너먼은 실리콘밸리의 창업자들과의 대화에서 스스로 능력을 지나치게 자신하는 모습을 발견하고는 큰 문제라고 지적했다. 성공과 실패는 다양하고 예측 불가한 변수가 개입한 결과이다. 따라서 자신의 능력이 경영 성과를 좌우한다는 생각은 위험한 과신이라는 것이다. 실제로 미국 실리콘밸리 101개 스타트업의 실패 원인을 조사한 결과 경영의 기본인 시장의 니즈를 파악하지 못한 의사결정, 자금 해결 능력의 부재, 적절한 인재로 팀을 구성할 능력 부족 등의 문제들이 대부분이었다.

자신의 능력을 과신할 때 세상은 무척 낙관적으로 이해된다. 실제로 성공을 경험한 사람 중에 '운도 실력'이라고 큰소리치는 경우가 적지 않다. 감정심리학자 대처 켈트너Dacher Keltner는 역할놀이 실험을 통해 의사결정권을 가졌다고 생각할 때 '잘한 일은 내 덕분'이라는 심리가 강해지는 현상을 발견했다. 자신의 능력을 객관적으로 판단하지 못하는 것은 물론이고 잘되면 모두 자신의 능력 덕분으로 착각한다. 그러다 보니 팀의 성과를 상사인 자신의 공으로 돌리는 데 거리낌이 없다. 하지만 반대로 결과가 나쁠 때는 '평균 이상의 능력자'인 자신의 책임일 리가 없다는 자기고양적 편향Self-serving bias의 태도를 보인다. 이 경우 자연스럽게 책임을 추궁할 다른 희생양을 찾는다.

　과신과 자신감은 상당히 비슷한 얼굴을 하고 있다. 유독 자신감이 두드러지는 확신은 과신을 의심할 필요가 있다. 타인의 성공을 인정하지 않고 능력을 과소평가하는 태도도 역시 과신의 모습이다. 이와 다르게 자신감은 리스크를 감수하고 용감하게 도전하지만 치명적인 리스크가 예측되면 성공의 결과로 큰 이익이 발생할지라도 포기하는 용기로 나타난다. 리더는 높은 실패의 가능성을 무시하고 낙관주의적 전망으로 리스크를 추구해서는 안 된다. 그런 무책임한 리더만큼 위험한 존재는 없다.

낙관 대신 스톡데일 리더십이
필요하다

미국과 베트남이 전쟁 중이던 1965년에 미국 해군 항공 장교 제임스 B. 스톡데일James Bond Stockdale 중령은 북베트남에서 대공포에 격추돼 적군의 포로가 됐다. 그는 '하노이 힐튼'이라 불린 악명높은 수용소에 갇힌 8년 동안 왼쪽 다리가 부러졌고 팔에 마비가 오는 등 극심한 고통을 겪었다. 하지만 그는 육체적, 정신적 고문 속에서도 오히려 함께 수용된 부하들을 독려했다. 그들은 모두 살아남았다. 1973년 종전과 함께 석방된 제임스 스톡데일에게 미국은 훈장을 수여했다.

세계적 경영 컨설턴트 짐 콜린스Jim Collins는 그를 직접 만나 생존 비결을 물었다. "(그와 다르게) 수용소 생활을 견뎌내지 못한 사람들은 누구였나요?" 하고 묻자 "낙관주의자들입니다."라고 답했다. 깜짝 놀랄 만한 반전이었다. 사람들은 흔히 위기에 닥쳤을 때는 '희망'을 강조하는 낙관적 사고가 필요하다고 생각한다. 하지만 그의 경험은 달랐다. 곧 풀려날 거라고 낙관만 하던 포로들은 그렇게 되지 않자 금방 좌절했고 고통을 이기지 못해 죽었다. 하지만 그는 쉽게 풀려나지 못할 것에 대비해 장기간 버텨야 한다는 각오로 하루하루를 보냈다. 그가 생존할 수 있었던 비결이다. 바로 여기서 희망의 역설과 낙관주의의 폐해를 경고하는 '스톡데일 패러독스 Stockdale paradox'라는 용어가 생겨났다.

막연한 희망과 긍정은 더 나쁜 결과를 가져온다

◇◇◇◇◇

스톡데일 패러독스는 '잘될 거야.'라는 막연한 희망과 긍정은 차라리 포기하는 것보다 더 나쁜 결과를 가져올 수도 있다고 말한다. 그렇다고 낙관적 사고를 완전히 부정하는 것은 아니다. 스톡데일 패러독스의 진짜 의미는 '성공의 믿음을 견지하면서도 동시에 현실에서 닥쳐올 가장 냉혹한 사실을 직시하라.'라는 것이다.

낙관주의는 경영 의사결정에서 양날의 검이다. 조직은 미래에 대한 낙관주의적 태도를 견지하고 이를 바탕으로 도전의 위험을 기꺼이 감수하는 패기를 잃지 않아야 한다. 하지만 낙관주의는 현실에서 잘못된 의사결정의 뚜렷한 공통점이기도 하다. 스타트업 창업자들은 미래를 상당히 희망차게 예측하고 자신의 능력과 잠재력를 과대평가한다. 현실과 동떨어진 과신에서 비롯된 주요 의사결정은 실패 가능성을 크게 높인다. 이미 안정적 궤도에 오른 기업의 경영자도 다르지 않다. 낙관주의가 판단에 개입하는 순간 미래는 오프로드가 아니라 고속도로가 펼쳐진 세상이 된다.

스톡데일 패러독스의 교훈은 한마디로 '냉철한 낙관주의'다. 꿈을 꿀 수 있는 낙관주의에 냉혹한 현실을 직시하는 눈을 달자는 것이다. 극작가 조지 버나드 쇼George Bernard Shaw는 "낙관론자는 비행기를 만들고 비관론자는 낙하산을 만든다."라는 유명한 말을 남겼다. 하늘을 날 수 있다는 낙관적 사고가 있었기에 문명은 진보했다. 하지만 동시에 하늘에서 떨어져 죽는 상황을 고려한 냉철한 사고도 필요하다. 그렇지 않으면 하늘을 나는 꿈은 재앙이 될 수도 있다.

현실에서 '낙하산이 없는 비행기를 만드는 의사결정'이 반복되는 건 비행기가 절대 추락하지 않을 것이라는 낙관주의 편향Optimism bias의 영향이다. 낙관주의 편향은 '다른 사람에 비해 자신에게는 나쁜 일이 닥칠 위험이 적다고 믿는' 인지 착각이다. 코로나19 확진자가 도시에 넘쳐나는데도 마스크를 쓰지 않는 것은 '나는 걸리지 않을 것'이라는 과신 때문이다. 담배 상자에 흡연을 경고하는 끔찍한 질병 사진이 있어도 '나에게는 일어나지 않을 일'이라고 믿는다. 주식투자를 하면서 '나는 당연히 돈을 벌 것'이라고 생각한다. 신혼부부들은 이혼율이 40퍼센트에 육박해도 '절대 이혼하지 않을 것'을 확신한다. 낙관주의 편향은 좋은 일이 일어날 가능성은 과대평가하고 나쁜 일이 일어날 가능성은 과소평가한다.

낙관주의 편향은 일반인보다 자기 분야에서 성취를 이룬 사람들인 전문가와 리더 그룹에서 더 강하게 나타난다. 실제로 실패하는 사업계획의 이면에는 최종 의사결정의 책임이 있는 리더의 낙관주의 편향이 존재한다. 사업계획을 논의하는 과정을 생각해보자. 시작은 언제나 우리의 역량 점검이다. 즉 우리 회사의 강점을 기반으로 아이디어와 방향을 결정한다. 그런데 타사 대비 잘한다는 평가는 실제보다 과장됐을 가능성이 있다. 게다가 오랜 시간 심혈을 기울여 계획을 점검하는 동안 낙관주의 편향은 더 강해진다. 계획이 마무리돼 갈 때쯤이면 '우리보다 이 문제를 잘 아는 사람은 없다.'라는 사고가 형성된다. 내용을 가장 잘 안다는 생각은 어떤 문제가 발생해도 충분히 해결할 수 있다는 근거 없는 자신감이 된다. 특히 최근 여러 프로젝트를 성공시킨 리더가 팀을 이끌 때 낙관주의 편향은 위험할 정도로 강화된다. 타사보다 더 나은 능력과 더 적은 실패 가능성을 확신하는 낙관주의 편향은 미래의 돌발 변수를 충분히 통제할 수 있다는 통제 착각Illusion of control에 빠지기 쉽다.

계획을 세울 때 결과를 낙관하지 않는 경우는 거의 없다. 잘될 것이라는 확신이 없다면 계획을 끝까지 추진하지 않을 것이다. 그러나 계획은 대부분 예상보다 늦어지고 더 많은 돈을 쓰게 되며 기대한 만큼 결과를 얻기도 어렵다. 이것이 계획 오류Planning fallacy다. 계획 오류는 예측력의 한계가 아니라 예측 가능한 문제조차 점검하지 않은 안이한 의사결정의 결과다. 낙관주의 편향은 계획을 망가뜨릴 수 있는 외부 환경의 변수를 과소평가하고 실패가 뻔한 계획을 매우 완벽하다고 착각하게 만든다.

외부관점이 빠진 계획에는 위기 대응력이 없다

◇◇◇◇◇

흔히 낙관주의자들이 더 오래 살고 더 행복하고 성공할 가능성도 더 크다고 말한다. 긍정적 사고는 확실히 건강에도 좋고 자신감

고양에도 도움이 된다. 낙관주의자와 낙관주의적 관점에 대해 사람들이 관대한 태도를 보이는 건 이런 믿음에서 출발한다. 하지만 낙관주의에 대한 긍정적 근거들이 모두 사실인 것은 아니다. 뉴욕대학교 심리학과 가브리엘레 외팅겐Gabriele Oettingen 교수는 낙관주의적 태도가 비관주의적 태도보다 오히려 더 낮은 성과를 낸다는 사실을 실험으로 밝혀냈다. 낙관주의 태도의 가장 큰 문제는 내부관점Inside view의 프레임에서 계획을 판단하고 추진하는 것이다. 내부관점은 자신의 강점과 현재 처한 환경에 갇힌 사고다. 내부관점으로 사업의 방향을 결정할 때 가장 큰 위험은 외부 환경의 변수에 대한 대응 전략을 제대로 세울 수 없다는 것이다.

스포츠 경기를 예로 보자. 선수들이 정해진 훈련을 반복하며 기록을 관리했다고 하자. 그럼 경기 당일 특별한 변수가 없는 한 훈련한 대로 실력을 발휘할 수 있다. 문제는 예상치 못한 변수가 발생할 때이다. 가령 오프로드 레이싱 대회에 참가하는 상황을 생각해보자. 참가하는 선수들은 저마다 대회가 열리는 지역의 특성에 맞게 적응 훈련을 마쳤다. 그런데 강우량이 극히 적은 개최 지역에서 경기를 앞두고 며칠 동안 폭우가 계속되는 상황이 발생했다. 30년 만의 기상이변이라고 한다. 경기 루트 곳곳에 생각하지 못한 진흙 웅덩이들이 생겼고 길은 매우 미끄럽다. 코너링 구간이 많은 루트의 특성상 최악의 경기 환경이다. 이때 참가자들은 기존의 기록을 낙관할 수 없다. 차가 고장 날 수도 있고 선수가 상처를 입을 수도 있다. 일상적이지 않은 위기 상황에서 기존의 문법은 적용되지 않는다.

1998년 세계 최대 할인점 월마트가 우리나라 시장에 진출했다.

하지만 월마트는 고작 8년 만에 우리나라에서 완전히 철수했다. 진출하는 지역마다 기존의 유통채널을 대부분 죽이는 현상 때문에 '월마트 효과'라는 용어를 만들어냈다. 월마트의 실패였다. 월마트는 우리나라 시장에서 자사의 성공 비법인 '할인점 기본공식'을 충실하게 따랐다. 우리 고객의 취향과 생활 습관 등은 월마트의 공식적인 강점보다 중요하지 않게 다루어졌다. 결국 우리 고객은 월마트를 외면했다. 결국 월마트는 떠날 수밖에 없었다. 기존 시장에서 승승장구하던 브랜드가 새로운 시장에서 실패하는 여러 이유 중 빠지지 않는 게 바로 내부관점을 벗어나지 못한 의사결정이다. 성공을 낙관하는 계획은 의사결정에 외부관점Outside view이 빠졌을 때 만들어진다. 외부관점의 핵심은 사업의 가치를 내부관점이 아니라 객관적 평가에 집중하는 것이다. 사업을 추진해야 할 주요 이유, 목적, 그리고 성공 가능성의 근거가 '우리 회사가 잘할 수 있다.'라는 자신감이라면 정말 곤란하다.

사업계획에 외부관점을 적용할 때는 몇 가지 중요한 원칙이 있다. 사업의 진단과 해석은 외부관점으로 먼저 접근해야 한다. 앵커링 효과의 위험성 때문이다. 내부관점으로 먼저 진단하면 판단의 기준이 되고 기준이 정해지면 사고는 그 지점에서 멀리 확장되기 어렵다. 출발점이 잘못되면 사업의 방향과 문제의 해결방식도 제대로 찾을 수 없다.

그럼 어떻게 외부관점을 적용하면 좋을까? 예를 들어 통계적 예측을 의사결정에 신뢰할 만한 수준으로 개입시키는 것이다. 미국 아마존의 시작은 온라인 서점이었다. CEO 제프 베조스는 온라인 서점의 승부수를 큐레이션 서비스라고 확신했다. 다만, 큐레이션의 방법은 여전히 고민이었다. 사내 전문가들은 회의 때마다 오랜 경력의 비평가와 편집자의 지식과 경험에 큐레이션을 맡겨야 한다고 주장했다. 하지만 그의 최종 선택은 빅데이터였다. 전문가들의 직관(내부관점)보다 통계분석의 결과를 예측에 적용한 것이다. 그의 선택은 옳았다. 아마존 온라인 서점 매출의 상당 부분은 알고리즘 큐레이션 시스템에서 발생하고 있다.

의사결정 시스템 안에 외부관점을 공식적으로 구축돼야 한다. 하지만 의사결정에 참여하는 관계자들은 시스템이 구축돼 있어도 늘 내부관점을 경계해야 한다. 특히 최종 의사결정 단계에서 리더의 내부관점을 점검하는 절차가 상당히 중요하다. 가령 외부관점의 객관적인 판단에 따라 사업 중단을 결정했다고 하자. 그런데 리더가 "그래도 우리 회사는 경쟁력이 있지 않습니까."라거나 "나는 실패란 걸 해본 적이 없는데……."라고 하면 어떻게 될까? 외부관점이고 뭐고 다시 원점으로 돌아가는 상황이 충분히 예상되지 않는가.

왜 혁신적인 제품이
시장에서 성공하지 못할까

미국의 전동킥보드 공유서비스 기업 라임Lime과 버드Bird는 유니콘
이다. 이들 비즈니스에 대한 시장의 평가와 기대는 어마어마하다.
그런데 1인용 전동 모빌리티 비즈니스의 혁신이 인정받았던 건 무
려 20여 년 전이다. 2001년 미국의 발명가 딘 케이먼Dean Kamen은
전동스쿠터 세그웨이Segway를 개발했다. 당시 세그웨이는 애플의
스티브 잡스와 아마존의 제프 베조스 등이 전폭적 지원을 약속했
을 정도로 극찬을 받았다. 그러나 세그웨이는 출시 후 18개월 동
안 겨우 6,000대를 팔았다. 판매 목표의 10퍼센트도 안 됐고 결국
2015년에 중국 기업 샤오미의 계열사 나인봇에 인수됐다. 왜 세그
웨이는 혁신적 기술을 세상에 처음 선보였는데도 실패했고 라임과
버드는 어떻게 성공해서 유니콘이 됐을까? 이는 '혁신의 저주Curse
of innovation' 현상으로 설명할 수 있다.

하버드대학교의 존 구어빌John Gourville 교수는 미국에서 출시되는 혁신적인 제품의 90퍼센트가 실패하는 현상을 보고 '혁신 제품이 시장에서 성공하지 못하는 현실'을 혁신의 저주라고 불렀다. 혁신의 저주가 시장에서 계속 반복되는 건 기술이 아니라 잘못된 판단 탓이다. 제품을 개발한 기업은 새롭고 성능이 뛰어난 기술력에 주목한다. 실제로 세그웨이는 기술적으로 완벽한 제품이었다. 세그웨이는 작동이 편해서 도심 출퇴근용으로 선호될 것으로 예측했다. 하지만 정작 시장의 반응은 달랐다. 고객은 인도에서는 너무 빠르고 차도에서는 너무 느리다고 생각했다. 그리고 무엇보다 당시 사회 분위기는 2020년 현재와 전혀 달랐다. 지금이야 캐주얼 복장이든 정장 차림이든 전동스쿠터를 타고 출퇴근하는 모습을 자연스럽게 받아들인다. 하지만 당시만 해도 보수적인 출퇴근 문화가 보편적이었다. 직장인들은 세그웨이를 타고 출퇴근하는 모습을 어색하게 느꼈다. 그리고 굳이 1,000만 원이 넘는 비싼 돈을 쓸 이유가 없다고 생각했다.

세그웨이는 전형적인 내부관점으로 탄생한 제품이다. 내부관점은 혁신의 크기는 과대평가하고 시장의 반응은 낙관적으로 예측한다. 당시 의사결정 과정에 사회 문화적 분위기와 고객 심리를 연구하는 등 외부관점을 도입했다면 세그웨이는 전혀 다른 모습으로 우리 곁에 있었을 것이다.

기술이 아니라 시장의 마음을 읽어야 한다

◇◇◇◇◇

개발자들이 신제품을 개발할 때 모두 외부관점을 무시하는 것은 아니다. 다만, 자신이 개발한 혁신적 제품에 대한 시장의 반응을 과장해서 예측하기 쉬운 게 함정이다. 미국 속담에 "꼬마에게 망치를 주면 세상의 모든 것을 못으로 본다."라는 말이 있다. 개발자의 눈에는 고객이 신기술을 환영하지 않을 이유가 보이지 않는다. 실제 혁신 기술은 고객에게 인식의 대전환, 어려운 학습, 비싼 비용 등을 감수하는 '변화'를 요구하는 경우가 많다. 이때 변화의 크기에 따라 고객의 선택도 달라진다. 가령 세그웨이는 고객이 정장 차림으로 1인용 전동스쿠터를 타고 도로를 달리는 행동을 선택하도록 요구했다. 당시 문화에서는 상당히 큰 변화를 요구한 것이다. 인간은 본능적으로 변화를 싫어한다. 변화한다는 것은 익숙함을 버린다는 것이다. 그건 익숙한 것을 버려야 하는 손실 회피 심리를 동반한다. 혁신 제품을 선택해서 얻을 수 있는 이익이 익숙함을 포기하는 손실보다 훨씬 크지 않다면 현재의 선택을 유지하려는 현상 유지 편향에서 벗어나기 어렵다.

미국 스탠퍼드대학교의 제프리 무어Geoffrey Moore는 『제프리 무어의 캐즘 마케팅』에서 이런 시장의 심리를 캐즘Chasm 현상으로 설명했다. 캐즘이란 땅의 갈라진 틈 혹은 깊은 구멍을 말한다. 혁신 제품은 상품화 과정에서 단계적으로 성향이 다른 시장을 거치게 된다. 처음 단계는 혁신수용자Innovators나 선각수용자Early adopters 등 혁신적 성향의 소수 고객이 지배하는 초기 시장Initiation market에 진입하게 된다. 여기서 반응을 얻고 나면 다수의 실용적 성향의 고객이 지배하는 주류시장Mainstream market으로 이동할 수 있다. 그런데 초기시장에서 주류시장으로 넘어가는 단계 사이에 일시적으로 수요가 정체하거나 후퇴하는 단절 현상이 나타난다. 이것이 캐즘 현상이다.

혁신적 제품이 상품으로 성공하려면 실용주의적 성향의 고객이 이끄는 주류시장에 안착해야 한다. 하지만 대부분 혁신적 제품은 혁신수용자와 선각수용자의 환호를 받는 것에 그친다. 주류시장으로 건너가지 못하고 죽음의 계곡으로 추락하는 것이다. 왜 혁신적 제품들이 캐즘에 빠질까? 혁신성에 열광하는 초기시장의 반응을 오해하는 데서 비롯된다. 내부관점과 정확하게 일치하는 열렬한 반응에 자신감이 커지고 주류시장에서도 재현될 거라는 확신으로 끝까지 밀고 간다. 초기시장과 주류시장의 심리는 완전히 다르다. 그런데 리더는 시장을 완전히 이해했다고 착각하고 혁신의 저주를 부른다.

하버드대학교 경영대학원 문영미 교수는 『디퍼런트』에서 고객을 5개 성향으로 분류했다. 제품의 장단점을 비교하고 최고의 제품을 구매하는 프로컨슈머인 '카테고리 전문가' 그룹, 상황에 따라 자신에게 이익이 되는 제품을 구매하는 '기회주의자' 그룹, 가성비 등 실용성을 기준으로 제품을 선택하는 '실용주의자' 그룹, 혁신적 제품이 나오든 말든 아예 관심이 없는 '냉소주의자' 그룹, 그리고 브랜드 충성도가 강한 '브랜드 로열리스트' 그룹이다. 최근 디지털화의 가속, 기업의 환경·사회·지배구조ESG 이슈를 주목하는 소비 트렌드와 빅데이터를 활용한 맞춤형 제품의 등장 등 시장의 변화에 따라 고객 성향도 빠르게 변하고 있다. 브랜드 로열리스트 그룹은 빠르게 줄어드는 반면 실용주의자와 기회주의자 그룹은 유의미하게 확장되는 추세가 많은 조사에서 확인된다.

기업은 타깃 고객층을 철저하게 이해해야 한다. 그러지 못하면 아무리 뛰어난 제품을 시장에 내놔도 실패하고 만다. 심혈을 기울여 개발한 혁신 제품의 90퍼센트 이상이 시장에서 죽는다. 기술의 문제가 아니라 시장의 마음을 읽지 못한 의사결정의 문제다. 경영자들은 예전이나 지금이나 거의 변함없이 '최고의 제품(서비스)을 만들어라!'라고 주문한다. 그런데 그들의 머릿속에 있는 최고의 제품은 카테고리 전문가 그룹의 고객이 만족할 만한 수준이다. B2C 비즈니스보다 B2B 비즈니스에 적절한 관점이다. 주류시장의 속성은 기회주의와 실용주의고 이에 부응하지 못하면 실패한다.

대다수 기업의 마케팅 화법에서도 이런 현상을 찾을 수 있다. 자사 제품이 타사보다 얼마나 더 혁신적 기술을 탑재했는지 열거하고 강조하는 데 주력한다. 하지만 그런 메시지에 마음을 여는 고객은 소수다. 시장의 심리를 잘 알고 있다고 큰소리치는 의사결정자일수록 주류시장과 전혀 소통하지 못하지만 정작 자신은 시장을 완벽하게 이해하고 있다는 착각에 빠져 있다.

경제 이론이 아니라 사람 마음 전문가가 돼야 한다
◇◇◇◇◇

주류 경제학은 인간이 경제활동에서 이익과 손실을 합리적으로 계산해 선택하는 존재라고 말한다. 하지만 행동경제학은 많은 실험을 통해 인간의 제한적 합리성을 증명했다. 이익과 손실을 계산하지만 상대적 평가와 심리적 만족도가 선택 선호도를 크게 좌우한다. 특히 공정성Fairness 심리는 선택뿐만 아니라 시장의 방향을 움직이는 등 큰 영향력을 발휘한다. 공정성은 시장을 움직이는 강력한 심리적 에너지다.

음료수 시장의 1위 기업 코카콜라는 1999년에 새로운 가격정책을 발표했다. 더운 날에는 콜라의 가격을 올리고 추운 날에는 가격을 내리겠다는 거였다. 그러기 위해 코카콜라 자동판매기에 온도 감지 센서와 연결된 가격 표시장치를 설치하겠다고 했다. 코카콜라의 CEO 더글러스 아이베스터Douglas Ivester가 주도한 야심 찬 계획이었다. 그런데 시장이 발칵 뒤집혔다. 고객은 이를 '갈취'라고 비난하며 거세게 저항했다. 결국 코카콜라는 즉시 계획을 철회했다. 다음 해 코카콜라 이사회는 CEO 더글러스 아이베스터를 해고했다.

경제학에서 수요와 공급의 법칙에 따라 제품 가격을 조정해 이윤을 극대화하는 것은 지극히 합리적이다. 당시 코카콜라는 새로운 가격정책을 획기적이라고 자체 평가했다. 따라서 시장의 반응을 전혀 예상하지 못했다. 그도 그럴 것이 상황별 가격 차별은 매우 일상적이다. 동네 마트에서 파는 콜라와 호텔 라운지에서 파는 콜라의 가격이 다르고 여름에 사 먹는 수박과 한겨울에 사 먹는 수박의 가격이 다르다. 고객은 이를 기꺼이 수용한다.

가격은 시장의 수요와 공급의 원칙에 따라 결정된다. 하지만 거래 가격의 공정성은 고객의 심리가 판단한다. 가격 공정성의 기준은 '손실의 강요' 여부다. 고객은 가격상승이 무조건 부당하다고 판단하지는 않는다. 가령 원가 급등 등의 뚜렷한 원인이 인정되면 오른 가격이 불만스러워도 비난하지는 않는다. 호텔 라운지에서 파는 콜라는 공간과 서비스 이용 등의 비용이 포함돼 비싸다는 것을 안다. 한겨울에 파는 수박은 여름보다 재배하는 데 더 비용이 들기 때문에 비싸다는 것을 안다. 기업에 손실을 강요해서는 안 된다. 따라서 비난할 수 없다는 게 심리적 판단이다. 하지만 코카콜라의 가격 정책은 전혀 다르다. 날씨가 덥다고 원가가 오르거나 기업의 손실이 발생한 것은 아니기 때문이다. 고객만 손실을 강요당한 것이다. 기업이 공정성을 위배했다고 판단하자 분노가 폭발한 것이다.

기업의 의사결정자들은 경제와 경영의 전문가를 자처하며 시장에 대해서 누구보다 잘 안다고 자신하지만 실제로 시장의 마음을 잘 알지 못한다. 시장은 경제 이론으로 설명되지 않는 심리의 공간이기 때문이다. 인간은 공정성과 합리성을 잘 구분하지 못한다. 일단 공정하지 않다고 판단하면 비합리적이라고 이해한다. 대중이 공정하지 않다고 느끼는 것을 합리적으로 설득하기란 매우 어렵다.

공정성은 상대적인 개념이다. 고객이 어떤 가격이 높고 낮은지 평가할 때 먼저 준거 가격을 정한 후 비교한다. 과거의 가격 혹은 대체 제품의 현재 가격 등과 비교해 더 높다면 공정하지 않다고 판단한다. 손실의 강요에 대해 민감한 심리는 설사 자신의 손실을 강요당한 것이 아니라도 함께 분노한다. 온라인 커뮤니티에 특정 매장에 대한 불만의 글이 올라오면 집단으로 불매 운동에 동참한다. 거래 당사자가 아니라도 공정성을 어긴 행위에 페널티를 줌으로써 스스로 정당한 행위를 했다는 만족을 느끼기 때문이다.

반면, 기업이 공정성 이미지를 갖게 되면, 즉 사회적 가치 실현 등을 통해 고객에게 경영 활동의 정당성을 인정받으면 가시적인 매출의 증가로 이어지기도 한다. 국내 라면시장은 상당히 오랫동안 한 기업의 특정 브랜드가 독점적 인기를 누렸다. 그런데 후발 기업이 비정규직 근로자와 상생, 정직한 세금납부 등의 착한 이슈로 공정한 경영의 이미지를 갖게 됐다. 시장의 반응은 상당히 놀라웠다. 후발 기업의 매출은 수년간 꾸준히 증가해 2018년도에는 역전이라는 이변을 연출하기도 했다. 식품은 브랜드 로열티가 강한 분야라 고객 선호도를 바꾸기가 쉽지 않다. 그런데 공정성 이슈를 가지고 바꾼 것이다. 물론 시장 순위는 다시 원래대로 복귀했지만 후발 기업은 과거 대비 확실히 시장을 넓히는 데 성공했다.

고객이 구매의사를 결정할 때 기업의 사회적 공헌 활동을 고려한다는 건 익히 알려진 사실이다. 투자전략가인 UCLA의 딜런 마이너Dylan Minor 교수와 UC버클리대학교 경영대학원의 존 모건John Morgan 교수가 S&P 500 기업을 대상으로 조사한 결과 정당한 경영 활동을 인정받은 기업은 부정적 사건에 연루됐을 때도 시장의 비판을 적게 받은 것을 알아냈다. 시장의 심리는 품질과 가격이 아니라 기업의 선한 의지를 평가하고 중요하게 인식한다. 세계적 기업들이 앞다퉈 환경·사회·지배구조ESG 경영을 선언하고 적극적으로 사회적 가치를 추구하는 이유이기도 하다.

행동경제학이 경영 리더들에게 주는 조언은 경제 이론에 매몰되지 말고 사람의 심리를 이해함으로써 시장의 마음을 얻으라는 것이다. 세계적인 기업들이 공정성을 추구하는 자본주의로 이행하는 까닭은 고객의 마음이 경영 수익과 직결되는 시대로 변화하기 때문이다. 사람의 심리를 이해하지 못하는 경영은 더 빠른 속도로 뒤처질 수밖에 없다.

통찰로 포장된 직관은
단지 허상이다

2020년 많은 기업이 언택트 입사 전형을 도입했다. 거대 공기업 A 도 인공지능 면접을 시행했다. 화상으로 진행된 인터뷰를 인공지능과 면접관이 각각 평가하는 방식이었다. 그런데 인공지능으로부터 최고점을 받은 지원자가 낙방하는 상황이 벌어졌다. 도대체 무슨 일이 있었던 걸까? 지원자의 인터뷰를 분석한 인공지능은 '자신감과 주도적 태도'가 돋보이며 우월감 등의 약점이 있지만 '업무수행 역량이 높다.'라고 평가했다. 반면 면접관들은 같은 지원자에 대해 '적극성'은 인정하지만 '겸손함과 인성의 부족'을 지적했다. 면접관들은 당황스러울 정도로 상반된 평가에서 인공지능이 '호감도' 평가에서 정확성이 크게 떨어진다며 신뢰성의 문제를 공통으로 제기했다. 공기업 A는 최종적으로 인공지능 평가에서 최고점을 받은 지원자 2명을 모두 탈락시켰고 최하점을 받은 지원자 16명 중 6명을 합격시켰다.

인공지능과 면접관 중 누구의 예측이 옳았을까? 당장 답을 알 수는 없지만 심리학자 폴 밀Paul Meehl은 이미 수십 년 전 실험을 통해 경험 많은 전문가의 예측보다 간단한 통계를 기반으로 예측했을 때 훨씬 더 정확한 의사결정이 가능하다는 사실을 증명했다. 전문가와 알고리즘이 각자 방식으로 인재를 선발했을 때 어느 쪽 예측이 신뢰할 만한지 결과를 비교한 것이다. 인사전문가들은 오랜 경험과 직관을 바탕으로 한 임상을 통해 예측했고 알고리즘은 철저히 데이터를 비교 분석해 '좋은 인재'를 예측했다. 직관과 데이터의 대결에서 승자는 알고리즘이었다.

폴 밀의 오래된 실험은 반세기가 더 지난 지금도 유효할까? 국내 모 대기업이 자사 직원을 대상으로 추적 조사를 했다. 기업의 인사전문가들은 다양한 채용기준의 항목에 따라 지원자를 평가한다. 인사전문가는 학교 성적, 입사 시험 성적, 인터뷰, 적성과 인성 검사, 자기소개서 등을 토대로 '미래 기여도가 높을 인재'를 선별한다. 바로 임상 예측이다. 그렇게 채용된 직원들의 입사 시험 성적과 10년 후 업무실적을 비교했다. 놀랍게도 상관관계가 거의 없었다. 채용 당시 인사전문가들의 판단은 틀렸다.

경험 많은 전문가의 직관도 통계는 못 이긴다

◇◇◇◇◇

미국 프로 스포츠계에서 통계적 예측의 놀라운 성과를 보여준 이가 있다. 미국 프로 농구NBA 필라델피아 세븐티식서스Philadelphia

76ers의 신임 사장 대릴 모리Daryl Morey다. 그는 3점 슛 라인 안쪽의 중거리 2점 슛을 극도로 피하고 골밑슛과 3점 슛에 집중하는 이른바 '모리볼'을 탄생시켰다. 그는 2007년부터 2020년까지 휴스턴 로키츠Houston Rockets 단장으로 재임하는 동안 정규 시즌 승률에서 리그 전체 2위에 플레이오프 10회 진출의 대기록을 완성했다.

그는 노스웨스턴대학에서 컴퓨터공학을 전공한 뒤 2007년에 통계를 들고 농구장에 나타났다. 농구계의 전문가들은 그를 비웃고 조롱했다. 미국 프로 농구의 올스타 찰스 바클리Charles Barkley는 대릴 모리를 "(통계)분석을 믿는 얼간이"라고 불렀고 "NBA는 재능의 문제다. 농구에서 수식을 가지고 떠드는 자들의 공통점은 농구를 해본 적도 없다는 것이다."라며 공개적으로 비난을 퍼부었다. 그러나 통계를 바탕으로 득점 확률을 높이는 전략은 대성공을 거뒀고 오히려 타 구단에서 적극적으로 모리볼 전략을 도입하는 상황이 연출됐다. 데릴 모리는 선수 드래프트에서도 통계를 적극적으로 활용하는 등 농구 경기와 구단 운영의 혁신을 이루었다.

통계 예측이 숙련된 전문가의 직관보다 더 정확하다는 연구는 다양한 분야에서 증명됐다. 프린스턴대학의 경제학자 오를리 아센펠터Orley Ashenfelter는 프랑스 보르도 지방의 날씨 데이터를 분석하는 것만으로 이제 막 생산된 보르도 와인의 수년 후 경매가를 예측했다. 당시 그는 "1986년산 보르도 와인은 질이 낮고 1989년산이 오히려 세기의 와인이 될 것이다."라거나 "1990년 와인은 더 대단할 것이다."라고 예측했다. 곧 와인 평론가들의 비난을 받았다. 오감과 직관의 영역에 있던 와인을 숫자로 된 데이터만으로 예측한다는 사실을 매우 평가절하했다. 하지만 오를리 아센펠터의 예측 정확도는 매우 높았다. 그 후로 지금까지 아센펠터 공식은 좋은 와인을 찾는 예측 도구로서 매우 유용하게 활용되고 있다.

우리는 리더의 선택과 판단을 존중한다. 리더가 산전수전 겪으며 축적한 경험과 직관의 힘을 신뢰하기 때문이다. 일반적으로 탁월한 리더는 직관과 통찰력을 갖추고 있다는 것이 정설로 통한다. 직관은 결정적인 순간 빠르게 문제의 본질을 파악하고 정확한 선택을 하는 능력이다. 직관은 자주 통찰이라는 개념과 오버랩된다. 그러나 많은 경우 직관에 의존한 판단은 더 자주 비합리적인 결과를 낳는다. 리더의 경험과 직관이 특별한 통찰력으로 이해될 때 합리적 추론과 논리적 판단이 무시되는 의사결정을 낳는다.

신뢰할 수 있는 직관적 판단은 극히 한정된다

◇◇◇◇◇

행동경제학에서는 직관을 경계하라고 조언한다. 그러기 위해서는 먼저 직관이란 무엇인지 정확하게 이해해야 한다. 직관은 한마디로 '경험의 패턴'을 인지하는 능력이다. 사람들은 경험 정보를 일정한 패턴으로 뇌에 저장한다. 'OO의 상황에서 OO의 결과' '△△의 상황에서 △△의 결론'이라는 방식이다. 그리고 언제 어디서든 이런 패턴을 적용할 수 있는 비슷한 상황이 생기면 빠르게 적용해 문제를 해결하려고 한다. 이것이 바로 직관이 하는 일이다.

실제 직관적 판단이 좋은 의사결정으로 나타나기도 한다. 심리학자 게리 클라인Gary Klein은 전문직군을 대상으로 직관의 신뢰성을 연구했다. 베테랑 소방관이 다양한 화제 상황에서 단 한 번의 직관적 판단으로 해결책을 찾아낸 확률이 80퍼센트였다는 사실을 알아냈다. 그러자 직관의 신뢰도에 회의가 컸던 행동경제학자들은 심리학자들과 함께 다양한 직군의 직관적 판단력을 어느 정도 신뢰할 수 있을지 공동 연구를 했다. 그 결과 행동경제학자들은 직관적 판단이 바른 의사결정을 내릴 수 있다는 사실에 동의했다. 단, 매우 규칙적으로 반복되는 상황에서 오랫동안 훈련한 전문직이라는 분명한 한계성을 지적했다.

가령 소방관, 응급실 의사, 비행 조종사, 운동선수, 체스와 바둑 기사, 프로게이머 등이 속한다. 그들의 직무는 규칙적인 업무를 오랫동안 반복하는 특징이 있다. 무엇보다 업무수행 과정에서 결과에 대한 빠른 피드백이 가능하다. 이 과정에서 '합리적 직관'이 강화되는 것이다. 그들은 비슷한 상황에서 매우 빠르게 효과적으로 문제해결 방식을 찾아낸다. 하지만 이들 소수 직군에 해당하는 전문가의 직관도 장기적 예측의 신뢰성은 인정하기 어렵다. 가령 응급실 의사를 보자. 그들은 목숨이 오가는 찰나의 순간 치료의 우선순위를 결정한다. 돌발적 상황에서 위기를 넘기는 직관적 판단은 상당한 정확성을 보인다. 그러나 응급실에서 당장 목숨을 살렸어도 이후 환자의 건강까지 예측할 수는 없다.

세계적인 경영사상가 맬컴 글래드웰Malcolm Gladwell은 직관의 힘을 강조할 때 단골로 등장하는 인물이다. 그가 『블링크』에서 강조한 '혜안Coup d'oeil' 때문이다. 혜안은 '한눈에 알아차리는 힘Power of the glance'이라는 뜻으로 통찰에 의한 문제해결 능력이다. 그는 리더가 눈을 깜빡이는Blink 정도의 아주 짧은 시간 올바른 판단을 내릴 수 있도록 직관이나 통찰력을 강화할 수 있다고 강조했다. 하지만 이는 어디까지나 경우에 따른 직관적 판단, 즉 규칙적 환경에서 고도로 훈련된 직관을 말하는 것이다. 맬컴 글래드웰은 훈련된 직관의 의사결정은 이성적 판단의 하나이며 직관의 판단력을 무조건 신뢰할 수는 없다고 분명하게 말한다.

행동경제학에서는 규칙적이고 반복적인 전문직 종사자가 오랫동안 훈련으로 강화한 소수의 직관력을 제외한 대부분 전문가의 직관은 대단히 별 볼 일 없다고 결론지었다. 세상에서 일어나는 거의 모든 일은 규칙적 패턴에 따라 진행되지 않기 때문이다. 경제, 비즈니스, 투자, 주식, 채용, 인사 등 경영 전반에서 전문가들의 직관에 근거한 예측은 실제로 별 의미가 없다. 이를 증명하기 위해 프린스턴대학교의 경제학자 버튼 말킬Burton Malkiel은 원숭이와 투자전문가의 '주식 투자종목 찍기' 대결이라는 극단적인 실험을 공개적으로 진행했다. 결과는 충격적이다. 원숭이가 찍은 종목의 수익률과 투자전문가가 찍은 종목의 수익률에서 별 차이가 없었다.

심리학자 필립 테틀록Philip E. Tetlock은 정치경제 분야 전문가를 대상으로 연구를 한 결과 가장 많이 아는 전문가의 예측이 가장 정확도가 떨어지는 사실을 발견했다. 스탠퍼드대학교의 패멀라 하인스Pamela J. Hines는 '아주 훌륭한 전문가라도 빠르게 변화하는 세상에서 과거의 전문성으로 미래를 예측하는 것이 의미 없으며 예측이 빗나갈 가능성도 매우 큰 현상'을 '전문가의 저주'라고 정의했다. 현실에서 전문가의 저주를 피하기란 상당히 어렵다. 성공한 전문가일수록 스스로 불확실성을 인정하지 않는 과신이 강하기 때문이다. 가장 많이 안다고 믿는 전문가들은 실력을 과대평가하고 과시하려는 성향이 크다. 자신감을 능력으로 착각하는 '자신감 착각

Illusion of confidence'이다. 자신감 착각은 전문가나 리더에게만 있는 것이 아니다. 우리는 대부분 자신감이 곧 능력이라는 착각을 한다.

영국의 철학자 이사야 벌린Isaiah Berlin은 저서 『고슴도치와 여우』에서 인간을 고슴도치형과 여우형으로 분류했다. 고슴도치형 인간은 변치 않는 '하나의 원리'가 있다고 믿으면서 외곬의 길을 걷는다. 이와 반대로 여우형 인간은 일관성이 없고 다소 모순이 있더라도 상황에 따라 기꺼이 자신의 의견을 바꾼다. 그런데 세상은 대부분 여우형 인간보다 고슴도치형 인간을 더 신뢰한다. 고슴도치형 인간의 외골수 성향과 확신에 찬 태도를 '전문성'과 동일시하기 때문이다. 사람들이 합리적 판단으로 신중하게 발언하는 전문가보다 강한 자신감을 보이는 전문가의 조언을 선호하는 이유다. 그러나 고슴도치형 인간의 외골수적 태도는 타고난 성향일 뿐 실력이 있어서가 아니다. 전문가의 자신감은 실제 능력과 반드시 비례하지는 않는다.

과거의 지식과 경험으로 무장한 전문가들의 직관을 신뢰할 수 없다는 많은 근거에도 불구하고 직관에 대한 믿음은 굳건하다. 그건 우리의 현실이 갈수록 복잡해지기 때문이다. 사람들은 급변하는 기술, 사회, 가까운 미래조차 예측이 불확실한 상황에서 더 빠른 판단을 필요로 하고 직관을 더 자주 소환한다. 직관에 대한 경고는 리더의 경험과 전문성을 무시하는 것이 아니다. 리더가 직관을 과신했을 때 의사결정의 위험성을 강조하는 것이다. 리더의 판단과 선택에 주어지는 시간이 갈수록 짧아지는 현실에서 오판의 위험성을 줄이려면 잠시 멈춤이 필요하다. 리더는 급할수록 서둘러 판단에 개입하는 직관의 속성을 기억하고 합리적 관점으로 전환할 여유를 자신에게 줘야 한다. 많은 비즈니스의 성공사례들은 여전히 리더의 직관을 부각하며 그럴듯한 영웅담을 생산해내고 있다. 하지만 실제로 이뤄진 성공과 혁신에서 리더의 뛰어난 직관은 찾을 수 없다.

우리의 성공은 직관과 통찰의 결과다

: 도대체 왜 기회를 차버리고 대신 위험을 택할까? (전략)

왜 기업들은 위험을 감수하면서도
몸집을 키울까

최근 기업의 고도성장 전략이 뜨거운 이슈다. 위험을 감수하면서 엄청난 속도로 회사를 키워 압도적인 경쟁우위를 갖는 것이다. 일명 블리츠스케일링Blitzscaling이다. 비즈니스 인맥 서비스를 제공하는 링크드인LinkedIn의 설립자 리드 호프먼Reid Hoffman이 주창한 블리츠스케일링은 기습공격을 의미하는 '블리츠크리그Blitzkrieg'와 규모 확장을 의미하는 '스케일 업Scale up'의 합성어다. 블리츠스케일링 전략에 대한 높은 관심은 글로벌 비즈니스의 흐름을 알면 이해가 쉽다.

현재 글로벌 시가총액 상위 10위 기업 중 8개 기업이 스타트업으로 시작해서 빠른 기간 급속한 성장을 이룬 기업들이다(2021년 2월 기준). 애플, 마이크로소프트, 구글, 아마존, 페이스북, 테슬라로 지칭되는 글로벌 선두기업들의 성장 전략은 물론이고 기업가치 10억 달러 이상의 비상장 스타트업을 가리키는 유니콘의 등장 역시 블리츠스케일링으로 설명할 수 있다. 블리츠스케일링의 핵심은 매우 빠른 속도로 시장을 점유하는 것이다. 대부분 적자 상태이지만 기업가치는 계속 오르고 있다. 심지어 코로나19로 시장의 불확실성이 커진 상황에서도 상승 곡선은 꺾이지 않고 있다. 투자자들이 현재의 적자와는 상관없이 유니콘의 미래를 보고 계속 투자하기 때문이다. 이는 전통적인 기업의 성장 패턴과 전혀 다른 현상이다. 페이스북, 애플, 마이크로소프트, 구글, 아마존은 모두 이 패턴을 따랐다. 아마존은 상장하고 6년이 지나고 나서야 흑자로 전환됐다. 하지만 그들은 적자 상태에서도 세계 시장을 확실히 점령했다. 블리츠스케일링에 적합한 비즈니스 모델과 유망기업의 인수합병을 통해 경쟁자들과 격차를 더 크게 벌리고 있다.

전 세계가 코로나19로 유례없는 위기 상황에 놓였다. 생명 위협, 일상 파괴, 경제적 위기 등 국내외 안팎으로 상황을 예측하기 어렵다는 뉴스가 보도되고 있으며 세계무역기구WTO, 국제통화기금IMF, 경제협력개발기구OECD 등 국제 경제 기구들은 금융위기 때보다 더 심각할 것으로 지적했다. 얼어붙은 경제와 대혼란에 빠진 시장에서 절벽으로 내몰린 기업들은 어떻게 미래를 준비해야 할지 고달픈 선택의 갈림길에 서 있다. 그러나 바꿔 생각해보자. 기업이 언제 어렵지 않았던 적이 있었는가? 시장에는 언제나 예측 불가한 위험이 도사리고 있었으며 무서운 속도로 변화하는 흐름도 이미 오래전부터 진행돼온 일이다. 페이스북, 구글, 아마존은 오히려 이런 혼란한 틈을 비집고 들어가 기존 시장을 파괴했음은 물론이고 거대 기업들을 물리쳤고 초경쟁 시장에서 주도권을 거머쥐었다. 시장이 불확실한 지금이야말로 후발 기업들이 굴지의 기업을 역전해 1등의 자리를 낚아챌 수 있는 유일한 때인지 모른다.

전통적 경영 관점으로 의사결정하기 어려운 시대다

◇◇◇◇◇

시장은 탄생, 성장, 소멸이 반복하는 공간이다. 살아남는 자보다 사라지는 자가 압도적으로 많다. 정글과 같은 시장에서 유니콘에 도달한 기업들을 분석하면 매우 흥미로운 사실을 발견할 수 있다. 세상에 없던 새로운 비즈니스 모델을 처음으로 만든 '제로투원 0 to 1' 기업도 많지만 유니콘 중 상당수가 '원투헌드레드 1 to 100' 비즈니스 모델이라는 것이다. 원투헌드레드 비즈니스 모델이란 이미 시장에서 검증된 비즈니스 모델을 모방하고 혁신하고 진화시켜 시장 규모를 키우는 것을 말한다. 바로 카피캣Copy cat 모델이다. 카피캣은 '흉내를 잘 내는 고양이'에서 유래한 말로서 다른 기업의 비즈니스를 모방해서 비슷한 기능과 서비스를 제공하는 패스트 팔로어Fast follower 기업을 가리킨다.

과거 시장을 지배한 기업들은 퍼스트 무버First mover였다. 과거에는 비즈니스 모델의 개념이 희박했다. 그러다 보니 대부분 기업이 연구개발, 생산, 판매 등에서 차별성을 갖지 못했다. 현재는 비즈니스 모델이 가장 중요한 기업의 자산이다. 따라서 남들보다 조금이라도 먼저 비즈니스 모델을 세상에 내놓는 퍼스트 무버가 성공할 가능성이 더 컸다. 하지만 지금은 하나의 성공 모델이 등장하면 모방하고 혁신해 시장을 확장하는 다양한 기업들이 바로 나타나 새로운 성공 모델이 된다. 그 속도가 얼마나 빠른지 퍼스트 무버와

패스트 팔로어라는 개념 자체가 무의미해졌다. 신기술과 아이디어도 불과 몇 개월 만에 낡은 것이 되는 세상이다.

원투헌드레드 비즈니스 모델의 성공은 블리츠스케일링 전략과 떼어놓고 설명할 수 없다. O2O 비즈니스 모델로 경쟁하는 유니콘들의 발 빠른 움직임을 예로 보자. 음식배달 O2O 비즈니스의 선두주자이자 라이벌인 유럽의 유니콘 저스트이트Just Eat와 테이크어웨이Takeaway는 경쟁이 아니라 서로 합병해 몸집을 키웠다. 저스트이트는 여기에서 멈추지 않고 미국 2위의 배달업체 그럽허브Grubhub를 인수했다. 미국에서는 우버이츠Uber Eats와 포스트메이츠Postmates가 결합했고 독일의 푸드테크 기업 딜리버리히어로Delivery Hero는 배달의민족을 인수했다. 그들은 모두 원투헌드레드 모델로 시작해 더 넓은 시장을 빠르게 점유하기 위해 치열하게 경쟁하는 중이다. 음식배달 O2O 비즈니스의 원조는 2000년 창업한 네덜란드의 테이크어웨이지만 이후 수많은 카피캣이 시장에 등장했다. 지금은 전 세계에서 이들의 합종연횡이 진행 중이다. 현재 이 분야의 선두기업은 중국의 메이투안美團이다. 원조 테이크어웨이의 기업가치는 2021년 2월 기준 15조 원이지만 카피캣인 메이투안의 기업가치는 무려 340조 원이다.

수익 안정성과 시장 진출의 속도전은 트레이드오프Trade-off의 관계다. 당장 수익을 챙기며 안정적인 성장을 선택하든지, 적자를 감수하면서 빠르게 시장 확보에 주력할 것인지 둘 중 하나를 선택해야만 한다. 유니콘들의 선택은 의도된 적자 전략이다. 2019년 무려 4억 5,000만 달러의 적자를 기록한 O2O 유니콘 도어대시Door-Dash가 2020년 12월 기준 80조 원의 기업가치로 상장되는 게 바로 글로벌 비즈니스의 현실이다.

그러나 전통적 경영의 관점으로 이런 전략을 받아들이고 추진하기란 정말 어려운 일이다. 새로운 비즈니스 모델을 창조해 퍼스트 무버가 될 것인지, 원투헌드레드 비즈니스 모델을 구축해 빠르게 시장에 진입할 것인지, 또 안전성을 확보하며 성장할 것인지, 위험을 감수하며 속도전을 펼칠 것인지, 시작 타이밍은 어떻게 결정하고 또 멈춰야 할 타이밍은 언제인지 모든 것이 리더의 의사결정에 달렸다. 새로운 비즈니스 모델이 나오고 과거와는 완연히 다른 전략이 필요하다. 불확실성으로 가득한 시장 환경은 리더들을 벼랑 끝으로 내몰고 있다.

당장 한 치 앞도 내다볼 수 없는 상황에서 속도전의 위험을 감수하라는 말이 터무니없게 들릴 수 있다. 하지만 결국에는 모든 것을 걸고 엄청난 속도를 좇아야 하는 결정적 상황에 반드시 직면할 수밖에 없다. 이유는 간단하다. 1등이냐 2등이냐의 문제가 아니라 생존을 담보할 수 없기 때문이다. 승자독식 시대에서 시장을 독점하는 기업이 시장의 우수한 인적, 물적 자원을 확보하는 데 유리하고 나아가 비교우위의 밴드왜건 효과도 누릴 수 있다.

시장은 점점 더 예측할 수 없는 속도로 변하고 있다. 빌 게이츠Bill Gates는 "다가올 기회는 대단히 좁고 빨리 닫힐 것입니다."라고 경고한다. 우리는 이러한 상황에서 어떻게 해야 할까? 단 하나의 확실한 전략은 재빨리 시장을 선점함으로써 경쟁자가 쫓아오기 어려운 초격차를 만드는 것이다. 오늘날 치열하지 않은 시장은 없다.

리더의 오판을 걷어낼 스크리닝 시스템이 필요하다

◇◇◇◇◇

2020년 코로나19의 공습이 시작된 후 세계의 경제학자, 미래학자, 전염병 전문가들이 모두 나서서 미래를 예측했다. 대공황까지 언급했던 전문가들의 분석은 그러나 불과 몇 달도 채 되지 않아 흐지부지 사라졌다. 불확실성이 정상인 뉴애브노멀New abnormal 시대의 실체를 전 세계 사람들이 모두 생생하게 체험하는 중이다.

한동안 세계 경제를 쥐락펴락하는 주인공은 백신이 될 것이다. 백신 개발을 선점하려는 기업과 여기에 편승한 정치의 이해관계가 뒤엉킨 까닭이다. 이런 분위기를 타고 2020년 한 해 동안 제약과 바이오 분야의 많은 기업과 스타트업들의 주요 사업 프로젝트에 코로나19라는 단어가 빠지지 않고 등장했다. 코로나19와 관련한 비즈니스를 하지 않으면 뒤처진다는 사고의 반영이다. 비즈니스에서 쉽게 발견되는 밴드왜건 효과Bandwagon effect다. 밴드왜건 효과는 다수의 행동을 무조건 믿고 따르는 인지 편향으로서 편승 효과라고도 한다. 과거 미국 서부개척 시대에 금광개발 붐이 일었다. 광산 기업들은 밴드가 올라탄 마차를 마을로 보내 노동자를 모집했다. 당시 밴드가 탄 마차가 요란한 소리를 내면서 마을에 나타나면 일자리가 필요한 사람들이 묻지도 따지지도 않고 우르르 올라탔다. 거기서 밴드왜건 효과라는 말이 생겼다.

밴드왜건 효과는 기업이 소비를 촉진하고 시장점유율을 확대할 때 활용하는 마케팅 전략으로 자주 활용된다. 막대한 규모의 자본이 투입되는 기업의 미래 사업 모델의 결정 과정에도 심심치 않게 나타난다. 기업의 핵심 역량에 대한 고찰보다 대세론에 편승한 선택을 하는 것이다. 한때 국내에서 신재생에너지 분야가 주목을 받았다. 그러자 기업들이 너도나도 진출을 선언했고 관련 분야 주가가 폭등하는 상황이 연출됐다. 물론 이런 쏠림 현상은 그 속도만큼이나 빠른 썰물 현상으로 이어졌다. 많은 기업이 신재생에너지 분야에서 실패를 경험했고 더 많은 기업이 중도에 사업 철수를 결정했다. 현재 코로나19라는 밴드왜건 효과에 편승한 기업들은 향후 팬데믹이 진정되면 심각한 위기에 처할 가능성이 크다.

밴드왜건 효과는 최신의 정보를 상세한 분석도 없이 무조건 높게 평가하는 '최신 편향Recency bias'의 영향이다. 리더가 최신 편향이 강하고 또 그런 리더의 신념을 비판 없이 수용하는 위계적 조직이라면 밴드왜건 효과는 아주 쉽게 집단사고를 형성한다. 최신 편향으로 이미 방향성이 결정된 사업들은 회의가 거듭될수록 주장을 뒷받침할 증거만 보고 신뢰하는 확증 편향이 개입해 사고의 프레임을 강화한다. 그런데 더 큰 불행은 결정에 문제가 발견됐을 때의 태도다. 실책을 빠르게 인정하고 결정을 바꾸지도 못한다. '이 상황에서 이런 결정은 최선의 선택'이라며 오히려 합리화에 바쁘다. 바로 '선택 지원 편향Choice supportive bias'의 힘이다.

이와 반대로 최신 정보보다 과거의 경험을 토대로 자신의 신념을 강하게 유지하려는 '보수적 편향Conservation bias'도 의사결정에 흔하게 나타난다. 아무리 좋은 정보와 객관적 장점을 제시해도 새로운 것을 배척하고 '구관이 명관'이라는 신념으로 똘똘 뭉친 보수적 편향은 한 분야에서 오랫동안 경력을 쌓은 전문가와 리더들에게 특히 강하게 나타난다.

그런가 하면 신사업 계획을 추진할 때 유독 "다른 자료는 더 없어?" "충분히 검토한 거야?" 하며 끊임없이 보충 정보를 요구하는 상사도 적지 않다. 판단에 큰 영향을 미치지 않는 새로운 자료를 계속 요구하며 결정을 미룬다. 이런 태도는 꼼꼼하고 신중하다는 평가를 받기도 하지만 사실은 정보 편향Information bias의 영향인 경우가 많다. 정보 편향은 분명한 목적과 범위에서 정보를 수집하고 분석하는 태도와는 전혀 다르다. 정보 편향이 강한 리더는 자신이 원하는 것이 무엇인지 정확하게 알지 못하는 경우가 허다하다. 어떤 결정을 내려야 할지 모를 때 의사결정의 부담을 피하려는 심리일 뿐이다. 더 많은 정보가 반드시 좋은 의사결정으로 이어지는 것이 아니다. 자신의 고집을 유지하려는 보수 편향과 무한대의 정보만 요구하는 정보 편향은 모두 위험을 회피하고 싶은 심리다. 결정장애 리더의 전형적인 행태다.

"앞으로 무엇을 해서 먹고살지 대책을 세워 보고해주세요."

리더들이 부하직원에게 하는 지시다. 집단 구성원의 다양한 의견을 듣고자 하는 의도라면 좋다. 하지만 이는 집단지성이 가능한 의사결정 시스템이 작동하는 조직에서만 가능하다. 대부분 조직에서 구성원들은 의사결정자의 심중을 읽고 그 방향에 맞는 답을 내놓는 데 더 많은 에너지를 쏟는다. 리더가 편향적 사고로 정보를 선택하고 해석할 때 조직은 사업목표를 이루기 어렵다. 고장 난 나침반을 보며 배의 방향타를 잡을 때 원하는 목적지에 절대로 도달할 수 없다. 하지만 인지 편향의 위험성을 알아도 이를 스스로 자각하기는 어렵다. 최종 의사결정권자인 리더의 오판을 걸러낼 스크리닝 시스템을 구축해야 한다. 그러려면 누구보다 리더 자신이 편향을 경계한 판단과 선택에 관심을 둬야 한다.

왜 성공을 따라했던 수많은
벤치마킹이 실패했을까

자녀의 성적을 올리고 싶은 부모들은 서울대 수석의 '공부 비결'을 찾는다. 창업하고 싶은 청년들은 유니콘 창업자의 '성공 스토리'를 읽는다. 좋은 리더를 꿈꾸는 사람은 성공한 CEO의 '리더십'을 모방한다. 성공의 비법을 배워 실수를 줄이고 더 빨리 목표를 이루려는 의도다. 이것이 벤치마킹Benchmarking이다. 경영전략 기법으로서 벤치마킹은 측정의 기준이 되는 대상을 설정하고 비교 분석을 하여 장점을 따라 배우는 행위를 말한다. 역공학Reverse engineering을 통해 혁신을 만드는 과정이 바로 벤치마킹이다.

하지만 벤치마킹이 늘 성공하는 것은 아니다. 오히려 많은 경우 실패한다. 벤치마킹의 대상이 모두 '성공한 모델'이기 때문이다. 성공의 비법을 배우는 게 핵심인데 성공 모델이라서 실패할 가능성도 크다는 아이러니는 생존자 편향Survivorship bias의 오류 때문이다.

생존자 편향이란 성공한 모델(사람)의 선택과 행동을 무조건 따라하려는 편향된 사고를 말한다. 시장에서 살고 죽는 수많은 비즈니스 모델 중 벤치마킹의 대상은 극소수의 대박 성공 모델이다. 똑같은 전략을 수행한 수많은 비즈니스가 모두 실패하고 단 한 개의 회사만 성공했다면 과연 그러한 전략을 참고한다는 것이 의미가 있을까. 오히려 잘못된 길로 가는 지름길이 될지도 모른다. 시장의 트렌드를 빨리 적용해 성공하면 '발 빠른 타이밍' 덕분이라고 말하고 똑같이 트렌드를 빨리 적용해 망한 경우는 '밴드왜건 효과에 휩쓸린 성급함'이라고 말한다. 생존자 편향은 결과를 놓고 원인을 끼워 맞춘 원인 착각으로 본질을 읽는 비판적 사고를 방해하는 인지편향의 함정이다.

생존 비법은 생존자에게서는 배울 수 없다

◇◇◇◇◇

미국 해군은 제2차 세계대전 중 임무를 마치고 돌아온 전투기의 총탄 자국을 연구했다. 적의 총탄을 많이 맞은 부위를 보강해 격추되는 확률을 줄이겠다는 것이다. 생존한 전투기들은 대부분 조종석과 엔진 부위가 아니라 날개와 꼬리에 집중적으로 총탄을 맞았다. 연구진은 생존자 모델을 바탕으로 날개와 꼬리에 철판을 덧대어 강화하자는 방안을 제시했다. 그때 한 연구원이 나서서 날개와 꼬리가 아니라 조종석과 엔진 부위를 보완해야 한다고 주장했다. 생존 전투기의 조종석과 엔진 부위에 상대적으로 총탄 자국이 적은 이유는 날개와 꼬리를 집중 공격당한 전투기는 살아 돌아왔고 조종석과 엔진 부위에 총탄을 맞은 전투기는 추락했기 때문이라는 얘기다. 즉 살아 돌아온 전투기의 상태가 아니라 돌아오지 못한 전투기가 추락한 원인이 중요하다는 지적이다.

이 연구원이 아니었다면 미 해군은 전투기 날개와 꼬리에 철판을 덧대는 엉뚱한 결정을 실행했을 것이고 전투기의 생존율을 높이는 데 아무런 도움도 되지 않았을 것이다. 여기서 생존자 편향이라는 개념이 탄생했다. 벤치마킹 전략은 생존자 편향의 오류에 빠지기 쉽다. 위기에 봉착하면 비슷한 위기를 극복한 기업의 전략에서 아이디어를 찾고 새로운 시장에 진출할 계획이라면 시장점유율 1~2위 기업의 성공 요인에서 배울 점을 찾는다. 여러 성공 모델을 모아서 공통점을 추리면 결과와 상관관계에 있는 여러 '성공 패턴'이 보인다. 명확하게 정리된 성공 패턴은 이해도 쉽고 따라 하기도 쉽다. 많은 기업이 벤치마킹을 어렵지 않게 시도하는 이유다.

1990년대 후반부터 2000년대에 이르기까지 세계가 일본 토요타자동차를 벤치마킹했다. 특히 미국 기업들은 자동차 종주국인 미국을 누른 토요타를 배워 위기를 극복하자는 움직임이 활발했다. 당시 필요할 때마다 조금씩 제품을 생산하는 토요타의 '적기생산방식JIT, just in time'은 벤치마킹의 주 대상이었고 이를 따라 한 기업들은 토요타처럼 재고 부담을 크게 낮췄다. 하지만 이는 부품을 생산하는 협력업체의 재고 부담을 키우는 부작용을 낳았다. 토요타의 성공은 부품업체와 긴밀한 협력관계 덕분이었다. 하지만 벤치마킹한 기업들은 이를 간과했다.

영국의 대형 유통업체 테스코Tesco도 독일의 유통업체 알디Aldi를 벤치마킹했다가 실패한 전력을 갖고 있다. 후발주자 알디는 무섭게 시장을 잠식해왔다. 이에 테스코는 견제 방법으로 알디의 '초저가 자체 브랜드Private brand' 전략을 벤치마킹했다. 알디처럼 테스코 이름이 들어가지 않는 별도의 초저가 상품을 개발했고 매장 진열대에 알디의 경쟁상품 가격까지 함께 표시하는 등 매우 공격적인 마케팅을 펼쳤다. 하지만 이 방식은 테스코의 강점인 간결한 가격 책정 시스템을 흔들었고 오히려 손실이 발생했다. 테스코만의 강점보다 경쟁사의 성공 요인에 집중한 결과다.

외형의 방식을 모방하는 건 쉽다. 그러나 성공은 어렵다. 외형의 방식을 뒷받침할 운영 시스템과 조직문화도 함께 바꾸지 않으면 진정한 변화를 만들 수 없기 때문이다. 2000년대 초반 일본의 오다큐백화점小田急百貨店은 이세탄백화점伊勢丹百貨店을 벤치마킹했다. 이세탄백화점은 일본이 장기불황에 허덕이던 당시 나 홀로 매출 성장을 기록하며 유통업계의 신화로 떠올랐다. 이세탄백화점의 강점은 제품진열 노하우였다. 매장 직원들은 개인 노트를 항상 휴대하고 다니며 고객을 관찰한 내용을 기록했다. 그 내용은 정기적으로 전 직원과 공유됐다. 경영진은 직원들의 제안을 빠르게 적용하며 고객의 니즈에 꼭 맞는 서비스를 제공했다.

오다큐백화점은 벤치마킹을 위해 아예 이세탄백화점의 사장과 핵심 임원을 통째로 스카우트했다. 하지만 결과는 실패였다. 이세탄백화점의 서비스는 시스템뿐만 아니라 기업문화의 힘이 컸다. 입지 조건과 자본력이 상대적으로 열악했던 이세탄백화점의 직원들은 경기 불황에서 살아남아야 하는 절박함이 있었다. 노트의 기록은 단순한 매뉴얼이 아니라 진심이 찾아낸 알짜 정보인 것이다. 반면 도쿄에서도 손꼽히는 대형백화점인 오다큐백화점의 직원들은 고용불안을 느낀 적이 없다. 그들에게 '노트'는 그저 새로 도입된 규정일 뿐이다. 조직문화가 전혀 달랐던 오다큐백화점에서 이세탄백화점의 방식은 통할 수 없었다.

벤치마킹할 땐 성공뿐만 아니라 실패까지 참고해야 한다

◇◇◇◇◇

미국의 통계학자 윌리엄 펠러William Feller는 제2차 세계대전 때 런던에 집중적으로 폭탄이 떨어진 지역을 통계적 관점으로 분석했다. 당시 폭격지점을 지도에 표시하면 뚜렷한 패턴이 나타났다. 그러다 보니 런던 사람들과 영국군은 독일군이 특정 지역을 피해서 폭격을 한다고 믿었고 독일 스파이가 다수 존재하기 때문이라고 여겼다. 독일이 폭격하지 않은 이유를 추론한 그럴듯한 얘기다. 하지만 종전 후 연구조사 결과 당시 폭격이 특정 지역에 집중된 이유는 독일의 의도가 아니라 비행 기술력의 한계 때문에 해당 지역에 폭탄을 투하할 수밖에 없었던 것으로 밝혀졌다. 폭격의 패턴은 무작위로 이루어진 결과다. 그런데 이 사실을 알고도 지도 위에 표시된 폭격지점을 보고 있노라면 여전히 의도성이 느껴진다. 동일한 사건이 연속해서 일어나면 이를 매우 의미 있는 사건으로 이해하는 클러스터 착각Clustering illusion이다.

기업은 역동적으로 움직이는 시장을 늘 관찰하다 보니 클러스터 착각에 쉽게 빠진다. 반복되는 소수의 성공 모델에서 어떤 패턴이 보이면 무의식적으로 인과관계를 확신하게 되고 따라 하면 성공할 수 있을 것으로 착각한다. 물론 몇 개의 실패 모델에서 패턴을 찾으면 이 역시 의도성으로 이해하게 된다. 클러스터 착각은 우연히 만들어진 무의미한 패턴이나 정보를 인과관계의 현상으로 이해하려는 원인 착각의 하나다.

가령 어느 무더운 여름에 아이스크림 판매량이 급증했다고 하자. 그런데 마침 이 시기 익사 사고 발생률이 높았다. 그러자 얼마 후 시장에 '아이스크림 판매량이 급증하면 익사율이 증가한다.'라는 추론이 등장했다. 이 우스운 추론이 바로 원인 착각이다. 날씨가 더우면 아이스크림 판매량이 증가한다. 또 물놀이 인구가 많아지니 익사율도 증가한다. 아이스크림 판매량과 익사 사고는 서로 어떤 영향도 주고받는 관계가 아니다. 하지만 원인 착각은 이를 인과관계로 오판한다. 인터넷과 서점가의 단골 베스트셀러 주제인 '부자들의 습관'을 보자. 일찍 일어나고, 반드시 저축하고, 주변 정리를 잘하고, 책을 많이 읽는다는 내용이 빠지지 않는다. 부자들의 습관을 따라 하면 부자가 될 수 있다는 클러스터 착각을 자극하는 콘텐츠다. 물론 부자 중 새벽 기상, 저축, 독서 등을 습관으로 가진 사람이 많다. 하지만 새벽 기상, 저축, 독서 습관을 지닌 사람 중 부자가 되지 않은 사람이 더 많다. 단순한 상관관계를 인과관계로 잘못 해석한 원인 착각이다.

코로나19로 본격적인 제로금리 시대가 왔다. 그러자 투자전문가를 자처하는 유튜버들이 '금리가 떨어졌으니 투자할 시기가 왔다.'라거나 '유동성 장세가 왔다.'라고 투자를 독려하는 방송을 하기 시작했다. 언뜻 그럴듯한 논리다. 그러나 제로금리가 시작된 이유는 애초에 투자처가 없기 때문이다. 기업들이 장기적으로 경기 전망이 좋지 않기 때문에 투자를 위해 대출을 하지 않는 것이다. 그래서 금리가 떨어지는 것이다. 투자 환경이 나빠서 제로금리가 된 것이다. 그런데 제로금리가 됐으니 대출을 해서라도 투자하라는 유튜버들의 주장은 원인 착각이다. 이처럼 원인 착각은 원인과 결과를 반대로 뒤집어 해석하는 오류도 서슴지 않는다.

인간은 기본적으로 어떤 일이 발생했을 때 그 일의 원인을 직관적으로 설명하고 전문적인 견해인 양 포장하려는 경향이 있다. 뭐든 인과관계로 이해하고 추론하는 인지 편향의 영향이다. 특히 과신이 강한 리더는 원인 착각도 강하다. 벤치마킹을 결정한 리더들은 해당 사안에서 '성공의 원인과 결과에 대해 매우 잘 이해하고 있다.'라고 강하게 믿는다. 그래서 외부의 모델을 자사의 상황에 맞게 변형해서 창조적으로 적용했을 때 더 좋은 결과를 낼 수 있다고 낙관한다. 하지만 창조적 벤치마킹이라는 이름으로 변형된 벤치마킹은 실패할 가능성이 매우 크다. 벤치마킹은 외형적 방법론 이면의 맥락을 정확히 이해하는 게 핵심이다. 하지만 리더는 '인과관계를 정확하게 안다.'라고 착각하고 간과한다. 왜 수많은 벤치마킹이 실패할까? 그건 성공의 패턴만 보려는 생존자 편향과 원인 착각에 빠진 리더의 과신 때문이다. 벤치마킹은 성공의 지름길만 찾지 않고 실패사례도 함께 연구 분석해 적용했을 때만이 성공할 가능성이 크다.

통계는 거짓말을 하지 않지만
착각하게 한다

최근 들어 기업들은 경영 의사결정에서 데이터를 최대한 활용하는 방향으로 움직이고 있다. 아예 의사결정 프로세스에 데이터를 적극적으로 도입하는 분위기다. 리더의 풍부한 경험과 직관에 기반한 판단이 취약한 부분이 있는데 데이터로 보완할 수 있다는 믿음이 반영되었기 때문이다. 그렇다면 생각해보자. 데이터의 분석과 통계는 얼마나 믿을 만할까? 우선 통계는 거짓말을 하지 않는다. 하지만 통계를 착각할 수는 있다. 통계의 착시는 기준(범위)과 초점(관점)의 함정에서 발생한다. 통계는 조사 기준에 따라 전혀 다른 해석이 가능하다. 사실상 대표성을 부여하기 어려운 데이터가 상당히 존재한다. 또 어떤 초점으로 분석하느냐에 따라 판단의 오류가 발생한다. 통계를 분석한 기사와 연구자료 등에서 특히 통계의 함정을 많이 발견할 수 있다.

다국적 제약사 화이자는 2008년 8월 미국의 의학학술지 『메이요클리닉회보』에 자사가 개발한 뇌졸중약이 '2형 당뇨와 심장병 위험요인이 있는 환자의 뇌졸중 발병률을 48퍼센트 낮춘다.'라는 연구결과를 발표했다. 48퍼센트라는 수치만 보면 엄청난 효과의 신약이 개발됐다고 생각한다. 그런데 이는 위험요인을 가진 사람 100명 중 48명이 뇌졸중에 걸리지 않는다는 것이 아니었다. 비교집단 환자들의 2.8퍼센트에서 뇌졸중이 발생했고 화이자의 신약을 복용했을 때 1.5퍼센트에서 뇌졸중이 발생했다. 이 두 집단의 상대적 차이가 48퍼센트라는 얘기였다. 따라서 두 집단의 뇌졸중 발생률의 절대적 차이는 고작 1.3퍼센트에 불과하다는 게 팩트다.

또 통계는 자주 편향된 프레임으로 해석된다. 흔한 예로 '취업률 80퍼센트 돌파'와 '10명 중 2명은 여전히 실업자'라는 내용의 기사는 인식의 편향을 유도한다. 평균값의 착시는 통계를 보이는 대로 해석하는 인간의 인지 편향이 개입한 오류다. 한 나라의 경제적 수준을 국내총생산GDP이라는 수치로 가늠하는 것이 대표적이다. 하지만 세상은 평균분포가 아니라 멱함수의 분포로 존재하는 경우가 대다수다. 1인당 국내총생산은 평균값이지만 실제로 한 사회의 부는 인구 10~20퍼센트가 80~90퍼센트의 부를 차지하는 멱함수의 분포를 띈다. 평균값은 대다수, 즉 보편이란 개념으로 인식되지만 틀렸다.

마케팅 컨설팅에 자주 등장하는 롱테일 법칙Long tail theory이란 게 있다. 많은 기업이 파레토의 법칙인 '충성 고객 20퍼센트가 매출의 80퍼센트 가치를 창출한다.'에 따라 효자상품 관리에 주력한다. 하지만 인터넷과 모바일 혁명으로 거래비용이 크게 줄면서 눈에 잘

띄지 않는 꼬리 영역의 상품이 전체 판매량을 압도하는 롱테일 법칙이 나타나기 시작했다. 가령 아마존의 주력 매출을 담당하는 인터넷 서점에서 눈에 띄는 숫자는 베스트셀러지만 전체 매출의 절반 이상이 비주류 단행본 등 잘 팔리지 않는 책들에서 발생한다. 구글의 주요 수익원은 알다시피 광고다. 해마다 엄청난 규모의 광고비를 쓰는 주요 기업들은 매우 중요한 관리 대상이다. 그런데 구글수익원의 상당 부분은 동네 빵집 광고와 같은 소규모 광고에서 발생한다.

행동경제학은 의사결정을 할 때 통계적 관점을 적극적으로 적용함으로써 직관의 편향성을 피하라고 조언한다. 그렇지만 또 숫자는 무조건 합리적이라는 과신 또한 경계해야 한다. 직관이든, 통계든 편향된 과신이 개입했을 때 오판의 위험성은 피할 수 없다.

기저율을 간과하면 통계에 속는다

◇◇◇◇◇

대니얼 카너먼과 아모스 트버스키의 유명한 실험이다. 어느 작은 도시에서 늦은 밤 뺑소니 교통사고가 발생했다. 다행히 목격자가 나타나 경찰에게 뺑소니 차량은 '파란색 택시'라고 진술했다. 이 도시에 택시회사는 단 두 곳이다. 하나는 파란색 택시회사고 다른 하나는 초록색 택시회사다. 파란색 택시회사는 15대를 운행하고 초록색 택시회사는 85대를 운행한다. 경찰은 목격자 신뢰도를 검증했다. 같은 상황에서 목격자가 차량의 색깔을 얼마나 정확하게 알아보는지 실험하여 목격자 신뢰도는 80퍼센트라고 확인됐다.

자, 그럼 목격자 진술대로 파란색 택시가 뺑소니 차량일 가능성은 얼마나 될까? 사람들은 대부분 이 질문을 이해하지 못한다. '목격자가 있고 신뢰도도 높은데 다른 가능성이 또 뭐가 있을까?'라는 것이다.

사람들은 이 실험에서 80퍼센트라는 높은 신뢰도를 가진 목격자 진술에 집중했다. 이것이 바로 통계의 착시다. 숫자는 거짓을 말하지 않지만 직관은 편향된 해석을 일삼는다. 여기서 사람들은 기저율을 고려하지 않았다. 기저율이란 '어떤 요소가 통계적으로 전체에서 차지하는 기본 비율'을 말한다. 즉 파란색 택시일 가능성 80퍼센트와 함께 파란색 택시가 아닐 가능성 20퍼센트를 모두 고려해야만 진짜 가능성을 알 수 있다.

목격자 신뢰도를 적용하면 목격자는 파란색 택시 15대 중 80퍼센트인 12대를 진짜 파란색 택시로 인식하고 20퍼센트인 3대는 초록색 택시라고 잘못 볼 수 있다. 반대로 초록색 택시 85대 중 20퍼센트의 17대는 초록색이지만 파란색으로 잘못 인식할 수 있다. 진짜 파란색 택시일 가능성 12대와 초록색 택시지만 목격자가 파란색으로 오인했을 수 있는 17대를 합친 29대를 베이즈 추론Bayesian inference*을 적용한 기저율로 계산(12÷29×100)하면 41퍼센트라는 결과가 나온다. 전체 택시 100대 중 목격자 진술대로 파란색 택시가 뺑소니 차량일 확률은 처음 진술의 80퍼센트가 아니라 고작 41퍼센트다. 오히려 초록색 택시가 뺑소니 차량일 확률이 59퍼센트로 더 높다. 믿었던 목격자 진술이 반대로 뒤집힌 것이다. 바로

---

* 추론 대상의 사전 확률과 추가적인 정보를 통해 해당 대상의 사후 확률을 추론하는 방법

기저율 무시Neglect of base rate 현상으로서 인지 착각이다.

몇 해 전 모 대학의 논술시험에 '비행 청소년 100명 중 99명이 게임중독일 때 게임중독이 비행 청소년을 만든다는 결론은 논리적일 수 있을까?'라는 주제가 등장했다. 언뜻 보면 논리적인 추론 같다. 그러나 이는 사실이 아니다. 전체 청소년 중 비행 청소년 비율은 0.83퍼센트에 불과하다(여성가족부, 2019). 청소년 중 게임중독 수준에 이른 청소년은 2.5퍼센트다(통계청, 2017). 결론은 게임을 하지만 게임중독이 아닌 청소년이 대부분이고 게임중독자 중 비행 청소년은 더 소수다. 처음 통계 수치만 보면 개연성이 높다. 하지만 기저율을 따지면 이처럼 전혀 다른 사실이 드러난다.

통계를 해석할 때 착시에 빠지는 일은 꽤 흔하다. 드러난 수치만 보고하거나 분석의 결과만 참조한 의사결정은 매우 위험하다. 의사결정에서 통계의 착시를 피하는 좋은 방법은 데이터의 이면을 이해하는 것이다. 아직도 일각에서 주장하는 일제 식민지 근대화론을 보자. 우리나라가 일제강점기에 경제 발전을 했다는 근거로 당시 약 4퍼센트 이상 성장한 국내총생산 통계가 자주 제시된다. 이때 통계의 해석에 필요한 것은 수치 이면의 맥락이다. 실제 4퍼센트의 성장을 했다고 치자. 그렇더라도 이를 우리나라 경제 발전으로 해석할 수 없다. 바로 평균값의 착시와 멱함수 분포를 생각해야 하기 때문이다. 알다시피 일제강점기 당시 조선이 생산한 부는 실제로는 일본인과 소수 친일 세력에 집중됐다.

통계의 착시는 보이는 대로 믿는 직관의 작용이다. 사고의 프레임을 넓히고 드러난 사실의 맥락을 읽기 위한 노력이 없다면 통계에 의존하는 리더의 의사결정은 더욱 위험해질 수 있다.

통계와 스토리가 만나면 거짓도 진실이 된다

판단을 통계의 함정에 빠뜨리는 인지 착각 중 '소수 법칙Law of small numbers'이란 게 있다. 미국 게이츠재단Gates Foundation의 작은학교 개혁 운동Small-school reform이 좋은 사례다. 규모가 큰 학교의 학생보다 작은 학교의 학생이 평균적으로 학업 성과가 더 좋다는 통계분석에 따라 시작된 프로젝트다. 학교를 작게 쪼개는 작업에 엄청난 자원이 투입됐다. 그런데 몇 년 후 스탠퍼드대학교 경제학자 에릭 하누섹Eric A. Hanushek은 '투입 재정의 규모에 비해 학급과 학교 규모의 축소가 학생들의 성취 향상에 이바지하는 바가 크지 않다.'라는 연구결과를 발표했다. 상반된 주장이 충돌했다. 결국 게이츠재단 프로젝트는 소수 법칙의 함정에 빠져 실패한 사례가 되고 말았다.

소수 법칙이란 작은 표본이 큰 표본보다 더 자주 극단적인 결과를 보이는 현상을 말한다. 간단한 실험을 보자. 큰 주머니에 하얀 공 50개와 빨간 공 50개를 넣고 두 사람 A와 B가 번갈아 가며 공을 꺼낸다. A는 한 번에 7개씩 꺼낼 수 있고 B는 한 번에 4개씩 꺼낼 수 있다. 이때 꺼낸 공이 모두 빨간색일 가능성은 둘 중에 누가 높을까? 당연히 B다. 더 많은 공을 꺼내는 사람이 다양한 색의 공을 꺼낼 가능성이 더 크다. 실제로 전부 빨간색 공을 꺼낸 비율을 계산하면 A는 1.56퍼센트, B는 12.5퍼센트로 8배의 차이가 난다.

여론조사에서 표본 크기는 신뢰도를 결정한다. 작은 표본은 통계를 해석할 때 소수 법칙을 피할 수 없기 때문이다. 20명 규모의 집단을 대상으로 설문 조사한 결과 비만세 부과를 찬성했다고 해서 5,000만 명의 국민이 비만세 부과를 찬성한다고 할 수 없다. 학생 수 50명의 작은 학교에서 전교생의 20퍼센트에 해당되는 10명이 서울대학교에 진학했다고 해서 작은 학교 아이들의 학업 성취도가 더 높다고 일반화할 수 없다. '작은 학교의 학업 성취도가 높다.'라고 확신하려면 규모가 큰 학교 중에는 학업 성취도가 높은 곳이 없어야 하고 작은 학교 중에는 학업 성취도가 낮은 곳이 없어야 한다. 소수표본은 극단적인 쏠림 현상이 발생할 수 있다는 것은 논리적으로도 밝혀진 진실이다. 하지만 그래도 사람들은 소수 법칙에 휘둘린다. 직관이 머릿속에 인과관계의 스토리를 만들어 서사 오류에 빠지기 때문이다. 작은 학교의 높은 대학진학률 숫자를 보면 직관은 바로 '학생 수가 적으니 교사들이 더 세심하게 학생을 살피기 때문일 것이다.'라고 이유를 찾는다.

소수 법칙은 통계가 고르게 정규분포할 거라는 평균값의 착각과도 만난다. 가령 어느 산부인과에서 10명의 남자아이가 연속적으로 태어났다고 하자. 그러면 이 통계를 평균값과 보편적 현상으로 이해한다. 이를 토대로 그 병원은 아들 낳는 산부인과로 유명해지는 웃지 못할 스토리가 탄생한다. 표본의 범위를 확대하면 우연성이 드러나겠지만 우연성을 의도로 해석하는 클러스터 착각은 합리적 사고의 눈을 가린다. 혹은 반대로 지금까지 계속 남자아이가 태어났으니 다음엔 분명 여자아이가 태어날 것으로 확신하기도 한다. 마치 도박사들이 계속 잃으면서도 "다음엔 내가 딸 차례이다."라며 도박장을 떠나지 못하는 심리를 가리키는 도박사의 오류Gambler's fallacy 현상이다.

의사결정에서 스토리가 강력한 영향을 미치는 건 타당성 착각Illusion of validity 때문이다. 일단 타당성 착각에 빠지면 증거의 질과 양에 대한 논리적 분석을 하지 않는다. 오히려 주관적 확신에 따른 판단 능력을 과신하게 된다. 대표적인 타당성 착각으로는 결합 오류Conjunction fallacy가 있다. 결합 오류는 단일 사건의 확률보다 두 사건이 결합된 경우의 확률을 더 높게 추정하는 인지 착각이다. 모 기업에서 신재생에너지 사업 모델 추진 프레젠테이션을 했다. 프레젠테이션에는 사업이 성공할 수밖에 없는 다양한 근거들이 빼곡하다. 이때 머릿속에 '그럴듯하군.'이라고 바로 설득된다면 일단 결합 오류를 의심할 필요가 있다. 프레젠터는 1년 후 석유 가격이 상승해 가정용 태양광 발전장치 수요가 증가할 것을 주장하며 여러 근거를 제시할 것이다. 이때 A) 석유 가격이 상승할 것이라는 예측 하나를 근거로 제시할 때와 B) 미국의 이란 경제봉쇄와 석유생산국 간 갈등으로 석유와 천연가스 가격이 크게 오를 것이라는 예측 중 어느 쪽이 더 신뢰할 만하다고 생각되는가? 행동경제학자 대니얼 카너먼이 전문가 집단을 대상으로 한 실제 실험에서 B에 대한 신뢰도가 높았다. 하지만 B는 단지 A의 부분집합일 뿐이다. A) 석유 가격이 상승한다는 시나리오는 하나의 사건이다. B) 미국의 이란 경제봉쇄+석유생산국 갈등+석유 가격이 상승하는 시나리오는 무려 3개의 사건이 동시에 발생해야 한다. 당연히 A가 B보다 신뢰도가 높다.

하나의 사업계획이 여러 단계와 여러 부서의 협력 과정으로 구성됐을 때를 생각해보자. 그럴 때 사업의 성공 가능성은 각 단계의 성공 가능성과 각 부서의 성공적인 협력의 가능성이 모두 결합해야 한다. 쉽지 않은 일이다. 그만큼 성공 가능성을 낙관할 수 없다. 하지만 리더는 사업계획서를 토대로 의사결정을 해야 하다 보니 성공 확신의 증거를 찾고 싶어 한다. 그래서 부하직원에게 어떤 과정을 거쳐서 어떻게 성공을 확신할 수 있는지 생생하게 설명하라고 하는 것이다. 하지만 결합 오류가 만든 긍정적 가능성의 확률은 결과에 대한 낙관적 과신을 부추긴다. 이 경우 예상치 못한 변수가 생겼을 때 대응하지 못하는 부작용이 발생하게 된다. 의사결정자들은 다른 해법을 찾지 못할 때 자주 '계획대로 추진'하는 결정을 내린다. 이때도 물론 무논리 고집이라고 생각하지 않는다. 선택지원 편향으로 인한 자기합리화를 통해 나름의 '합리적 판단'으로 인식하기 때문이다.

왜 중요한 장기계획이
단기계획에 밀릴까

질문(1) 다음 두 개의 제안에서 하나를 선택할 수 있다.

어느 것을 선택할까?

A) 오늘 빵 한 개   B) 일주일 후 빵 두 개

질문(2) 다음 두 개의 제안에서 다시 하나를 선택할 수 있다.

어느 것을 선택할까?

A) 1년 후 빵 한 개   B) 1년+일주일 후 빵 두 개

위 지문은 행동경제학자 리처드 세일러Richard Thaler의 선택 선호도
실험을 각색한 것이다. 첫 번째 질문과 두 번째 질문은 동일한 조
건으로 설계된 상황이다. 질문(1)의 오늘과 오늘+일주일, 질문(2)
의 1년 후와 1년+일주일 후에서 두 조건의 차이는 '일주일'로 같

다. 그런데 질문(1)에서 다수의 사람들은 A)를 선택했고 질문(2)에서는 B)를 선택했다. 같은 조건의 선택이지만 현재와 미래로 설정된 상황에 따라 사람들은 선택을 바꿨다. 바로 하이퍼볼릭 디스카운트 편향Hyperbolic discount bias의 영향이다.

하이퍼볼릭 디스카운트란 가까운 미래는 상대적으로 높은 할인율에 영향을 받고 먼 미래는 상대적으로 낮은 할인율에 영향을 받는 성향을 말한다. 쉽게 말해 현재보다 나중에 얻게 될 가치를 낮게(할인) 평가하는 것이다. 일주일 후의 빵 2개가 오늘의 빵 한 개보다 더 낮게 평가된다. 반면 먼 미래에 발생할 일에 대해서는 조금 더 인내심을 갖고 합리적으로 생각한다. 같은 일주일의 차이인데 1년 후의 상황에서는 확실히 더 이익이 되는 선택을 한다.

하이퍼볼릭 디스카운트는 경영 의사결정에서 매우 비합리적인 선택을 유도한다. 하이퍼볼릭 디스카운트 편향이 강한 리더는 당장의 성과에 지나치게 집중한다. 그러다 보면 아주 중요한 장기계획이라도 자주 단기계획에 밀리고 상대적으로 덜 중요한 일로 치부된다.

왜 리더는 장기계획보다 단기성과에 집착할까

◇◇◇◇◇

선택 의사결정에서 선호도는 가치평가의 판단에 따른다. 그런데 가치평가는 상황에 따라 그때그때 달라진다. 행동경제학은 이런 선택 성향을 '선호도 역전Preference reversal' 현상으로 설명한다. 선호도 역전이란 선택 의사결정이 합리적 판단의 결과가 아니라 상황에 따라 뒤바뀌는 것을 말한다. 다수의 선택지가 있을 때 논리적 판단이 아니라 무조건 양극단을 피해 중간 수준의 선택지를 결정하는 타협 효과나 하이퍼볼릭 디스카운트 편향은 선호도 역전의 전형이다.

리더의 의사결정에 하이퍼볼릭 디스카운트 편향이 개입했을 때 그 폐해는 적지 않았다. 기업 혹은 정부 등의 계획에서 장기적으로 추진되는 사업들은 오랜 기간 충실하게 수행돼야 한다. 그러기 위해 현재의 선택은 합리적 결정이어야 한다. 하지만 장기적 계획으로 얻을 미래의 성과는 현재 투입해야 하는 노력과 비용보다 낮게 평가되기 일쑤다. 이해가 어렵다면 아주 흔한 일상의 예를 보자. 다이어트 계획을 세웠다고 해보자. 매일 퇴근 후 2시간씩 운동을 하고 저녁 식사를 포기하기로 했다. 굳게 결심하고 꼼꼼하게 칼로리까지 계산해 계획을 다듬었다. 하지만 미래에 얻을 이익을 반감해 계산하는 심리가 문제다. 매일 목표에 투자하는 노력의 가치가 미래 다이어트 성과보다 더 크게 생각되니 현재의 목표를 지키는 일이 힘들기만 하다. 이런 이유로 장기계획은 단계적으로 꼬박꼬박 성과를 거두며 끝까지 수행되기 어렵다. 다이어트 중이라면 현재 포기해야 하는 친구와의 저녁 약속, 맛있는 음식의 유혹, 운동을 위해 써야 하는 비용 등 손실에 해당하는 요소들 때문에 당장 해야 할 일들을 일단 나중으로 미루고 보는 것이다. 훨씬 더 먼 미래로 미뤄놓은 현재의 문제들은 미래의 어느 순간 다시 현재의 문제가 된다. 그렇게 차곡차곡 축적된 미해결 문제들은 장기계획을 더 위험에 빠뜨린다.

하이퍼볼릭 디스카운트 편향은 최대한 현재와 가까운 미래에 보상을 원하는 심리다. 장기적 관점에서 추진해야 할 사업계획과 정책보다 단기적 사업목표의 효과를 과대 포장하게 되고 당장의 목표와 성과에 집중하도록 한다. 물론 경영환경의 문제도 있다. CEO와 임원의 재임 기간이 갈수록 짧아지는 추세에서 이들이 받는 실적압박은 더욱 커졌다. 보수적이고 근시안적 경영 의사결정이 사라지기 어려운 현실적인 배경이다. 경영 리더십의 모델이었던 GE의 전 회장 잭 웰치는 재임 중 시장에서 1~2등의 성과를 내지 않으면 경쟁력이 없다고 판단해 해당 사업부를 구조 조정했다. 그러자 GE의 각 사업부는 현재 큰 성과를 낼 수 있는 시장만 주목했다. 미래 성장잠재력이 있는 시장은 자연스럽게 제외됐다. 그 결과 10여 년 후 GE는 시장에서 뒤처졌다.

과거 미국이 일본에 반도체 시장을 내준 것도 미국 반도체 기업 경영자들의 근시안적 의사결정 탓이다. 당시 미국 반도체 회사들은 수요가 떨어지면 즉시 투자를 줄였다. 당장의 성과가 더 중요했기 때문이다. 그런데 다시 반도체 호황기가 왔다. 그러자 기업들은 부랴부랴 생산시설을 확장하기 시작했다. 하지만 시설이 갖춰지기까지 수년이 걸렸고 그 사이에 시장은 또 변했다. 그 과정에서 일본 반도체 회사들이 시장을 완전히 장악한 일화는 너무나 유명하다. 이것이 경영 근시Management myopia 현상이다.

하버드 경영대학원 시어도어 레빗Theodore Levitt 교수는 "경영자의 단기목표 집착은 시장기회의 상실로 이어진다."라고 경고했다. 단기적 성과압박에 민감할 수밖에 없는 상황에서도 경영자는 장기적 관점을 놓치면 안 된다. 현재의 의사결정은 언제나 미래의 오늘을 보는 넓은 프레임을 필요로 한다.

사람들은 똑같은 돈도 심리계좌에 따라 다르게 평가한다

◇◇◇◇◇

한때 세계 무선전화기 시장의 맹주였던 모토로라는 1990년대 위성전화 이리듐 프로젝트를 추진했다. 전 세계 어디서나 무선전화를 사용할 수 있도록 지구 전체를 포괄하는 66개 저궤도 위성을 발사하는 데 무려 50억 달러를 투자했다. 그런데 시간이 흘러 막상 서비스를 출시할 때쯤 시장 환경이 변해 있었다. 해외에서 현지 통신망을 사용하는 로밍 방식이 대중화하기 시작한 것이다.

모토로라는 이리듐 프로젝트의 실패가 예고됐는데도 중단하지 않았다. 천문학적 투자비용을 손실로 처리할 수 없었기 때문이다. 1997년 위성발사를 완료하고 서비스를 개시했다. 하지만 가입자를 충분하게 확보하지 못했고 불과 2년 만에 사업을 접었다. 사업 중단을 결정했을 때 손실은 94억 달러로 불어나 있었다. 당시 모토로라의 결정은 매몰비용 오류Sunk cost fallacy였다. 매몰비용은 말 그대로 땅에 묻힌 비용, 즉 이미 써버려서 회수할 수 없는 돈이다. 매몰비용의 오류가 발생하는 이유를 행동경제학은 심리계좌Mental accounting와 손실 회피 심리로 설명한다.

사람들은 저마다 마음속에 가상의 계좌가 있다. 목적에 따라 생활비, 문화비, 경조사비, 여행비, 공돈 등 계좌에 이름표가 붙는다. 사람들은 무의식적으로 사용하려는 용도별로 돈에 대한 각각의 가상 계좌를 마음속에 만든다. 그리고 돈이 어느 계좌에 있느냐에 따라 그 가치를 다르게 평가한다.

연말 뮤지컬 공연을 예약한 두 사람이 있다. A는 25만 원을 주고 티켓을 구매했고 B는 초대권을 받았다. 그런데 하필 공연 날 폭설에 한파가 겹치면서 교통체증이 극심해졌다. 이때 A와 B 중 누가 공연을 더 쉽게 포기할까? 행동경제학자들의 실험에서 공연을 포기한 사람들은 대부분 초대권을 받은 사람들이었다. 이유는 심리계좌 때문이다. 티켓은 구매했든 초대권이든 25만 원의 가치는 똑같다. 하지만 A에게 25만 원은 마음속 문화비 계좌에서 꺼내 쓴 돈이다. 이 돈을 포기하면 손실에 대한 심리적 비용이 50만~75만 원 정도로 크게 느껴진다. 따라서 적극적으로 손실을 회피한다. 바로 손실 회피 심리다. 반면 B가 포기한 25만 원(초대권)은 공돈 계좌에서 꺼내어 사용한 돈이다. 같은 25만 원이지만 땀 흘려 번 돈이 아니고 그만큼 가치가 크게 생각되지 않는다. 도박으로 딴 돈은 다시 확률 낮은 도박에 걸 수 있다. 하지만 땀 흘려 번 돈은 작은 위험이 있는 금융상품에도 쉽게 투자하기 어렵다.

사람들은 똑같은 금액이라도 심리계좌에 따라 가치를 다르게 평가한다. 그러다 보니 때론 거액은 쉽게 쓰면서 소액은 극도로 아끼는 비합리적인 모습을 보인다. 명품 가방을 사느라 수백만 원을 기꺼이 쓸 수 있다. 하지만 마트에서 2,000원이 더 오른 배추를 사야 할지 말지 고민하는 것이다. 심리계좌는 돈뿐만 아니라 시간과 노력의 가치도 상황에 따라 다르게 평가한다. 무엇보다 이익과 손실을 합리적으로 계산하지 못한다. 매몰비용의 오류는 심리가 가치를 평가한 결과다. 실패할 게 뻔하다면 그동안 들인 돈이 얼마이든 당장 중단하는 게 당연하다. 끝까지 밀고 나갈수록 손실만 더 커진다. 하지만 손실을 실제 가치보다 더 크게 계산하는 심리는 매몰비용을 수용하기 어렵다. 사랑이 식은 남녀가 그동안 서로에게 쓴 돈과 시간과 노력이 아까워 헤어지지 못하는 것도 매몰비용의 오류다. 주가가 폭락하는데 원금이 아까워서 들고 있다가 더 큰 손해를 보는 것도 매몰비용의 오류다. 이는 회복할 수 없는 과거의 비용과 노력은 크게 평가하고 앞으로 투입해야 할 비용과 노력의 가치는 상대적으로 작게 평가하는 비합리적 판단이다.

의사결정권자의 도덕적 해이와 매몰비용의 오류가 결합하면 참담한 결과로 이어진다. 미국은 베트남전쟁 초기에 승산이 없다는 사실을 바로 알았지만 지속했다. 이미 죽은 많은 병사의 희생이 헛될 수 있다는 논리였다. 결국 더 많은 병사가 죽었고 미국은 패전했다. 그런데 미국이 종전을 결정하지 못한 이유는 단지 매몰비용의 오류 때문만은 아니다. 당시 정치가들은 평판과 표심을 걱정했다. 게다가 막대한 전쟁 비용을 자신이 질 것도 아니고 전쟁터에 내 자식의 목숨을 내놓은 것도 아니었다. 정책 의사결정자들의 도덕적 해이는 전쟁의 비극을 키웠다.

그럼 어떻게 하면 매몰비용의 오류를 효율적으로 차단할 수 있을까? 가장 적절한 대안은 시스템에 의한 의사결정이다. 시드니대학교 경영대학원의 댄 로밸로Dan Lovallo 교수는 5년간 사업 관련 의사결정 1,000여 건을 연구한 결과 최종 의사결정권자의 직관과 전문가 그룹의 조언보다 제대로 된 프로세스가 6배나 더 중요하다는 결론을 내린 바 있다. 장기적인 사업을 결정할 때 매몰비용의 오류를 더욱 경계해야 한다. 사업을 하다 보면 예기치 못한 변수가 생기게 마련이다. 또 처음 세운 계획과 전혀 다른 방향으로 흘러가기도 한다. 사업과 정부 정책은 상황에 따라 언제든지 매몰비용이 발생할 수 있다. 하지만 이를 더 큰 비극으로 만드는 주범은 처음 세웠던 계획이 아니라 매몰비용의 오류에 빠진 리더 자신이다.

왜 좋은 기회를 차버리고
위험에 빠져들까

이익과 손실이 명확하게 결정돼 있을 때 선택과 결정은 늘 합리적일 수 있다. 하지만 경영 의사결정은 대부분 불확실한 상황에서 선택하고 판단한다. 이런저런 상황에 따라 이익은 늘리고 손실은 줄여야 하는 의사결정은 어렵기만 하다. 특히 이익과 손실을 합리적으로 판단하지 못하는 인지 편향은 자주 더 나은 기회를 차버리고 위험을 자초하는 선택을 유도한다.

대니얼 카너먼과 아모스 트버스키는 불확실한 상황에서 사람들이 왜 합리적 의사결정을 하지 못하는지 전망 이론을 통해 설명했다. 전망 이론의 핵심은 인간은 미래 이익이 될지 손해를 볼지 알 수 없는 상황에서 '최대한 불확실성을 피하는 선택'을 한다는 것이다. 실제의 이익 가능성과 손실 가능성에 대한 수학적 판단이 아니라 불확실성을 회피하면서 느끼는 당장의 심리적 만족도에 따라서 위험의 정도를 판단하고 선택하는 것이다. 경험과 지식이 풍부한 의사결정자들의 판단과 선택은 논리적인 뇌가 아니라 그때그때의 상황이 결정한다.

불확실한 상황일 때는 비합리적 선택을 선호한다

◇◇◇◇◇

우리는 미래에 어떤 상황과 맞닥뜨리게 될까? 알 수 없는 일이다. 하지만 미래의 이익과 손실은 지금 당장 판단해야 한다. 의사결정자의 숙명이다. 대니얼 카너먼과 아모스 트버스키는 불확실한 상황에서 인간의 선택 선호도를 4가지 유형으로 나눴다. 결론은 간단하다. 사람들은 불확실한 상황에서 대부분 비합리적이고 불균형한 선택을 한다. 다음의 표는 불확실한 예측 상황에서 인간이 어떻게 선택하는지 4가지 유형을 정리한 것이다.

첫째, 두 상황 모두 이익의 확률이 높은 경우다. ① 1,000만 원을 벌 수 있는 확률이 95퍼센트이고 ② 900만 원을 벌 수 있는 확률이 100퍼센트인 상황 중 하나를 선택해야 한다. 이때 선택의 기준은 이익의 크기가 더 큰 경우여야 한다. 수학으로 기댓값을 계산하면 ①번이 더 좋은 기회이고 합리적 선택이다. 하지만 다수가 ②번을 선택한다. 5퍼센트의 불확실성이 불안한 나머지 차라리 100만 원을 덜 얻더라도 100퍼센트 벌 수 있는 제안을 수락하는 것이다.

둘째, 둘 다 이익인 상황이지만 확률이 낮거나 이익의 크기가 작은 경우다. 이때도 합리적 선택 기준은 이익의 크기여야 한다. 기댓값을 계산하면 ②번이 더 나은 선택이다. 하지만 다수가 ①번을

불확실한 상황에서의 4가지 선호 유형(대니얼 카너먼 & 아모스 트버스키)

	이익	손실
확률이 높다 (확실성 효과)	**상황1** ① 1,000만 원 벌 확률 95퍼센트 (기댓값 950만 원) vs ② 900만 원 딸 확률 100퍼센트 (기댓값 900만 원) 대부분 ②를 선택: 한 푼도 따지 못할 5퍼센트의 위험에 대한 두려움→위험 회피→50만 원의 기댓값이 적지만 확실한 확률 900만 원 선택→선택 결과 더 나은 기회를 놓침.	**상황3** ①1,000만 원 잃을 확률 95퍼센트 (기댓값 -950만 원) vs ②900만 원 잃을 확률 100퍼센트 (기댓값 -900만 원) 대부분 ①을 선택: 900만 원의 손실 확정이 싫어서 손실을 피할 가능성 5퍼센트에 대한 희망→위험 추구→1,000만 원 손실 위험 선택→선택 결과 더 큰 손실 가능성을 가져옴.
확률이 낮다 (가능성 효과)	**상황2** ① 1,000만 원 벌 확률 5퍼센트 (기댓값 50만 원) vs ② 100만 원 딸 확률 100퍼센트 (기댓값 100만 원) 대부분 ①을 선택: 고작 5퍼센트의 더 큰 이익 가능성에 희망→위험 추구→기댓값 50만 원에 불과한 1,000만 원의 모험 선택→확실한 100만 원의 이익을 거절함으로써 선택 결과 더 나은 기회를 놓침.	**상황4** ① 1,000만 원 잃을 확률 5퍼센트 (기댓값 -50만 원) vs ② 100만 원 잃을 확률 100퍼센트 (기댓값 -100만 원) 대부분 ②를 선택: 큰 손실 가능성 5퍼센트에 대한 두려움→위험 회피→낮은 손실 가능성 대신 차라리 100만 원을 잃는 선택→위험을 완전히 회피하기 위해 손해를 수용함으로써 선택 결과 더 큰 손실 가능성을 가져옴.

(출처: 대니얼 카너먼의 『생각에 관한 생각』 중에서)

선택한다. 1,000만 원을 벌 수 있는 확률이 고작 5퍼센트에 불과한데도 확실히 벌 수 있는 100만 원을 포기하고 매우 낮은 가능성에 배팅하는 것이다. 당첨 가능성이 희박한 복권을 구입하고, 미래를 상상하며 심리적 만족을 추구하는 심리가 여기에 해당한다.

그렇다면 마찬가지로 불확실한 미래의 결과를 두고 손실의 가능성을 판단하는 모습을 보자.

셋째, 둘 다 손실의 확률이 높은 선택 상황이다. 의사결정에서 가장 힘든 선택을 해야 한다. 이때 합리적 선택은 손실이 더 적은 ②번이어야 한다. 그러나 다수가 더 나쁜 제안인 ①을 선택한다. 100퍼센트 손실이 확정되는 게 싫은 손실 회피 심리의 영향이다. 이미 엄청난 돈을 잃었지만 매우 낮은 회복 가능성을 생각하며 계속 투자해 결과적으로 더 큰 손실을 초래하는 매몰비용의 오류가 여기에 해당한다.

넷째, 이번에도 어떤 선택이든 결과는 둘 다 손실인 상황이다. 하지만 확률이 낮거나 손실의 크기가 작다. 이때도 합리적 선택의 기준은 손실을 더 줄이는 것이고 기댓값을 계산하면 ①을 선택해야

확률과 심리적 결정 가중치의 관계

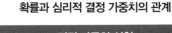

확률 (퍼센트)	0	1	2	10	20	50
결정 가중치	0	5.5	8.1	18.6	26.1	42.1

확률 (퍼센트)	80	90	95	98	99	100
결정 가중치	60.1	71.2	79.3	87.1	91.2	100

(출처: 대니얼 카너먼의 『생각에 관한 생각』 중에서)

한다. 하지만 이번에도 다수가 더 나쁜 제안인 ②를 선택한다. 어찌 되었든 일단 손실을 확정하는 선택은 무조건 피하고 보는 게 인간의 심리다.

이 4가지 상황 중 적극적으로 위험을 피하는 선택을 해야 하는 상황은 이익의 가능성이 매우 낮거나(상황2), 손실의 가능성이 매우 클 때(상황3)이다. 하지만 사람들은 대부분 반대의 선택을 한다. 반면, 위험을 기꺼이 감수하고 적극적으로 도전을 결정하는 게 합리적 선택일 때가 있다. 이익의 확률이 매우 높거나(상황1) 손실의 확률이 매우 낮을 때(상황4)이다. 하지만 이때도 사람들은 반대의 길로 향한다. 투자에서 조금 수익이 생기면 혹시 곧 손해를 입게 되지 않을까 불안해 빨리 처분해버리고 매우 낮은 실패 확률이 걱정돼 늘 안전한 목표만을 세우는 행동이 여기에 해당한다. 돈을 벌 수 있는 상황이나 또 손실이 발생하는 상황에서 사람들은 이처럼 심리적 영향을 받아 대부분 비합리적 판단과 선택을 하게 된다.

심리와 수학은 가능성을 다르게 해석한다

◇◇◇◇◇

사람들은 불확실한 상황에 처했을 때 위험 판단 능력이 크게 떨어진다. 이익과 손실의 확률을 수치로 보여줘도 크게 다르지 않다. 미래의 결과가 확실치 않은 상황에서 위험을 판단할 때 확률은 선택의 중요한 기준이 된다. 문제는 실제 확률이 의미하는 가능성을 해석하는 사람들의 심리가 전혀 다른 셈법을 사용하는 데 있다. 행동경제학에서는 확률과 선택 결정의 관계를 실험으로 알아보았다.

도박의 상황에서 확률의 변화에 따라 선택을 결정하는 심리적 가중치의 크기를 측정한 것이다.

0에서 100까지 1퍼센트씩 확률이 고르게 증가한다면 각 단계에서 사람들의 기대 심리도 똑같은 크기로 증가해야 한다. 하지만 실제 실험에서 수학적 확률은 전혀 다른 숫자로 전환됐다. 실험 결과 0퍼센트에서 5퍼센트 미만까지는 실제 확률보다 가능성을 과대평가했다. 빈손의 상태에서 처음 가능성이 생겼을 때 결정 가중치는 실제의 확률 크기보다 가장 큰 폭의 기대치를 나타냈다. 겨우 1퍼센트의 확률이 생겼을 뿐인데 5.5퍼센트 정도의 확률로 이해하는 것이다. 기대치가 높다는 것은 선택의 가능성, 즉 결정 가중치가 높아졌다는 것을 의미한다.

그런데 이후로 변화가 생긴다. 확률이 계속 올라서 100퍼센트가 되기까지 실제 확률보다 더 낮은 기대치를 보였다. 가령 98퍼센트의 확률인데 기대치는 87.1퍼센트에 불과하다. 왜 그런 걸까? 높은 확률에서 오히려 반대의 상황을 더 걱정하기 때문이다. 100퍼센트에 도달하고 나서야 실제 확률과 기대치가 일치한다. 전체 확률의 변화 단계에서 강력한 선택 오류가 발생하는 상황은 매우 높은 확률과 매우 낮은 확률에서 결정할 때다.

A. 0퍼센트 → 5퍼센트	가능성 효과
B. 5퍼센트 → 10퍼센트	기대 심리가 아주 높아지지 않음
C. 60퍼센트 → 65퍼센트	별로 인상적인 변화 없음
D. 95퍼센트 → 100퍼센트	확실성 효과

사람들은 이익이든 손실이든 확률이 높을 때 상대적으로 낮은 확률의 가능성을 지나치게 두려워하거나 극단적인 희망을 품는다. 이것이 '확실성 효과Certainty effect'다. 돈을 많이 벌 확률이 매우 높으면 반대로 돈을 잃을 매우 낮은 가능성이 무척 걱정된다. 그래서 더 많은 돈을 벌 기회를 선택하지 않고 차라리 손해를 보더라도 안전한 선택으로 불안함을 달랜다. 가령 A회사와 B회사가 특허권을 두고 1,000억 원의 소송을 한다고 하자. A회사는 승소확률이 95퍼센트로 매우 유리하다. 하지만 5퍼센트의 패할 확률도 있다. 이때 불리한 B회사가 900억 원에 합의를 제안한다. 이때 A회사는 1,000억 원을 받을 수 있는 95퍼센트의 기회를 버리고 900억 원에 합의할 확률이 높다. 결정 가중치 실험을 그대로 적용해 예측하면 A회사는 900억 원이 아니라 800억 원 수준에서도 합의가 가능할 것이다.

또 다른 상황을 보자. 감염병이 널리 퍼지는 가운데 A제약사가 항체생성률 95퍼센트인 백신을 개발했다. 가격은 4만 원이다. 그런데 얼마 후 B제약사가 항체생성률 100퍼센트의 백신을 개발했다. 그런데 가격이 20만 원이다. 이때 고객은 어떤 선택을 할까? 확실성 효과를 떠올려보자. 95퍼센트의 높은 항체생성률에도 5퍼센트의 실패 가능성이 너무 두려운 게 인간의 심리다. 따라서 사람들은 100퍼센트 확실성을 위해 무려 16만 원을 더 지불하는 선택을 할 가능성이 크다.

반면, 사람들은 이익이든 손실이든 확률이 낮을 때 낮은 확률의 가능성을 지나치게 희망적으로 생각하거나 극단적인 불안감을 나타낸다. 바로 '가능성 효과Possibility effect'다. 큰돈을 벌 확률이 매우 낮은데도 희망을 품고 손실의 확률이 낮음에도 혹시 모를 손해가 두려워서 큰 비용을 낸다. 가령 5년 전부터 추진해 온 신사업 프로젝트가 있다고 하자. 그런데 지난 5년간 시장 환경이 예상치 못한 방향으로 변했다. 다시 검토한 결과 95퍼센트 이상 실패할 가능성이 보고됐다. 이미 2,000억 원을 투입한 상황이다. 어떤 선택이 합리적인가? 과감하게 사업을 중단하고 손실을 최소화할 방법을 생각해야 한다. 하지만 이때 가능성 효과가 발생한다. 즉 5퍼센트의 낮은 회복 가능성을 훨씬 큰 확률의 심리적 기대감으로 과장하고 계속 추진하는 것이다. 바로 매몰비용의 오류다. 결국 2,000억 원의 손실로 마무리될 수 있었던 사업은 더 큰 손실을 본 후에야 중단된다. 의사결정자는 '어쩔 수 없는 최선의 선택'이라고 합리화한다. 하지만 사실은 실패가 두려운 심리다. 의사결정은 기꺼이 감당할 위험과 적극적으로 회피할 위험을 제대로 판단해야만 방향을 잃지 않는다.

우리가 정답을 찾아야 한다

: 도대체 왜 의사결정에 집단지성이 필요할까? (의사결정)

리더는 정답을 제시하는
사람이 아니다

2020년 여름 국내 증시의 뜨거운 이슈 중 하나는 S사의 '주식시장 상장'이었다. 당시 S사는 약 245만 주의 우리사주를 배정했고 얼마 안 가 주가는 공모가 대비 4배나 상승(2020년 8월 기준)했다. 그런데 상장 후 1개월이 채 지나지 않은 시점에 직원 5퍼센트가 퇴사했다. 이후 퇴사율이 35퍼센트로 급증했다. 그러면서 S사는 또다시 이슈의 중심에 섰다. 우리사주는 상장 후 1년이 지나야 매각할 수 있다. 하지만 퇴사하면 즉시 주식을 매각할 수 있다. 그러다 보니 상장 직후 주가가 급등하자 시세차익을 바라는 직원들이 다수 퇴사했다는 게 업계의 분석이었다. 물론 퇴사자들이 모두 주가 차익을 챙기기 위한 선택을 했다고 볼 수는 없다. 그러나 경영계에서 S사의 사례를 바라보는 마음은 상당히 복잡했다.

　우리사주는 기업이 주식시장에 상장할 때 자사 직원들에게 우선

배정하는 주식이다. 일반적으로 공모주식의 20퍼센트를 우리사주로 배정한다. 근로자들이 주주로서 책임과 권한을 갖도록 하고 복지 차원에서 자산증식의 기회를 부여하기 위해서지만 현실은 다르다. 우리사주 배당 후 시세차익이 커지면 차라리 퇴사를 선택해 당장의 목돈을 확보하려는 직원들이 생기게 마련이다. 경영진은 상장을 준비할 때 이런 부작용을 충분히 예측한다. 하지만 그렇다고 직원들을 위한 우리사주를 부여하지 않을 수 없다. 또 이런 부작용을 단지 제도의 문제로 치부하고 외면할 수도 없다. 경영진은 우리사주가 직원들의 동기부여와 애사심 고취라는 본래의 취지에 더 가까워질 수 있도록 전혀 다른 관점의 창의적 해법을 찾아야 할 숙제가 더 늘었다.

리더의 테이블엔 대부분 명확한 해결책을 찾기 어려운 선택안이 올라온다. 어떤 선택을 하든 항상 반대급부에 대한 리스크가 따른다. 손정의 소프트뱅크 회장은 아예 "리더의 의사결정에 정답이란 애초에 없습니다."라고 단언했다. 그럼에도 리더는 언제나 다수를 대리해 가장 나은 답을 찾아야 할 책임이 있다. 영국의 최고위직 여성 소방관이자 심리학자인 사브리나 코헨-해턴Sabrina Cohen-Hatton은 저서 『소방관의 선택』에서 의사결정을 내리기 전 리더가 스스로 자기인식을 하는 것의 중요성을 강조한다. 혼돈의 상황에서 더 많은 생명을 구하기 위한 판단과 선택을 반복하며 더 나은 의사결정을 연구한 그는 리더들이 '(자신에게) 모든 정보를 알고 처리할 능력이 없다.'라는 사실을 인정하는 것이 중요하다고 강조한다. 또 의사결정을 내린 후에는 행동으로 옮기기 전 반드시 자신의 결정을 의심하라고 조언한다. 불확실성의 압박을 느끼며 내리는 판단의 80퍼센트가 본능적 직관의 결정이라는 심리학의 연구결과가 있다. 자신이 생각하는 정답이 보이지 않을 때 잘못된 의사결정을 내릴 가능성은 더 커진다. 의사결정자로서 리더는 완벽한 해답을 찾겠다는 의지보다 최선의 의사결정을 위한 노력에 더 집중해야 한다.

의사결정은 '할 것'과 '하지 않을 것'을 정하는 것이다

리더는 항상 단점이 없는 최고의 선택을 하려고 한다. 그러나 경영에서 그런 선택은 거의 없다. 오히려 하나를 선택하면 다른 하나는 포기해야 하는 트레이드오프의 상황이 대부분이다. 대표적인 예로서 가격과 품질의 관계를 보자. 가격경쟁력을 강화하는 전략을 고심하는 상황이다. 이때 경쟁사 제품과 다른 조건이 모두 동일한 수준을 유지하는 상황에서 가격만 상대적으로 저렴하게 제품을 내놓을 수 있어야 한다. 반대로 품질경쟁력을 높이는 전략을 추진한다고 하자. 이때도 경쟁사 제품과 다른 조건은 모두 동일한 수준을 유지하면서 품질이 상대적으로 높아야 한다.

가격경쟁력과 품질경쟁력을 동시에 추구할 수는 없는 걸까? 가격을 낮추려면 가격 결정에 영향을 미치는 모든 요소를 조정해야 한다. 원재료, 생산, 유통 등에서 비용을 절감하지 않고 시장 가격만 낮출 수 없다. 품질도 마찬가지다. 원재료, 생산, 유통 등에서 품질 강화를 위한 비용을 투자해야 한다. 가격을 낮추려면 경쟁사보다 품질이 떨어지고 품질을 높이려면 경쟁사보다 가격을 높여야 한다. 가격경쟁력과 품질경쟁력은 서로 다른 방향으로 움직이는 트레이드오프 관계다. 물론 시장에서는 간혹 트레이드오프에서 벗어나는 상황이 발생하기도 한다. 가령 특정 제품을 사면 그 제품을 소비할 것으로 예상되는 집단(계층)과 자신을 동일시하여 가격이 높아도 구매가 증가하는 파노플리 효과Panoplie effect, 가격이 높아지면 고급제품으로 인식해 오히려 수요가 증가하는 베블런 효과Veblen effect, 그리고 다수의 고객이 특정 상품을 많이 소비한다는 이유로 오히려 해당 상품의 소비를 중단해 수요가 감소하는 스노브 효과Snob effect가 그 예다.

주얼리 브랜드 티파니Tiffany는 뛰어난 디자인과 고가의 가격을 바탕으로 한 '희소성' 전략으로 성공했다. 그런데 1990년대 말에 시장 확장을 경영 목표로 설정하게 된다. 하지만 티파니 고유의 디자인과 품질을 그대로 유지하며 소비 시장을 확대할 방법이 없었다. 높은 가격과 대중성은 트레이드오프 관계이기 때문이다. 따라서 티파니는 약 110달러 수준의 은으로 된 주얼리를 시장에 내놓았다. 그러자 중산층 가정의 청소년과 젊은 여성들이 열광적인 반응을 보였고 매출이 크게 상승했다. 하지만 곧 티파니의 오래된 충성 고객들이 등을 돌렸다. 그들은 대중적 주얼리의 이미지를 갖게 된 티파니를 원하지 않았다. 깜짝 놀란 티파니는 다시 고가의 명품 시장으로 회귀했다. 명품 시장과 중저가 시장은 트레이드오프 관계다. 그걸 무시하고 상반된 성향의 두 시장을 모두 갖겠다는 전략은 실패할 수밖에 없었다. 티파니는 2020년 10월에 약 20조 원에 루이비통 등 명품 브랜드를 소유한 패션그룹 LVMH에 매각됐다.

기업의 경영 의사결정에서 이처럼 트레이드오프 관계를 무시하는 사례는 의외로 많다. 세계적인 커피숍 프랜차이즈 기업 스타벅스의 성공 요인은 '양질의 커피'와 브랜드 이미지가 제공하는 '경험'이다. 그런데 1990년대 말부터 2000년대 초반까지 가격경쟁력 전략을 추진했다. 스타벅스 경영진은 가격경쟁력과 시장 확대를 목표로 삼고 고유의 매장 대신 슈퍼마켓 내 작은 가판대를 늘려나갔다. 장을 보러 나온 쇼핑객들이 카트를 밀며 편리하게 커피를 즐길 수 있도록 한 것이다. 하지만 이는 스타벅스 브랜드를 적극적으로 소비하는 고객의 니즈에 맞지 않았다. 결국 2008년에 창업자 하워드 슐츠Howard Schultz가 다시 CEO로 복귀하자마자 슈퍼마켓 내 매장을 폐쇄하고 원래의 품질경쟁력 전략으로 돌아갔다. 경영진이 트레이드오프 관계를 무시하고 비즈니스 방향을 제시할 때 결과는 대부분 실패한다.

물론 트레이드오프 관계가 깨진 적도 있다. 1980년대 기술력으로 무장한 일본 자동차와 가전기업들이 가격과 품질경쟁력을 모두 능가하는 아웃페이싱Outpacing 전략으로 미국 시장을 점령했다. 그러자 미국 기업들은 너도나도 일본 기업을 배우자며 벤치마킹에 나섰다. 그러나 완벽한 전략으로 보이는 아웃페이싱은 시간이 흐르면서 분명한 한계를 드러냈다. 첨단기술의 수명이 갈수록 짧아지고 제품, 가격, 디자인의 평준화가 보편화된 비즈니스 환경에서 아웃페이싱은 경쟁력을 오래 유지할 수 없다. 하버드대 경영대학원 마이클 포터Michael Porter 교수는 "지속 가능한 전략은 트레이드오프가 고려돼야 한다."라고 강조한다. 비즈니스 전략은 수년에 걸쳐 지속되는 의사결정이다. 경쟁사의 장점이 주목받을 때마다 보완하고 새로운 트렌드가 시작될 때마다 덧붙여 반영하는 방식으로 '모두 놓치지 않겠다.'라는 전략은 반드시 실패한다.

　의사결정에서 트레이드오프를 고려하라는 의미는 '할 것'과 '하지 않을 것'을 정하는 것을 의미한다. 하버드대 경영대학원의 문영미 교수의 저서 『디퍼런트』에 소개된 볼보와 아우디의 사례를 보자. 전통적으로 '안전성'이 강점인 볼보와 '디자인'이 강점인 아우디는 고객들의 의견을 경청했다. 볼보의 고객들은 디자인에 대한 불만을 이야기했고 아우디의 고객들은 안전성에 대한 불만을 이야기했다. 이때 볼보와 아우디가 각각 서로의 강점인 디자인과 안정성을 모두 보완한다면 두 브랜드는 최고의 자동차를 만들 수 있을 것이다. 하지만 볼보와 아우디는 결국 같은 차가 될 수밖에 없다. 이 경우 고객들은 어떤 차를 구매할까? 아마 차별성이 사라졌으니 그중 싼 차를 구매할 것이다. 두 기업이 엄청난 시간과 돈을 투입한 노력은 아무런 의미가 없게 된다. 그렇다면 한번 생각해보자. 두 브랜드 중 하나를 선택해 구매한 고객들은 자신이 선택한 자동차의 단점을 몰랐을까? 그렇지 않다. 고객은 처음부터 두 자동차의 장단점을 알고 있었다.

　경영 의사결정에서 트레이드오프를 극복의 대상이나 양자택일의 딜레마로 인식할 때 전략은 방향을 잃고 엉뚱한 결론을 도출한다. 트레이드오프는 사라질 수 없다. 따라서 관점을 바꿔 접근함으로써 새로운 방향을 찾아야 한다. 더 나은 경영 의사결정이란 선택하고 또 선택하지 않음으로써 지속 가능한 강점을 구축해나가는 과정이어야 한다. 세상에 단점이 없는 최고의 선택은 존재하지 않는다. 단지 한쪽을 포기할 수 있는 용기가 필요할 뿐이다.

더 좋은 의사결정을 위한 설계가 필요하다

◇◇◇◇◇

의사결정 분야 최고의 전문가인 미국 오하이오주립대 경영대학원의 폴 너트Paul Nutt 교수는 수십 년간 기업에서 실패한 의사결정 사례를 연구했다. 그 결과 실패한 의사결정의 60퍼센트는 경영진의 자기중심적 판단과 직관 등 심리적 편향의 개입이 주요 원인임을 찾아냈다. 폴 너트는 성공한 경영자일수록 자기중심적 사고로 판단하는 경향이 있으며 최고경영자의 의사결정 실패를 줄이려면 선택의 범위를 넓혀야 한다고 강조했다. 최종 의사결정에서 선택안이 한 개일 때 실패율은 무려 52퍼센트에 달하지만 두 개로 늘어나면 32퍼센트로 크게 줄어든다는 것이다. 이는 리더의 최종 의사결정이 좁은 프레임에서 결정되지 않도록 하라는 의미다. 비슷한 맥락에서 행동경제학은 조직의 최종 의사결정은 리더의 판단이 아니라 시스템에 맡기라고 조언한다. 그럼 의사결정을 시스템으로 할 때 리더는 어떤 역할을 해야 할까? 리더가 해야 할 일은 바로 다양한 선택안이 충돌할 때 '합의의 균형'이 가능한 시스템을 운영하는 것이다.

의사결정에서 합의란 매우 어려운 과정이다. 특히 어느 쪽을 선택하든 심각한 리스크에 직면할 수 있을 때 의사결정은 딜레마에 빠진다. 가령 4차 산업혁명을 상징하는 대표 기술로서 자율주행 시스템을 생각해보자. 자율주행 기술은 인간의 실수로 큰 사고를 유발하는 휴먼에러Human error를 제로로 만들자는 아이디어에서 출발했다. 알고리즘은 인간의 실수를 반복하지 않을 것이다. 하지만 인간은 알고리즘으로 인해 새로운 트롤리의 딜레마Trolley problem를 안

게 됐다. 인공지능이 다수를 살리기 위해 소수를 희생할지, 생명의 경중을 어떻게 판단할지 등에 대한 기준은 풀어야 할 과제다. 완전 자율주행차의 운전자는 사람이 아니라 인공지능이기 때문이다.

2018년 10월 24일 세계적 과학저널 『네이처』에는 미국 매사추세츠공과대 미디어랩이 '도덕적 기계Moral machine'로 이름 붙인 온라인 조사 플랫폼을 통해 233개 국가의 230만 명을 대상으로 트롤리 딜레마를 조사하고 분석한 결과가 실렸다. 2016년 11월부터 2017년 3월까지 3,961만 개에 달하는 윤리적 선택을 빅데이터로 분석했다. 자율주행차 인공지능의 윤리적 문제와 관련한 연구로는 역대 최대 규모다.

'절벽 길을 주행하는 자율주행차 앞에 5명의 사람이 뛰어들었다. 차가 방향을 틀면 5명의 목숨을 구하지만 탑승자는 낭떠러지로 떨어져 죽는다. 이 차는 어떤 선택을 해야 할까?'라는 질문과 이에 따른 13가지의 시나리오를 만들어 상황에 따른 응답자의 선택을 조사한 결과 남성보다 여성, 성인 남성보다 어린이와 임신부, 동물보다 사람, 소수보다 다수, 노인보다 젊은 사람, 무단횡단자보다 준법자, 뚱뚱한 사람보다 운동선수를 구한다는 선택이 많았다.

하지만 이 연구에서는 드러나지 않은 진실이 있다. 설문에서 사람들은 주로 공리주의적 선택을 했지만 솔직한 마음과 다르게 사회적으로 옳다고 믿는 규범에 맞추어 응답하는 사람들의 성향, 즉 사회적 바람직성 편향이 개입하지 않았다고 확신할 수 없다. 실제로 돌발사고 시 자신(탑승자)이 죽는 선택을 하도록 설계된 완전 자율주행차를 타려는 사람은 드물다. 현실세계에 자율주행차가 실제 등장하려면 돌발사고 시 누구를 죽일지 먼저 합의해야 한다. 그러다 보니 안전과 법적, 윤리적 측면에서 합의에 이른 글로벌 기준이 명확히 마련되고 법률로 제정하기 전에 자율주행차가 도시를 활보하는 상황은 발생하지 않을 것이라는 의견도 있다. 제조사들이 사람의 조작을 완전히 배제한, 완전 자율주행이 가능한 수준인 레벨5 자율주행차를 상용화하지 않을 것이란 전망도 나온다. 의사결정의 딜레마를 해결해야만 자율주행의 시대가 실현되는 것이다.

우리 정부도 2019년 12월 '자율주행 윤리 가이드라인'을 내놨다. 인간의 안전과 복리 증진을 자율주행차의 목표로 제시하고 인간의 안전하고 편리하며 자유로운 이동권 보장, 인간의 존엄성, 사고로 인한 개인적, 사회적 손실의 최소화를 기본가치로 정의했다. 하지만 실제 도로에서 어떻게 인간의 안전과 존엄성을 보호할 것인지 구체적 기준에 대한 사회적 합의와 제도화에는 이르지 못하고 있다.

한 번도 경험해보지 않은 미래의 변화된 세상을 예측하고 의사결정을 할 때 선택은 인지 편향에 빠지기 쉽다. 경영 의사결정도 마찬가지다. 예측의 불확실성, 이해관계의 복잡성, 핵심 문제의 모호성, 가치의 충돌, 시간의 한계 등 어려운 상황을 모두 고려해 최종 의사결정이 내려진다. 기업에서는 자율주행차 기술이 던진 선택의 딜레마와 같은 상황이 더 자주 더 많이 발생할 것이다. 모든 의사결정은 최고의 결과를 목표로 하지만 리더가 할 수 있는 최선은 '더 나은 의사결정'에 집중하는 것뿐이다. 리더 자신이 원하는 최고의 선택을 찾을 수도 있다. 하지만 그 최고의 선택이 인지 편향에 의한 잘못된 판단일 수 있다. 따라서 가장 좋은 의사결정이란 정답을 찾는 것이 아니라 잘못된 선택의 가능성을 낮추는 것이다.

리더 혼자만의 판단으로 복잡하고 모호한 상황에서 최선의 답을 찾을 가능성은 매우 낮다. 집단의 의견이 의사결정 시스템으로 들어오고 최종 의사결정은 시스템의 프로세스에 따라야 한다. 이때 서로 대립하는 선택안들에 대한 리더의 매우 깊은 이해와 공감은 필수다. 그래야 딜레마에 빠진 논쟁에서 합의를 끌어내고 그 과정에서 더 나은 답을 찾아가기 위한 방향을 제시할 수 있다. 집단지성의 시대는 정답을 제시하는 리더가 아니라 더 나은 의사결정을 가능하게 하는 설계자의 능력을 필요로 한다.

'자신들만의 리그'에서의
의사결정은 비합리적이다

미국은 1961년 4월 17일 새벽에 쿠바혁명을 이끈 피델 카스트로 Fidel Castro 정권의 전복을 꾀하며 쿠바 중서부의 피그만을 침공했다. 그러나 전쟁을 본격적으로 치르기도 전에 침투조가 발각됐고 작전은 실패했다. 많은 군인이 죽거나 다쳤으며 포로가 됐다. 쿠바는 미국의 침공을 성공적으로 막아냈다. 그리고 당시 냉전의 한 축이었던 소련과 급격하게 가까워졌고 미국을 압박하는 세력이 됐다. 미국은 1962년 인류 공멸의 핵전쟁 위기로 거론되는 '쿠바 미사일 위기'를 겪었으며, 피그만 침공 때 쿠바에 남겨진 1,189명의 전쟁 포로를 데려오느라 5,300만 달러 상당의 물자를 대가로 치렀다.

당시 존 F. 케네디John F. Kennedy 대통령은 피그만 침공 사건을 '바보 같은 결정'이었다고 자인했다. 하지만 그는 피그만 침공을 승인하기 전에는 완벽한 작전이라고 믿었다. 쿠바 출신 망명자로 구성된 군대를 침투시켜서 내부 봉기를 유도하고 혹시 결과가 좋지 않더라도 미국과 무관한 일로 잡아떼면 그만이라고 생각했다. 게다가 상대할 쿠바군은 무력한 군대라고 확신했다. 너무 단순하고 낙관적인 선택이었다. 하지만 백악관의 누구도 반대의견을 내지 않았다.

백악관의 의사결정자들, 즉 케네디 대통령과 그의 젊은 참모진은 모두 하버드대 동문으로 강한 유대감을 형성하고 있었다. 그들은 같은 정보와 비슷한 생각을 공유하며 자신들의 판단이 틀렸을 가능성을 인정하지 않았다. 물론 대통령의 결정에 반대하는 의견도 허락하지 않았다. 외부와 분리된 '자신들만의 리그'에서 내리는 의사결정은 비합리적 결론에 도달하기 쉽다. 이것이 바로 집단사고Group think의 오류다.

왜 동질적 사고집단에서는 잘못된 의사결정을 할까

◇◇◇◇◇

피그만 침공을 결정하기 전 백악관 회의실에서도 치열한 토론이 여러 차례 반복됐다. 전쟁을 결정하는 만큼 매우 신중했을 것이고 논쟁과 설득의 과정도 거쳤을 것이다. 하지만 과신에 빠진 집단사고는 대체로 멍청한 결론을 도출한다.

당시 오류의 시작은 미국 중앙정보국CIA의 엉터리 계획이었다. 나중에 밝혀진 사실이지만 미국 중앙정보국은 무려 50년 전의 쿠바 지도를 보고 침투 계획을 짰을 정도로 어리석었고 전적으로 운에 의지한 것처럼 보이는 낙관적 시나리오는 허술하기 짝이 없었다. 하지만 대통령과 참모진이 머리를 맞대고 지혜를 모았을 회의실에서 엉터리 분석은 전략이 됐다. 그들은 최고의 두뇌라는 자신감으로 무장했고 똑똑한 자신들의 판단이 틀렸을 가능성은 아예 생각하지도 않았다. 백악관 회의에 고문으로 참여했던 역사학자 아서 슐레진저Arthur Schlesinger는 훗날 회고록에서 "당시 토론 분위기 때문에 소극적으로 몇 가지의 문제를 제기했을 뿐 반대의견을 내지는 못했습니다."라고 고백했다. 그는 심지어 고작 몇 개의 문제를 거론했다는 이유로 대통령의 동생이자 법무부 장관이었던 로버트 케네디Robert Kennedy에게 "대통령이 마음을 정했으니 지금은 대통령을 도와야 합니다."라는 말을 들었다고 폭로했다.

미국 예일대 심리학자 어빙 재니스Irving Janis는 케네디 대통령과 참모들의 의사결정을 집단사고의 대표적 전형으로 소개했다. 그는 "응집력이 강한 집단의 구성원들이 현실적 판단을 내려야 할 때 만장일치를 추구하는 경향이 있습니다."라고 설명했다. 집단 구성원들이 서로 친밀감을 느끼고 단결력이 강할수록 하나의 합의를 이루려는 욕구가 강해진다. 그들은 집단사고에 반대하는 개인들을 조직 내 '왕따'로 만드는 방식으로 소수의 비판적 견해에 침묵을 강요한다.

동질적 사고 집단에서는 함께 공유하는 정보와 논리를 쉽게 합리화한다. 개인들이 회의 전에 품고 있었을 의심은 대부분 설득된다. 그리고 끝까지 동조하지 않는 의견들은 스스로 입을 다물거나 철저하게 배척된다. 집단사고를 하는 조직에서 진행되는 토론은 다양한 의견을 토대로 한 창조적 결론에 이르는 게 아니라 하나의 결론을 매우 강력하게 정당화하는 과정이 된다.

경영 의사결정에서 집단사고는 기업의 몰락을 자초할 수도 있을 만큼 위험하다. 항공사 스위스에어Swissair는 튼튼한 재무구조를 장점으로 유럽에서 가장 신뢰받는 기업이었지만 2002년 파산했다. 직접적 원인은 과도한 인수합병이었다. 유럽연합의 출범과 저가 항공 시대의 개막으로 항공업계의 경쟁이 더 치열해졌다. 그러자 스위스에어는 다른 항공사와 관련 분야의 기업을 무분별하게 인수했고 그 결과로 발생한 재무구조의 악화를 임시방편으로 해결하려고 했다. 무리수가 분명했지만 반대의견은 없었다. 당시 스위스에어는 경영진의 독단을 견제하기 위해 운영해온 외부경영자문단을 대폭 축소한 상태였다. 최종 의사결정 과정에는 과거의 영광을 함께 이뤄낸 임원들만 참여했다. 내부에서 공격적인 인수합병의 위험성을 지적하는 목소리가 나오지 않은 이유다. 당시 스위스에어의 파산 직전의 상황은 2006년 스위스 영화 「그라운딩- 스위스에어의 마지막 날들Grounding—The last days of Swissair」에 자세하게 담겨 세상에 공개됐다.

집단사고에서 의사결정을 내릴 때 자주 드러나는 문제들이 있다. 그중 하나가 바로 리더의 심기에 집중하는 집단초병Mindguards이 경영진에 포진해 있는 것이다. 그들은 최종 의사결정 과정에서 리더의 잘못된 판단을 지지하는 호위병 역할을 담당한다. 리더는 이런 시스템에서 판단의 오류를 확인할 기회를 얻지 못하며 개인의 편향은 더 증폭된다. 기업이든 국가든 집단사고의 조직은 어리석은 의사결정을 반복하고 결과는 모두가 감당해야 하는 비극으로 귀결된다.

리더는 모두의 생각이 같을 것이라는 착각을 버려야 한다

◇◇◇◇◇

사람들은 열정적인 회의를 거쳐 결과를 끌어내면 합리적 결정을 했다는 착각에 빠진다. 그러나 그건 알고 보면 단지 합의로 합리화된 착각의 결과일 때가 적지 않다. 자신의 생각이 합리적이라는 자신감에 빠지면 모두의 생각이 자신과 일치할 것으로 착각한다. 바로 잘못된 합의 효과False consensus effect다. 잘못된 합의 효과는 자기의 생각과 판단을 과도하게 일반화해서 남들도 나와 다르지 않을 것으로 생각하는 인지 착각이다. 실제로는 다른 사람의 의견을 알지 못하고 살펴보는 노력을 하지 않은 채 '모두 동의하고 있을 것'으로 추측하고 그 기준으로 의사결정을 한다.

리더는 부하직원이 자신과 같은 의견일 거라는 착각에 빠져 다른 의견이 전혀 궁금하지 않다. 과거 권위주의적인 조직문화가 보편적이었던 시절의 이야기다. 당시는 상사들이 일방적으로 주말에 팀원들과 함께하는 일정을 많이 만들었다. 상사들은 같이 등산을 하며 스트레스를 풀자거나 함께 책을 읽고 독서 토론을 하며 유익하게 휴일을 보내자는 제안을 했다. 상사의 제안을 부하직원들은 거절하기 어려웠다. 상사들은 부하직원의 괴로움을 전혀 생각하지 못했다. '우리 팀원들이 이번 주 고생했으니까 일요일에 산에 데려가야지. 하산 길에 막걸리도 마시고 놀면 모두 좋아할 거야.'라고 진심으로 믿는 것이다.

상사는 자신과 똑같은 생각을 한다고 믿기 때문에 자신의 판단이 틀렸을 가능성을 의심하지 않는다. 물론 미리 "자네들 생각은 어떤가?"라고 의사를 물었으므로 '합의'라고 이해한다. 회의실에서 답정너 질문을 해놓고 "역시 같은 생각이네."라며 만족한다. 자신이 잘못된 합의 효과의 착각에 빠졌다는 사실을 인지하지 못한다. 많은 조직에서 상사의 독단은 이런 방식으로 정당성을 갖는다.

집단사고는 카리스마형 리더, 특히 전문가 리더를 중심으로 유대감이 강한 조직에서 쉽게 형성된다. 자기 확신이 강한 리더일수록 의사결정 과정에서 자신의 의견을 강력하게 피력한다. 이때 부하직원의 의견은 상대적으로 쉽게 무시한다. 어빙 재니스는 유대감이 강한 조직에서 나타나는 대표적 증상으로 자신이 속한 집단의 판단은 무조건 옳다는 무오류의 환상Illusion of invulnerability, 다수의 견해는 도덕적이라는 믿음Belief in inherent morality, 집단적 합리화 과정Collective rationalization, 만장일치의 환상Illusion of unanimity과 동조 압력Direct pressure on dissenters, 자기검열Self-censorship, 자기보호Self-appointed mindguards, 그리고 외부의 견해에 대해 일치된 저항Stereotyped views of out-groups 등으로 정리했다. 조직의 방향이 명확하고 구성원들이 충성스러울수록 집단은 새로운 변화를 불편하게 인식한다. 집단사고가 외부의 관점을 배척하고 저항감을 형성함으로써 자신들의 기존 방식을 지키려 한다. 불확실성이 증폭되고 위기감이 고조될수록 리더들은 일사불란하게 마치 한 몸처럼 생각하고 움직이는 응집력을 강조한다. 하지만 실제로 이런 조직은 위기에 매우 취약해 쉽게 몰락의 길을 걷게 된다.

의사결정을 하지 말고
시스템을 설계하라

IBM의 이노베이션 잼Innovation Jam은 세계에서 가장 큰 브레인스토밍 행사다. 해마다 전 세계에서 근무하는 IBM 임직원과 가족, 주주, 협력업체, 고객 등 이해관계자들이 온라인에서 만나 수일에 걸쳐 정해진 주제와 관련한 토론에 참여한다. 약 15만 명에 달하는 인원이 참여해 제시된 문제점과 개선방안을 논의하고 신사업 아이디어를 제안하는 어마어마한 규모의 회의다. 이노베이션 잼은 집단지성Collective intelligence을 활용한 경영 도구로써 IBM의 혁신을 주도하고 있다. 테슬라의 일론 머스크는 주기적으로 '피드백 루프Feedback Loop'를 통해 회사와 제품에 대한 주기적인 의견을 청취해 경영에 반영하고 포상도 한다. 지속적으로 최고의 인재를 확보해 다양하고 새로운 아이디어를 모으기 위한 노력을 멈추지 않는다. 집단지성을 경영 도구로 활용해 혁신의 돌파구를 찾는 기업은 이들뿐만이 아니다. 애플은 앱스토어를 독립 개발자들의 생태계로 만들어서 아예 새로운 시장을 창출했다. 이 외에 레고의 레고 아이디어Lego Ideas, GE의 퍼스트빌드FirstBuild, 삿포로 맥주의 호핀 거라지Hoppin' Garage 등은 대중의 제안을 적극적으로 수용하고 활용하는 집단지성의 플랫폼이다.

집단지성은 다수의 개체가 서로 협력함으로써 얻게 되는 집단적인 지적 능력을 의미한다. 집단지성 이론은 보통의 이성적 판단을 내릴 수 있는 사람들이 모인 집단이 소수의 똑똑한 전문가보다 더 나은 판단을 할 수 있다는 가정에서 출발한다. 1906년 영국의 유전학자 프랜시스 골턴Francis Galton은 가축 품평회에 참여한 사람들이 돈을 걸고 황소의 무게를 맞추는 게임을 하는 것을 보고 '대중의 우둔함'을 증명할 실험을 고안했다. 그는 보통의 사람들이 추정한 황소의 무게는 분명 실제 수치와 큰 차이가 있을 것으로 예상했고 780여 명에게 수치를 적어내도록 했다. 그런데 반전의 결과가 나왔다. 그들이 써낸 수치의 평균을 계산해보니 실제 황소의 무게와 1퍼센트의 오차도 나지 않았다. 대중의 우둔함을 증명하려던 의도와 다르게 프랜시스 골턴은 오히려 집단지성의 지혜를 밝혀냈다.

하지만 집단의 판단이 한 사람이 내린 결정보다 반드시 더 합리적이라는 생각은 매우 위험이다. 다수의 결정이 어떤 경우엔 집단지성으로 발현되고 어떤 경우엔 평범한 개인의 결정보다 더 못한 집단사고로 변질되는 탓이다. 집단지성의 핵심은 구성원 간 활발하고 창조적인 아이디어의 교류다. 인재 채용, 평가, 보상, 커뮤니케이션 등 조직의 구조와 시스템의 변화가 함께 수행돼야 집단지성의 시너지가 발현된다. 한 사람 혹은 소수 경영진의 의사결정이 아니라 시스템에 의한 의사결정을 통해 의사결정의 질과 창조적 유연성을 극대화할 수 있다. 그러한 사실은 이미 앞서가는 기업들을 통해 증명됐다.

4차 산업혁명 시대는 집단 내 소수 엘리트 의사결정자가 영향력을 발휘할 수 있는 환경이 아니다. 다수의 다양한 생각을 빠르게 연결하고 융합해 창의적 아이디어를 지속적으로 창출하는 조직만이 살아남을 수 있다. 이제 리더는 전체 조직구성원들 안으로 뛰어들어가 집단지성을 만들어내는 의사결정의 설계자가 돼야 한다. 집단지성을 활성화하는 의사결정 시스템에서 매우 중요한 것은 핵심 의사결정에 관여하는 리더의 인지 편향을 최소화하는 것이다. 리더는 자신의 의견을 일방적으로 주장하지 않아야 하고 집단의 인지 편향을 경계해야 하며 내부관점에 매몰되지 않도록 의사결정 과정을 열어두어야 한다.

왜 리더는 최종 의사결정을 프로세스에 따라 해야 할까

◇◇◇◇◇

기업 CEO들의 의사결정 방식을 10대 청소년들의 의사결정 방식과 비교했더니 더 나을 게 없다는 상당히 충격적인 연구결과가 있다. 폴 너트 교수는 『왜 의사결정은 실패하는가Why decision fail』에서 CEO들은 주로 'A전략을 진행할까, 말까'를 고민하는 방식으로 의사결정을 내린다. 그런데 이는 청소년들이 '여자친구와 헤어질까, 말까'를 고민하는 방식과 똑같다고 설명한다. 눈앞에 정보에만 초점을 맞추고 다른 대안의 가능성을 생각하지 못하는 탓이다. 인간은 의사결정을 위해 뇌가 작동할 때 프레이밍, 앵커링, 그리고 확증 편향 등 무의식 속 인지 편향의 영향을 받는다. A전략이 그럴듯한 보고서로 작성돼 나타나면 자동으로 A전략의 범주에서 대안과 위험성을 고려하고 타당성을 검토하고 나서 결정하는 건 본능적이다. 기업의 CEO와 미성숙한 10대 청소년의 의사결정 방식이 크게 다르지 않은 이유다. 폴 너트 교수는 의사결정에서 대안을 고려하지 않을 때 실패율이 무려 52퍼센트에 달한다고 경고한다.

조직행동론 분야의 석학인 스탠퍼드대학교 경영대학원 칩 히스 Chip Heath 교수와 경영 컨설턴트 댄 히스Dan Heath는 『자신있게 결정하라』에서 "리더의 직관보다 프로세스가 6배나 더 강력한 의사결정 도구입니다."라고 강조했다. 외과 의사들이 수술에서 간단한 체크리스트를 활용하는 프로세스를 지키는 것만으로도 오류를 엄청나게 줄인 것이 대표적인 예다. 칩 히스와 댄 히스는 의사결정에 필요한 프로세스를 4단계로 정리한다. 1단계 '할까, 말까' 고민될 때 여러 선택안을 찾는다. 2단계 반대의견을 개입시켜 대안을 검증한다. 3단계 결정 전 외부관점을 도입해 선택안과 심리적 거리를 둔다. 4단계 선택의 결과에 대한 최악의 시나리오를 함께 고려한다. 그리고 무엇보다 최종 의사결정권을 가진 리더가 마지막 단계에서 확증 편향의 함정에 빠지지 않도록 하는 프로세스가 필요하다. 자신에 대한 믿음이 충만한 리더의 결심에 부하직원이 나서서 반대하는 것은 설사 제도적으로 허용돼 있다고 해도 절대로 쉬운 일이 아니다. 따라서 리더의 의사결정에 가이드 라인을 설정할 필요가 있다. 가령 '시장조사 결과 부정적 의견이 10퍼센트일 때 결정을 재고한다.'라는 조건으로 절대로 넘어서는 안 되는 미지노

선을 회의 프로세스로 설정하는 것이다. 그래야 의사결정이 잘못되었을 때 공식적으로 다시 고려할 것을 요청할 수 있다. 리더 역시 스스로 자신의 결정을 재고할 기회를 가질 수 있다.

어떻게 회의에서 집단사고가 아니라 집단지성을 발휘할까

◇◇◇◇◇

아마 누구나 한 번쯤은 회의나 모임에서 마음에 들지 않는 결정이 내려질 때 침묵으로 다수의 의견을 따른 경험이 있을 것이다. 특히 다수가 압도적으로 하나의 의견을 지지하는 경우라면 불합리한 결정이라고 해도 반대의견을 내놓을 엄두가 나지 않는다. 자신이 속한 집단에서 모든 사람이 "예."라고 할 때 혼자 "아니요."라고 외치려면 매우 큰 용기가 필요하다. 사람들은 자신의 의견과 이에 대한 신념이 분명하지 않을 때, 집단의 요구를 따르려는 심리가 있다. 이를 동조 효과Conformity effect라고 한다.

미국의 심리학자 솔로몬 애시Solomon Asch는 사람들의 동조 성향을 측정하는 간단한 실험을 진행했다. 실험 참여자들이 두 장의 카드를 보고 같은 길이의 선을 찾아내는 간단한 게임이다. 먼저 참여자들에게 직선이 하나 그려진 첫 번째 카드를 보여준다. 그 다음에 두 번째 카드를 보여주는데 여기에는 3개의 직선이 그려져 있다. 3개의 직선 중 첫 번째 카드의 직선과 길이가 같은 선을 찾아내는 게임이다. 이때 실험 참여자 다수는 사전에 약속된 협력자이고 한 명만이 진짜 실험 대상자다. 모두가 돌아가며 순서대로 답을 고르는데 실험 협력자들은 누가 봐도 쉬운 정답을 고르지 않고 일부러 오답을 고른다. 이 상황에서 순서 뒤쪽에 있는 진짜 실험 대상자는 과연 어떤 선택을 했을까? 실험 결과 틀렸다는 것을 알면서도 다수의 선택을 따라서 일부러 오답을 고른 비율이 무려 36.8퍼센트에 달했다. 18번의 연속 실험에서 자신의 답을 끝까지 고수한 실험 참여자는 23.6퍼센트에 불과했다. 하지만 집단 내에서 선택하는 상황이 아니라 독립적 환경에서는 99퍼센트의 정답률을 보였다.

솔로몬 애시의 실험에서 또 하나 주목할 부분은 '오답을 고를 때는 모두 만장일치로 이루어졌다.'라는 것이다. 다수의 생각은 더 합리적일 것이라는 착각, 바로 만장일치의 환상은 집단사고를 형성하는 매우 큰 동력이다. 하지만 집단 내에서 단 한 명이라도 자신의 의견과 같을 경우, 사람들은 집단의 압력을 거부하고 자신의 의견을 견지했다. 솔로몬 애시의 실험은 소수의 집단에서 이뤄지는 매우 간단한 의사결정에서조차 동조의 압력에서 벗어나기 어렵다는 것을 보여준다. 따라서 리더는 의사결정 시스템에서 '집단의 압력'을 줄이는 특별한 노력을 해야 한다.

왜 우리는 회의를 할까? 그건 집단지성을 발휘하기 위해서다. 그런데 그 회의가 종종 집단지성 대신 집단사고로 끝날 때가 많다. 그렇게 되지 않으려면 어떻게 해야 할까? 우선 회의 방식부터 점검해야 한다. 가령 브레인스토밍은 집단지성을 활용하는 대표적인 회의 기법이지만 영향력이 있는 한두 사람의 의견에 쏠림 현상이 발생하기 쉽다. 브레인스토밍의 장점을 살리면서 단점을 보완할 해법으로 1968년 독일 마케팅 전문가 베른트 로르바흐Bernd Rohrbach가 고안한 브레인라이팅Brainwriting은 좋은 아이디어가 될 수 있다.

브레인라이팅은 말 대신 글로 하는 브레인스토밍이다. 회의 참가자들이 무기명으로 각자 의견을 적고 다음 사람이 그 아이디어에 생각을 덧붙여 적는 방식으로 참가자들이 협력해 아이디어를 발전시키고 회의를 마칠 때 전원 평가로 결론을 채택한다. 브레인라이팅은 특정 개인의 지배적 영향력을 줄이는 장점이 있다. 카리스마 넘치는 팀장의 의견에 동조하는 효과를 차단할 수 있고 다소 수동적인 팀원의 의견도 고르게 참여시켜 다양성을 확보할 수 있다. 미국 노스웨스턴대학교 경영대학원 레이톰슨Leigh Thomson 교수는 브레인라이팅이 브레인스토밍보다 창의적 아이디어를 40퍼센트나 더 생산할 수 있다고 강조한다. 최근 몇 년 사이 국내 기업에서 회의 전 어젠다를 미리 공유하고 의견을 미리 적어내도록 하는 회의문화가 확산되고 있다. 사전에 독립적 의견들을 있는 그대로 공유함으로써 동조 압력을 줄이려는 의도다.

소수 전문가에 의존한 의사결정은 빠르다. 반면 다양한 의견을 공유하고 논의하는 과정은 그보다 시간이 더 걸린다. 사람들은 뭐든 빨리 결정을 내리려는 습성이 있다. 그리고 이런 욕구는 집단지성 대신 집단사고의 유혹에 쉽게 빠지게 된다. 집단지성은 각 구성원의 아이디어가 자유롭게 표출되고 인정받는 합의 문화에서 활성화된다. 동조 효과는 인지 편향이며 의도적으로 노력하지 않으면 막기 어렵다. 집단지성의 의사결정 도구로서 제 역할을 다하는 회의는 생각이 아니라 구체적인 제도화를 통해서만 가능하다.

모른다는 사실도 모르는 것을
어떻게 알까

가톨릭교회는 성인을 시성諡聖하기 전 후보자가 성인의 반열에 오를 만한지 매우 엄격하게 조사한다. 그런데 후보자들은 평소 교회에서 매우 존경받는 사람들이기 때문에 조사관들도 후보자 개인에게 우호적인 감정을 갖는 경우가 많다. 교황청은 조사관들이 자기도 모르게 편향된 결론을 내릴 위험을 예방하기 위해 '데블스 애드버컷Devil's advocate'이라는 제도를 만들었다. 데블스 애드버컷은 검증 과정에서 정말 '악마의 대변자'로 보일 만큼 후보자의 작은 결함까지 찾아내고 집요하게 의혹을 제기한다. 이 혹독한 관문을 통과해야만 성인의 칭호를 받는다.

가톨릭교회가 창안한 데블스 애드버컷은 현대 사회에서 정부와 기업 조직의 위기관리 시스템으로 활용되고 있다. 집단 내 주류는 자신들과 다른 의견에 비우호적이기 때문에 소수의견은 잘 드러나지 않는다. 데블스 애드버컷은 의사결정 과정에서 의도적으로 반대의 목소리를 내도록 제도화하는 것이다. 무엇이 문제인지, 왜 문제인지도 몰랐던 위험 요소를 미리 찾아내기 위해서는 사고의 프레임을 반대로 전환해야 한다.

소를 잃기 전에 외양간을 고쳐야 한다

◇◇◇◇◇

"불행을 피하는 방법만 알아도 누구나 행복해질 수 있다."

유럽에서 가장 유명한 경영 분야 작가인 롤프 도벨리Rolf Dobelli가 한 말이다. 그는 저서 『불행 피하기 기술』에서 미래의 불행을 예방하는 방법으로 매주 15분씩 인생에서 일어날 수 있는 모든 불행을 집중적으로 생각할 것을 제안한다. 가령 갑자기 파산하게 된 상황을 상상하고 그 이유를 분석한 후 불행의 원인을 피하기 위해 미리 노력하라는 얘기다. 바로 인지과학자 게리 클라인Gary Klein이 고안한 '사전부검Premortem'의 개념을 개인의 삶에 활용하라는 조언이다.

사전부검은 사람이 죽은 후 사망의 원인을 알 수 없을 때 시체를 검시해서 이유를 찾는 사후검시Postmortem를 응용한 회의 방법이다. 조직에서 활용할 수 있는 데블스 애드버컷의 대표적 예다. 실패 후 원인을 찾는 사후검시의 방식이 아니라 중요한 안건을 최종 결정하기 전 이해관계자들이 모여 미래 발생할 실패의 요인을 찾는 것이다. 실패의 관점으로 프레임을 설정해 '모른다는 것도 모르는Unknown unknowns' 위험성을 찾는 게 주요 목적이다.

실패 사전부검 회의는 의사결정에 참여했던 사람들이 모두 모여서 '계획대로 사업을 실행하고 1년 후 재앙 수준의 결과'를 상상하는 것으로 시작한다. 그리고 각자 자신의 상상 속 실패의 원인을 구체적으로 적는다. 이때 단지 '1년 후 실패한다면 이유가 뭘까?'를 묻고 생각하는 것만으로는 부족하다. 머릿속으로 1년 후의 미래로 날아가 참담한 실패의 현실을 생생하게 상상해야 한다. 엄청난 매몰비용이 발생하고 함께 고생한 동료들이 회사를 떠나는 등 최악의 상황을 떠올려야 한다. 그래야 실패의 원인을 구체적으로 더 많이 생각해낼 수 있기 때문이다. 실패 사전부검의 장점은 전혀 생각하지 못했던 문제들 또는 상사나 다수의견의 눈치를 보느라 차마 말을 꺼내지 못했던 잠재적 실패의 원인을 눈치 보지 않고 공식화할 수 있는 것이다.

페이스북의 정체성을 대표하는 사내 문화로서 해커톤Hackathon은 집단지성의 창조성을 증명한 사례다. 해커톤은 프로그래밍을 뜻하는 핵Hack과 마라톤Marathon의 합성어로서 직원들이 새로운 서비스와 개발 아이디어를 내면 다수의 직원이 참여해 정해진 시간 안에 해킹하듯 프로그램을 짜는 독특한 업무 방식을 가리킨다. 페이스북은 끝장토론을 벌이며 문제해결책을 찾는 과정을 통해 서비스를 시장에 내놨을 때 발생할 수 있는 여러 문제를 사전에 점검하고 해결책을 찾음으로써 실패 가능성을 낮춘다. 페이스북은 6주마다 내부적으로 해커톤을 진행하는데 '좋아요' 버튼과 '타임라인' 기능 등이 사내 해커톤을 통해 개발됐다.

의사결정 전 위기 분석을 통해 위험을 예측하는 전통적인 기법으로는 몬테카를로 시뮬레이션Monte Carlo Simulation이 있다. 시나리오별로 복수의 의사결정안을 만들고 각각의 성공과 위험, 이익과 손실의 확률을 계산해서 최적의 안을 만드는 것을 말한다. 가령 제약사가 신약 개발계획을 완성하기 전에 예상되는 개발완료 시기, 가격, 성공 가능성, 이익률 등의 모든 확률을 계산해 모델링함으로써 실패 가능성을 크게 낮출 수 있다. 다만, 정확도를 높이기 위해서는 상당한 규모의 데이터가 필요하다. 최근에는 인공지능을 활용한 몬테카를로 시뮬레이션이 확산되는 추세다.

데블스 애드버컷 실패 사전부검, 몬테카를로 시뮬레이션 등은 의사결정 과정에서 미래의 변수를 점검하고 위기를 관리하는 것이 목적이다. 기업들은 이 과정을 외부 전문가 그룹의 컨설팅에 의존한다. 하지만 직접 계획에 참여하고 책임을 지는 위치에 있지 않은 사람의 실패점검과 위기관리는 큰 효과를 거두기 어렵다. 경영학자 나심 탈레브Nassim Taleb는 "전문가라 할지라도 직접 경험해보지 않고 추정으로 판단한 의견은 그저 의미 없는 말에 불과할 뿐입니다."라며 책임질 위치에 있지 않은 전문가의 견해는 오히려 계획을 더 위험한 방향으로 유도할 수 있다고 지적한다.

조직에서 방어적, 보수적, 소극적 위기관리 관행을 극복하려면 예산, 조직, 운영 효율 등 현실과 타협할 수밖에 없는 순간에 "과연 이것이 최선인가?" 하고 끊임없이 문제를 제기하는 반대의 목소리가 의사결정 시스템으로 제도화돼야 한다. 하지만 제도 자체는 힘을 발휘하지 못한다. 초대형 재난이 발생한 상황을 떠올려보자. 제도가 없어서가 아니라 제도가 있어도 제 기능을 하지 못해서인 때가 적지 않다. 제도는 지속적 관심으로 생명력을 얻는다. 최고 의사결정자가 주도적으로 점검하고 추진하지 않는 시스템은 조직에 뿌리내리지 못하고 결국 유명무실해지는 과정을 거쳐 소멸된다.

왜 의사결정 과정에 외부자의 눈과 입이 필요할까

◇◇◇◇◇

언젠가 모 기업의 비즈니스 모델 개발 회의에 외부 전문가로 참여한 적이 있다. 자사 브랜드 전문매장 오픈 계획의 사업 타당성을 논의하는 자리였다. 회의 중에 한 사람이 어렵게 부정적 의견을 피력했다. 그런데 말이 끝나기가 무섭게 본부장이 직접 나서서 사업의 당위성과 타당성을 역설하기 시작했다. 그 후 회의실에서는 더는 다른 목소리가 나오지 않았다. 부서의 단기 프로젝트 회의에서도, 미래 기업의 운명을 좌우할 사업을 결정하는 회의에서도 개인의 권력이 전문가의 의견과 다수의 견해를 덮어버리는 사례는 매우 흔하다.

당시 회의실에 동조 압력의 징조가 나타나는 것을 보고 서둘러 "제로 그래비티 싱커Zero gravity thinker의 의견을 들어야 합니다."라는 제안을 꺼냈다. 제로 그래비티 싱커는 조직과 이해관계가 없는 객관적 견해를 가진 사람을 말한다. 기업 컨설턴트 신시아 바튼 레이브Cynthia Barton Rabe가 저서 『이노베이션 킬러』에서 소개한 개념이다. 의도적으로 중립적이고 전문적이지 않은 사람을 의사결정에 개입시켜 기존의 프레임에서 벗어나도록 유도하는 경영 기법이다. 아무튼 그들은 최종 의사결정 전에 반드시 제로 그래비티 싱커를 통해 낙관적 전망으로 가득한 계획을 점검하라는 제안을 수용했다. 그런데 이후 사원 가족을 대상으로 의견을 청취했다는 얘기를 전해 들었다. 사원 가족은 내부 구성원만큼이나 브랜드 로열티가 강한 집단으로서 제로 그래비티 싱커가 될 수 없다. 결국 사업계획은 그대로 추진됐고 결과는 예상대로 좋지 않았다.

내부관점은 영향력 있는 개인의 주장에 동조한 결과든 집단 내 다수의 견해든 항상 집단사고의 위험성을 안고 있다. 이는 외부관점으로만 조정할 수 있다. 가령 리더가 최종 의사결정을 내린 사업이 계획대로 진행되지 않거나 뜻밖의 변수가 발생했다고 하자. 이때 사업의 지속과 중단의 결정은 의사결정 당사자에게 맡기면 안된다. 자신이 결정한 사업이 위기에 빠졌을 때 실패를 인정하는 게 쉽지 않을 뿐만 아니라 자신의 결정을 계속 유지하려는 성향을 보이기 때문이다. 기업이 무리한 사업을 추진하다가 휘청거리거나 아예 몰락하는 사건들은 모두 최고 의사결정권자의 과신과 이를 제어할 수 있는 시스템의 부재가 만들어낸 결과다. 그럼 어떻게 이를 예방할까? 최종 의사결정 과정에 '엑시트$_{Exit}$ 결정자'의 역할을 공식 프로세스로 설정하면 효과적이다. 엑시트 결정자는 사업의 지속 여부를 객관적으로 판단해 문제의 사업을 중단시킬 권한을 갖는다. 리더의 판단을 다시 점검하고 사업의 지속 여부를 객관적으로 결정할 수 있는 장점이 있다. 엑시트 결정자는 이해관계가 없는 외부자여야 한다. 이 역시 공식적인 제도로 정착시키지 않으면 조직에서 실행되기 어렵다.

의사결정에 리더들과 반대되는 의견을 의도적으로 포함시키고 서열이 아니라 각자의 능력과 다양한 경험에 입각한 의견을 자유롭게 개진할 수 있게 해야 한다. 그렇게 하면 의사결정의 질이 높아지고 실제로 매출, 수익성, 생산성 등 기업 실적에 긍정적 영향을 미친다는 연구결과가 많다. 행동경제학에서는 인수합병이나 대형 투자 등 중요한 의사결정일수록 소수의 리더가 아니라 공식적 프로세스에서 판단하고 결정하라고 한다. 더 나은 의사결정을 하는 데 매우 효과적이다. 하지만 전략은 실행되지 않으면 결과도 없다. 누가 실행을 할 것인가? 결국 리더의 의지가 중요하다.

질문과 경청은
덕목이 아니라 시스템이다

기업의 회의는 조직문화의 꽃이다. 회의는 조직의 핵심 자원을 결집하는 활동이며 집단지성의 역량을 최대화하는 자리다. 기업의 회의를 보면 집단의 커뮤니케이션 수준과 의사결정의 질을 가늠할 수 있다.

우리의 회의문화 수준은 어느 정도일까? 대한상공회의소가 2017년 상장회사에 재직 중인 직장인을 대상으로 조사한 「한국 기업의 회의문화 실태와 개선 해법 보고서」에 따르면 '상하소통이 잘 안 되는 회의(73.6퍼센트)'가 우리 회의문화의 현주소임을 알 수 있다. 회의에서 상사가 발언을 독점(61.6퍼센트)하고 상사의 의견대로 결론이 정해지는(75.6퍼센트) 회의가 대부분이다. 회의에서 침묵하거나 상사의 의견에 되도록 동조한다는 답변은 절반이 넘는다. 조사대상의 91.1퍼센트가 한국의 회의문화를 '권위적' '상명하달'

'강압적' '불필요함' '결론 없음'으로 표현했다. 리더 개인이 장악한 회의문화가 조직의 대다수 구성원을 투명 인간으로 만들고 있다. 한국 기업의 회의문화는 오래전부터 혁신의 단골 주제로 빠짐없이 등장하고 있지만 여전히 낙제점이다. 왜 바뀌지 않는 걸까? 이유는 간단하다. 매번 회의 기법만 바꾸기 때문이다. 회의는 문화다. 문화를 바꾸려면 시스템의 변화가 필요하고 시스템을 바꾸려면 리더의 사고부터 바꿔야 한다.

리더의 잘못된 질문이 혁신을 죽인다

◇◇◇◇◇

리더들은 커뮤니케이션을 할 때 듣기보다 자신의 생각을 전달하는 데 치중하는 경향이 강하다. 듣긴 듣는 데 의미 파악에 주력하지 않는다. 그보다는 자신의 생각을 잘 알아들었는지 확인하는 데 더 신경을 쓴다. 그러다 보니 직원들의 생각을 제대로 이해하지 못한다. 물론 자신이 직원들의 생각을 잘못 이해했다는 사실조차 인식하지 못한다.

리더가 직원들의 말을 잘 듣지 않는 것은 인지 편향의 영향이 크다. 과거의 성공 경험에 사로잡힌 리더들이 다른 사람, 특히 부하직원의 생각에 귀기울이는 일은 쉽지 않다. 새로운 생각이 불편한 탓이다. 대신 과거와 현재의 패러다임에 근거한 해석, 즉 잘 알고 있고 잘 알고 있다고 믿는 정보에 가중치를 둔다. 바로 자신감 착각Illusion of confidence과 지식 착각의 자연스러운 모습이다.

잘 듣지 않는 리더가 주관하는 회의를 위해서 굳이 새로운 제안을 준비할 직원은 없다. 하나 마나 한 회의를 위해 시간을 쓰느니 리더의 사고 범주에 맞게 조정해서 의견을 말하는 게 훨씬 효율적이기 때문이다.

『하버드 머스트 리드: 경영자 리더십』의 공동 저자 제프 터프Geoff Tuff는 특히 회의를 주관하는 '리더의 잘못된 질문'이 조직의 혁신을 죽인다고 지적한다. 가령 신사업 개발 회의가 진행 중이라고 하자. 팀원들은 사전에 '경계를 두지 않는 자유로운 토론'이라고 여러 차례 공지 받았기에 다양한 아이디어를 준비했다. 그런데 회의 내내 조용히 듣고 있던 임원이 질문을 시작한다. "내부수익률IRR이 너무 낮은 것이 아닌가요?" "벤치마킹 상대는 어디지요?" "인원을 좀 더 빼서 비용을 줄일 수는 없는 건가요?" 등 어떻게 성공을 입증할 것인지를 묻는 내용이 대부분이다. 투자 결과의 불확실성과 리스크에 집중하는 리더의 질문은 코앞의 수익성을 증명하라는 요구이고 장기적 프레임으로 사업의 타당성을 추론해볼 기회조차 인정하지 않는 태도다. 회의에서 성공을 입증해야만 아이디어를 제안할 수 있다면 혁신의 돌파구를 찾을 방법은 없다. 팀원들은 몇 주일씩 밤새워가며 준비한 새로운 아이디어를 발표하기보다 차라리 침묵을 택한다.

조직에서 실권이 있는 리더일수록 타인의 생각을 경청하지 않는다. 권한이 클수록 과신을 경계할 필요성도 느끼지 않는다. 주요 의사결정에서 통계적 관점으로 타당성을 따지는 수고를 간과하고 때론 전문가의 조언도 쉽게 무시한다. 여기에 설사 잘못된 의사결정을 해도 권력의 크기에 따라 징계의 수위가 달라지는 불합리성도 리더의 과신을 부추기는 요소다.

리더들이 회의에서 "경청하겠습니다."라고 공언하지만 실제로는 말을 가장 많이 한다. 리더가 입을 다물면 다른 회의 참가자들은 더 많은 얘기를 할 수 있다. 하지만 권위적이고 카리스마 있는 리더의 입을 다물게 할 구성원은 없다. 지위가 높은 리더의 경청은 개인의 선택이 아니라 공식적인 시스템이어야 한다. 리더가 회의에서 권한을 내려놓고 뒤로 한발 물러서서 경청자의 역할을 하도록 제도화하는 것이다.

경청은 단순히 듣는 것이 아니라 상대의 능력을 인정하는 것이다

◇◇◇◇◇

"그 누구도 지휘권을 갖지 않는다."

픽사애니메이션스튜디오의 공동창업자이자 CEO인 에드 캣멀Ed Catmul이 밝힌 픽사의 대표적 회의 시스템 '브레인 트러스트Brain Trust'의 핵심 원칙이다. 전원 참석 회의에서 구성원들은 눈치 보지 않고 솔직하게 비판하고 자신의 아이디어를 제시한다. 조직에서 어떻게 이런 회의가 가능할까? 바로 리더가 스스로 권한을 내려놓았기 때문이다.

회의의 목적은 제품을 시장에 내놓기 전 아주 작은 흠결까지 샅샅이 찾아내 미리 문제를 해결하는 것이다. 이 과정은 적나라한 비판으로 상사에게 찍혀서 불이익을 당하지 않는다는 신뢰가 없다면 가능하지 않다. 에드 캣멀은 브레인 트러스트를 시작했던 초기에 당시 CEO였던 스티브 잡스의 회의 참석을 막았다고 한다. 아무리 신경 쓰지 말라고 해도 스티브 잡스의 위상을 신경 쓰지 않을 수 없는 직원들의 심리를 잘 이해하고 있었기 때문이다.

브레인 트러스트는 이 외에도 몇 가지 원칙을 준수한다. 문제는 얼마든지 비판할 수 있다. 하지만 사람은 칭찬의 대상도 비난의 대상도 될 수 없다. 잘못의 대상이 작품이 아니라 사람이 될 때 문제의 본질에서 멀어진다. 상사 앞에서 자신이 얼마나 이바지했는지 자랑할 필요가 없고 왜 그렇게 할 수밖에 없었는지 변명할 필요가 없다. 이 회의의 하이라이트는 결과의 반영 여부를 전적으로 해당 작품의 감독이 결정한다는 것이다. 사장을 포함한 경영진은 회의에 참석해 열심히 경청할 의무가 있지만 지시할 수는 없다. 당연한 일이다. CEO가 최종 의사결정을 한다면 굳이 이런 과정을 거칠 이유가 없다. 결국 리더의 의중이 중요한 회의가 돼버리기 때문이다.

브레인 트러스트는 조직에서 리더의 '경청'이 무엇을 의미하는지 아주 잘 보여주는 사례다. 경청이란 단지 '듣는 행위'가 아니다. 경청은 상대의 능력을 인정한다는 의미다. 경청의 본질은 부하직원의 아이디어를 존중하고 능력과 선한 의도를 신뢰하는 것이다. 그래서 경청하는 리더만이 창조적 역량을 발휘할 수 있도록 권한을 절대적으로 위임하고 실패를 허용하는 조직을 만들 수 있다. 리더가 냉정한 자기인식을 하지 못하면 경청을 못 한다. 리더가 능력보다 과분한 자리에 앉았다면 권한위임을 할 수 없고 길에서 비켜서야 할 때를 알지 못해 오히려 길을 막고 서 있다.

집단지성이 가능한 커뮤니케이션 문화의 출발은 의사결정 시스템의 혁신에서 시작된다. 집단지성의 의사결정 시스템은 시간이 걸린다. 다양한 의견들이 반복적으로 소통하고 결론을 도출하기까지 기다림이 필요하다. 리더가 기대하지 않은 적나라한 비판도 받아들여지는, 소위 계급장을 뗀 회의문화가 필요하다. 그럴 때 조직은 직원들 스스로 문제를 해결하고 위기를 극복해내는 회복력을 갖게 된다. 이것이 집단지성의 진정한 힘이다.

2017년 세계경제포럼의 클라우스 슈밥Klaus Schwab 회장은 4차 산업혁명 시대를 준비하는 리더의 지도력으로 '시스템 리더십System leadership'이라는 개념을 소개했다. 시스템 리더십이란 수평적 시각에서 시스템과 조직 전체를 이해하고 구성원들이 창의력, 다양성, 잠재력을 발현하도록 조직을 이끌어가는 것을 말한다. 즉 일방적인 톱다운Top down 형식의 리더십이 아니라 모든 이해관계자의 협력을 통해 변화를 주도하는 원동력으로서 집단적 리더십을 말한다. 이는 반드시 의사결정자로서 권한을 분배하는 용기를 필요로 한다. 현대 조직의 리더들에게 주어진 최우선의 책무는 다양한 주체들이 소통하고 협력하는 거버넌스로서 의사결정 시스템을 설계하는 것이다.

어떻게 남성 위주의 조직문화에서
여성의 능력을 끌어낼 것인가

미국 투자은행인 모건스탠리의 자회사 모건스탠리캐피털인터내셔널MSCI은 해마다 MSCI 지수를 발표한다. 세계를 대상으로 투자하는 글로벌 펀드의 주요 지표로 사용될 정도로 매우 영향력이 크다. MSCI 지수가 2011년부터 2016년까지 미국 내 주요 기업의 데이터 분석을 통해 이사회 내 여성 임원 수와 재무성과의 관계를 조사한 흥미로운 보고서를 발표했다.

2011년 여성 임원이 적어도 세 명 이상 존재하는 기업은 5년 후인 2016년에 자기자본이익률ROE의 중앙값이 10퍼센트 상승했고 주당순이익EPS은 37퍼센트가 증가했다. 반면 2011년 여성 임원이 제로인 기업은 5년 후 자기자본이익률의 중앙값이 1퍼센트 하락했고 같은 기간 동안 주당순이익도 −8퍼센트 줄었다는 내용이다. 이런 현상은 이사회가 다양성을 확보했을 때 더 나은 의사결정이 가능해진다는 사실을 보여준다. 물론 보고서는 더 많은 사례의 연구가 필요하다는 한계를 명시했지만, 조직구성원의 다양성이 성과를 좌우한다는 사실은 이미 많은 경영학의 연구에서 밝혀진 사실이다.

영국의 경영학자 메러디스 벨빈Meredith R. Belbin은 어떤 조직이 비슷한 출신의 학교, 전공, 연령대, 그리고 동일 성별 구성원으로 강하게 쏠려 있을 때 성과가 크게 떨어지는 현상을 발견했다. 다양성이 떨어지는 집단의 경우 공통으로 매우 좁은 프레임의 사고와 집단사고 성향이 나타난다. 이는 의사결정의 질을 크게 떨어뜨리는 주요 요인이다.

MIT 경영대학원의 교수이자 MIT 조직과학센터 설립자인 토머스 말론Thomas W. Malon은 집단지성의 지능이 높은 조직은 구성원 개인의 지능보다 더 중요한 세 가지 특징이 있다고 말했다. 첫째는 구성원의 평균적 사회감수성Average social perceptiveness이다. 가령 사람의 눈과 표정을 보는 것만으로도 감정 상태를 알아맞히는 실험에서 정답을 맞힌 사람이 많이 포함된 집단일수록 성과가 더 높았다고 한다. 둘째는 균등한 대화의 기회다. 조직에서 구성원 모두에게 대화의 기회가 균등하게 보장될수록 조직 집단의 지능이 높은 것으로 나타났다. 반면 역량이 매우 뛰어난 개인이 막강한 권한을 휘두르는 집단은 성과도 별 볼 일 없었다. 마지막 셋째는 바로 구성원 중 여성의 비중이다. 토머스 말론은 여성이 많이 속해 있는 집단일수록 성과가 우수했고 여성의 수와 집단지성은 정비례한다는 연구 결과를 강조했다.

남성들은 일반적으로 여성들보다 위계의 조직문화에 더 익숙하고 리더와 집단의 결정에 맞추려는 성향이 더 강하다(하버드대학교 성별이해지능연구소). 집단사고는 남성 중심의 조직문화가 더 쉽게 빠져들 수 있는 함정이다. 남성과 여성은 갈등을 해결하고 의사결정을 하는 방식이 전혀 다르다. 이 다름의 차이는 그동안 남성의 관점에서 '틀림'으로 오해를 받아왔고 여성들은 조직에서 상대적으로 존중받지 못했다.

남성과 여성은 매우 다른 성향을 갖고 있지만 함께 협력할 때 훨씬 높은 성과를 창출한다. 4차 산업혁명 시대의 조직 성과를 좌우하는 핵심 역량으로 성별이해지능Gender intelligence이 부각되는 이유다. 성별이해지능이란 남성과 여성의 신체적, 문화적 차이를 넘어각자의 고유한 성질을 이해하는 능력이다. 리더는 남성과 여성이함께 일할 때 필연적으로 발생하는 갈등을 줄이고 장점을 극대화함으로써 조직의 성과로 연결해야 한다. 여전히 남성 위주의 조직문화에서 여성의 역량을 어떻게 통합적으로 끌어낼 수 있을까? 남성과 여성에게 동등한 학습과 경험의 기회를 제공하는 시스템을구축함으로써 서로 이해하고 존중하는 파트너십을 조직문화로 조성해야 한다. 이것이 새로운 시대가 리더들에게 던지는 숙제다.

남성과 여성이 함께하면 커다란 시너지가 난다

◇◇◇◇◇

미국 MIT와 조지워싱턴대학교는 남녀가 한 팀으로 일할 때 성과와 근무 만족도 등에 관한 연구를 진행했다. 회사의 재무제표와직원 설문 조사를 토대로 단일한 성으로 구성된 팀, 남녀가 골고루 섞인 팀을 나누어 직원들의 만족도, 협조성, 사기, 다양성에 대한 태도 등을 평가한 결과는 매우 흥미롭다. 남녀가 한 팀으로 협력했을 때 생산성과 실적이 월등히 높았다. 하지만 그들은 동시에 신뢰도와 협조성 등에서는 낮은 만족도를 보였다. 연구 책임자인 세러 엘리슨Sara Ellison 교수는 "여성 혹은 남성으로만 이루어진 팀을 남녀가 섞인 팀으로 바꾸면 성과는 약 41퍼센트 신장될 것입니다."라고 밝혔다. 반면 남성이든 여성이든 어느 한쪽의 성비가 높으면 비슷한 집단에서 편안함을 느끼는 인간의 성향 때문에 만족도는 높다. 하지만 일보다 친교에 더 치중하는 분위기가 형성돼 성과에는 부정적 영향을 미치게 된다.

남성과 여성이 함께 일하며 느끼는 불만은 서로 생각하고 일하는 방식이 매우 다르기 때문이다. 직장에서 흔히 볼 수 있는 갈등 사례를 보자. 조직개편 후 새로 부임하는 남성 임원들의 공통점이 있다. 대부분 신규 프로젝트를 시작한다는 것이다. 기존의 프로젝트가 여전히 진행 중인데도 신규사업 검토를 지시한다. 매년 임원 인사가 끝나면 익숙하게 반복되는 일이다. 이런 상황에서 유독 스트레스를 받는 쪽은 여성인 경우가 많다.

일반적으로 남성들은 회사를 경기장으로 여긴다. 경기는 반드시 이겨야 한다. 따라서 늘 경쟁적인 태도를 견지한다. 반드시 자기가 득점을 올릴 거라고 기대하고 달성하기 위해 행동한다. 전문가들은 남성들의 이런 성향을 오랜 진화의 결과로 설명한다. 수렵시대에 사냥을 담당했던 남성들은 피아를 정확하게 구분할 수 없을 때 일단 피하고 보는 행동으로 생존할 수 있었다.

'뭐든 일단 행동하고 보는' 행동 편향이 여성보다 남성에게서 강하게 나타나는 것도 여기서 기인한다. 자신이 보유한 주식을 수시로 거래하고 새로운 부서를 맡게 되면 자기의 업적으로 삼을 만한 뭔가 새로운 일을 해야 한다고 생각한다. 그래서 무리한 신규사업을 추진한다. 남성들이 일하는 방식이다. 남성들은 결과가 좋지 않을 때도 그 책임을 자신보다 외부 환경 탓으로 돌리려는 경향이 강하다. 하지만 다소 무모한 도전정신과 실적을 달성하려는 집념은 기업의 성과로 연결된다.

여성들의 일하는 방식은 이와 다르다. 남성들은 경쟁적으로 공로를 자신의 것으로 돌리려고 한다. 반면 여성들은 다른 사람의 공로를 인정한다. 경기장 안에서도 소통을 매우 중시한다. 일의 결과가 좋지 않을 때도 실패의 원인을 주로 자신과 내부에서 찾기 때문에 자책과 수치심을 크게 느낀다. 여성은 남성보다 위험 회피 성향이 강해서 행동 편향의 문제는 상대적으로 적다. 하지만 반대로 '마땅히 행동해야 할 때 하지 않는' 부작위 편향에 빠지기 쉽다. 이런 성향으로 인해 일이 계획보다 늦어지거나 생산성 차질로 이어지는 경우가 있다.

행동 편향의 행동주의적 성향과 부작위 편향의 위험 회피 성향이 각자 강화되면 조직문화를 망친다. 그러나 남성의 행동주의적 태도와 여성의 신중함이 서로 균형추를 맞춘다면 오히려 아주 커다란 시너지 효과를 기대할 수 있다. '신중함과 책임감을 바탕으로 한 도전정신'과 '도전정신을 탑재한 신중함'은 성별이해지능이 뛰어난 집단의 고유 특성이자 특별한 경쟁력이다.

젠더 통합 리더십을 갖춘 조직이 혁신을 주도한다

◇◇◇◇◇

인간관계 심리학 전문가인 존 그레이_{John Gray}와 하버드대학교 여성리더십위원 바버라 애니스_{Barbara Annis}는 『포춘』이 선정한 500개 기업의 직장인 10만여 명을 인터뷰했다. 그 결과 남성과 여성은 조직에서 열정의 크기와 목표 달성의 기대는 비슷하지만 서로 다른 시각으로 문제를 보고 해결방식을 찾으며 무엇보다 성공의 의미와 만족도에서도 전혀 다른 가치를 부여한다는 사실을 알아냈다. 이런 본능적 차이로 인해 조직에서 남성과 여성은 사사건건 부딪치고 때로는 역시너지가 나타나기도 한다.

다르덴 형제 감독의 영화 「내일을 위한 시간_{Two days, One night}」은 직장 내 남성과 여성의 사고와 행동이 어떻게 극명하게 다른지 잘 보여준다. 병가 후 복직을 앞둔 여성 산드라는 회사로부터 '동료들이 투표를 통해 그녀와 일하는 대신 보너스를 받기로 결정했다.'라는 통보를 받는다. 회사가 동료들에게 그녀의 복직과 보너스를 두고 선택하도록 한 것이다. 산드라는 투표의 공정성을 이유로 동료들을 다시 설득할 기회를 얻는다. 하지만 그녀는 막상 보너스를 포기하고 자신의 복직을 지지해달라고 호소하는 과정에서 심적 갈등을 느낀다. 그런데 이 영화 속 남성 팀장과 남성 CEO의 모습이 꽤 익숙하다. 남성 팀장은 주인공의 복직을 막기 위해 동료들을 협박하는 행동도 서슴지 않는다. 주어진 목표를 달성하기 위해서다. 하지만 결국 산드라의 복직이 결정되자 이번에는 CEO가 직접 나서서 다른 직원과 재계약을 하지 않는 방법으로 인원 감축의 목표를 완성하려고 한다. 과정보다 목표의 달성이 가장 중요하고 결과로서 행위의 정당성을 확보하려는 결과 지향적 성향이다. 반면 산드라는 자신의 복직으로 재계약을 하지 못할 위기에 처한 동료의 소식을 듣고는 스스로 퇴사를 선택한다. 그는 목표를 달성했지만 성공의 의미를 잃었다. 산드라는 투쟁 과정에서 동료들이 보여준 격려가 진정 의미 있는 성과라고 평가했다. 복직을 포기할 수 있었던 이유다.

이 장면에서 산드라의 결정에 더 공감하는 쪽은 여성들이다. 여성들에게도 목표를 성공적으로 달성하고 조직으로부터 인정받는 것은 매우 중요하다. 하지만 여성들은 목표를 이뤄가는 과정에서 소통과 인정을 결과 못지않게 중요한 성과로 인식한다. 이런 상호작용이 이루어지지 않으면 결과가 아무리 좋게 나와도 제대로 인정을 받았다고 느끼지 않는다. 심한 경우 직장생활이 무의미하다며 퇴사를 결정하기도 한다.

하지만 남성들은 이런 여성들의 태도를 오해한다. 일의 과정에서 인정받고 소속감을 공유하려는 여성들의 욕구를 남에게 인정받아야만 자부심을 느끼는 존재라거나 현실에 만족하지 못하는 존재라고 치부하는 것이다. 남성들은 스스로의 인정, 결과적으로 얻게되는 성과, 그리고 보상으로서의 승진 기회를 중시하다 보니 일하는 과정에서 여성의 노력을 적극적으로 인정하지 않는 경우가 많다. 게다가 무의식적으로 여성을 비하하고 성과를 평가절하하는 말과 행동도 적지 않다. 특히 성별이해지능이 떨어지는 조직에서 남성과 여성의 불협화음은 현실적이고 첨예한 갈등으로 드러난다.

남성과 여성이 서로의 생각을 명확하게 이해하지 못할 때 일하는 방식에 서로 공감할 수 없고 협력의 시너지를 기대하기 어렵다.

존 그레이와 바버라 애니스의 공저『함께 일해요』에는 남성과 여성의 인식 차이를 보여주는 흥미로운 조사결과가 소개돼 있다. 남성의 58퍼센트가 여자도 남자와 똑같이 성공할 기회를 얻고 있다고 믿고 있다. 하지만 이 견해에 여성의 24퍼센트만 동의한다. 남성의 83퍼센트는 남녀 모두 자신의 직업에 만족하리라고 믿지만 여성의 62퍼센트만이 자신의 직업에 만족한다. 하지만 여성들의 93퍼센트가 남성들은 자신의 직업에 만족할 거라 믿는다고 한다. 남성과 여성의 사고 차이는 이토록 크다.

미국의 커뮤니케이션 컨설턴트 페기 클라우스Peggy Klaus는 저서 『소프트 스킬』에서 미래 조직이 필요로 하는 능력으로 소프트 스킬 Soft Skill을 강조했다. 소프트 스킬이란 참여, 독려, 합의를 추구하고 비전을 중시하는 성향을 말한다. 흔히 여성적 속성이라고 하는 능력이다. 미국 스탠퍼드대학교 국제연구소와 카네기멜론재단이『포춘』선정 500대 기업 임원을 대상으로 조사한 결과 응답자의 75퍼센트가 소프트 스킬이 직장 내 성공의 결정적 요소라고 답했다. 그 정도로 글로벌 기업은 여성을 주목하고 양성의 특성을 균형 있게 이해하는 성별이해지능을 매우 중요하게 인식하고 있다. 다양성은 곧 창의적 자본이고 위계적 통제보다 참여적 팀워크와 합의를 추구하는 여성의 민주적 의사결정 방식은 기존의 가부장적 조직문화를 변화시킬 수 있는 핵심 동력이다. 성性의 장벽을 허무는 젠더 통합 리더십을 갖춘 조직이 혁신을 주도한다. 패러다임은 이미 변했다.

인간은 이성적 존재다

: 도대체 왜 우리는 무지함을 인정하지 못할까? (자기인식)

고학력자도 방심하면
동네 아저씨로 전락한다

사람들은 복잡한 문제에 직면할 때 대부분 과거의 경험에서 해결책을 찾는다. 새로 길을 찾는 것보다 한두 번 가본 길이 익숙하고 믿을 만하다고 생각하기 때문이다. 게다가 시간과 노력도 줄일 수 있으니 무척 효율적인 선택일 수 있다. 문제는 의사결정 당사자의 경험이 생각보다 믿을 만하지 않다는 데 있다. 리더의 경험 지식도 사실은 많은 부분 '과거형'이다. 모든 지식과 정보는 수명이 있다. 세월이 흐르고 상황이 변하면 확신했던 지식과 정보의 상당 부분은 쓸모없는 수준으로 떨어진다. 무용지식Obsoledge화되는 것이다.

미래학자 앨빈 토플러Alvin Toffler가 『부의 미래』에서 처음 소개한 무용 지식은 시대의 변화에 따라 지식으로서 전혀 가치가 없는, 세상에 쓸모가 없어진 지식을 말한다. 한 시대의 최첨단 기술도 새로운 기술이 등장하면 버려진다. 심지어 언어도 사라진다. 본격적인 데이터 경제 시대가 열렸다. 과거와 비교도 할 수 없을 만큼 빠른 속도로 엄청난 규모의 정보들이 쏟아진다. 변화의 속도가 빠를수록 기존 지식은 빠르게 무용지식이 된다. 과거 한 번 배운 지식으로 평생 활용해 살 수 있었던 적도 있었다. 하지만 이제 지식의 수명은 빠르게 짧아지고 있다. 스마트폰 터치 한 번으로 엄청난 정보를 찾을 수 있는 세상이다. 하지만 역설적으로 점점 더 쓸모없는 지식의 늪에 빠지는 형국이다.

하버드대학교의 복잡계 물리학자 새뮤얼 아브스만Samuel Arbesman 교수는 저서 『지식의 반감기』에서 "우리는 자신이 알고 있던 지식을 빠르게 버려야 하는 시대에 살고 있습니다. 조금만 게을러지면 고학력자도 동네 아저씨로 쉽게 전락하고 맙니다."라고 경고했다. 변화의 흐름과 같은 속도로 새로운 지식을 꾸준히 업데이트한 경우가 아니라면 리더의 수십 년 경험은 사실 시대에 뒤처진 지식이며 가치도 그만큼 하락했음을 인정해야 한다.

진짜 지식은 무엇을 모르는지 알고 인정하는 것이다

◇◇◇◇◇

독일의 물리학자 막스 플랑크Max Planck는 1918년 양자역학 이론으로 노벨물리학상을 받은 후 독일 전역에서 밀려드는 강연 요청을 소화하느라 매우 바쁜 일정을 보냈다. 평소처럼 강의를 앞둔 어느 날 지쳐 있는 막스 플랑크에게 운전사가 흥미로운 제안을 했다. 막스 플랑크를 수행하며 매번 강의를 반복해 청취했고 덕분에 강의 내용을 전부 외우고 있으니 자신이 대신 강의할 수 있다는 얘기였다. 호기심이 생긴 막스 플랑크는 운전사의 제안을 수락했고 객석에 앉아 그의 강의를 지켜봤다. 분위기는 순조로웠다. 강의도 훌륭했고 청중들의 대동소이한 질문에도 어렵지 않게 답변했다. 아무도 그가 막스 플랑크의 운전사라는 사실을 눈치채지 못했다. 그런데 강의를 마칠 무렵 돌발 상황이 발생했다. 객석에서 전혀 예상치 못한 질문이 나온 것이다. 하지만 운전사는 당황하지 않고 기지를 발휘해 "그처럼 단순한 질문은 제 운전사도 답을 할 수 있으니 그에게 부탁하겠습니다."라며 객석의 막스 플랑크에게 답변을 넘겼다고 한다.

이 재미있는 에피소드는 독일 작가 롤프 도벨리가 저서 『스마트한 생각들』에 소개하며 유명해졌다. 실화인지는 확실하지 않다. 하지만 롤프 도벨리가 이 스토리를 꺼낸 이유는 '운전자의 지식Chauffeur's knowledge'의 위험성을 지적하기 위해서다. 여기서 운전자란 실제로는 모르는데 마치 아는 것처럼 행동하는 사람을 말한다. 매일 쏟아지는 온갖 정보 중에는 진실도 있고 거짓도 있다. 무엇이 참이고 거짓인지 가려낼 만한 능력은 없지만 자주 보고 듣다 보니 '안다'고 착각하는 것이다.

어설프게 아는 표면 지식과 진짜 지식의 차이는 '무엇을 모르는지 아는 것'이다. 진짜 지식을 갖춘 사람은 '어떤 사안에 대해 모른다고 말할 수 있는 사람'이다. 1999년 미국 코넬대학교 심리학과의 데이비드 더닝David Dunning 교수와 대학원생 저스틴 크루거Justin kruger가 학부생을 대상으로 능력과 자신감의 관계를 알아보는 실험을 진행했다. 유머, 문법, 독해력, 사고력, 운전, 체스, 스포츠 등 여러 분야의 실제 능력과 자신감의 정도를 비교한 결과 아는 바가 거

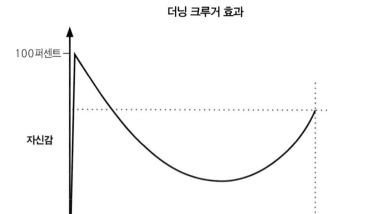

더닝 크루거 효과

자신감

100퍼센트

0퍼센트

없음

경험
(현장 지식)

전문가

의 없는 상태에서 자신감은 최고조에 달했다. 하지만 지식이 조금씩 쌓여갈수록 자신감은 오히려 급격하게 떨어지는 모습을 보였다. 전문가급의 지식을 갖춘 상태에 이르자 자신감은 다시 상승했다. 여기서 주목할 점은 '어설프게 아는' 지식으로 무장한 사람들의 과신이 전문가들의 자신감을 뛰어넘는다는 사실이다.

데이비드 더닝 교수와 저스틴 크루거는 실험을 통해 능력이 없는 사람들의 공통점을 찾아냈다. 그들은 자신의 능력을 과대평가하고 다른 사람의 진짜 능력을 알아보지 못했다. 게다가 잘못된 결정을 내리고도 검증할 능력이 없어서 오류를 알아차리지도 못했다. 이런 현상을 '더닝 크루거 효과Dunning-Kruger effect'라고 한다. 어설픈 지식으로 능력을 과대 포장하는 사람들은 자신이 무능하다는 것을 어지간해서는 인정하지 않으며 '훈련을 통해 상당한 수준의 능력을 갖추고 나서야 비로소 과거 자신의 능력 부족을 인정하는 경향'이 있다. 실제로는 능력이 없지만 능력이 있다고 착각한 의사결정권자들은 집단 전체에 고통을 안겨놓고서도 무엇이 잘못인지 본질을 전혀 이해하지 못한다. 국가, 사회, 기업을 큰 곤경에 빠뜨리는 잘못된 의사결정들이 계속 반복되는 건 리더들이 사실은 어설프게 알고 있는 사안을 '잘 안다고 착각'하는 데서 비롯된다.

과거의 오랜 경험을 신뢰하는 건 자연스러운 현상이다. 그러나 그 경험에 집착하면 외부의 변화를 알아차리기 힘들다. 리더의 경험은 두 얼굴을 가졌다. 무척 중요한 자산이면서 동시에 언제든지 위험한 독이 될 수 있다. 따라서 의사결정권을 행사하는 자리에 오른 사람들은 자신의 지식과 정보의 신뢰도를 늘 점검할 의무가 있다. 흔히 높은 자리에 오를수록 인맥이 넓어지고 중요한 정보를 얻을 기회가 많다고 여긴다. 하지만 이는 착각이다. 사실 리더들의 인맥은 다양성이 매우 떨어진다. 제한된 범위에서 비슷한 사람들끼리 정보를 공유하는 한계 때문이다. 하지만 서로의 경험과 지식에 대한 자신감만큼은 매우 강하다. 리더 집단에서 더닝크루거 효과는 더 자연스럽고 강력하게 힘을 발휘한다.

리더는 모든 답을 갖고 있다는 과신을 버려야 한다

◇◇◇◇◇

'아는 것을 안다고 하고知之爲知之 모르는 것을 모른다고 하는 것不知爲不知이 아는 것是知也이다'. 『논어』 「위정편爲政篇」에 실린 공자의 말이다. 「위정편」은 바람직한 리더의 자세를 소개한 공자의 리더십론이라고 할 수 있다. 리더의 지식 착각Ilusion of knowledge은 수천

년 전에도 매우 경계할 대상이었던 것이 분명하다. 지식 착각은 실제 자신이 알고 있는 수준보다 더 많이 안다는 인지 착각이다. 인간의 기본적 인지 편향 중 하나다. 안다는 착각은 무엇을 모르는지 모르는 상태를 의미한다. 자신의 지식과 능력을 제대로 파악하지 못한 상태에서 강력한 권한을 휘두르는 리더만큼 위험한 존재는 없다.

실패 전문가로 불리는 미국 다트머스대학교 터크경영대학원 부학장 시드니 핑켈스타인Sydney Finkelstein은 해마다 최악의 CEO를 선정해 발표한다. 그는 저서 『실패에서 배우는 성공의 법칙』에서 실패한 리더들은 한결같이 보통 사람보다 더 부지런하고 청렴하고 외부사항에 민감하게 대응하는 등 뛰어난 점이 있지만 실패한 의사결정에는 '자신의 지식과 경험의 과신'이라는 공통점이 있다고 지적했다. 능력의 한계를 간과한 자기인식의 실패가 의사결정의 실패를 불렀다는 해석이다.

영국의 심리학자 프레더릭 바틀릿Frederick Bartlett은 생각이란 '증거들 사이에 비어 있는 부분을 메우는 기술'이고 그렇게 생성된 과거 경험의 생생한 이미지들을 마치 진실인 듯 착각하면서 능력의 한계를 뛰어넘는 강한 자신감이 형성된다고 설명한다. 자신감 착각의 의사결정이 부른 참사의 좋은 예로 2010년 다국적 에너지 기업 브리티시페트롤리엄의 미국 멕시코만 원유 유출 사고를 들 수 있다. 이 사고는 처참한 환경재난이었고 경제적으로 100억 달러의 손실이 발생했다. 그런데 사건 발생 후 브리티시페트롤리엄의 CEO 토니 헤이워드Tony Hayward가 사고 발생 가능성을 미리 알고 있었다는 사실이 밝혀졌다. 대형 사고를 경고하는 내부 조사결과가 보고됐다. 하지만 토니 헤이워드는 이를 무시했다. 그는 왜 이런 결정을 내렸을까? 시드니 핑켈스타인은 토니 헤이워드를 최악의 CEO라고 부르며 '자신이 기업과 주변 환경을 모두 통제할 수 있다고 믿거나 자신이 모든 답을 갖고 있다고 믿는 과신'을 지적했다. 이 과신의 출발점은 바로 '과거의 성공에 대한 집착'이었다.

캐나다 토론토대학교의 경영학자 대니 밀러Danny Miller 교수는 성공 요인이 실패 요인으로 반전되는 상황을 이카루스 패러독스Icarus paradox라는 개념으로 설명했다. 그리스 신화 속 인물 이카루스는 천재 발명가이자 건축가인 아버지 다이달로스에게 새의 깃털과 밀랍으로 만든 날개를 받아 하늘을 날게 됐다. 이카루스는 자신감이 충만해져서 태양 가까이 가지 말라는 아버지의 경고를 무시하고 높이 날아올랐다가 그만 날개가 녹아버려서 추락했다. 그가 하늘로 날아오르는 성공을 거둔 이유도 날개고 추락한 이유도 날개다. "성공의 적은 성공이다."라는 비즈니스의 격언이 여기서 탄생했다.

리더가 자신만의 지식과 경험에 매몰될 때 지식 착각의 함정을 피할 수 없다. 자신이 무엇을 알고 있고 모르는지, 무엇을 할 수 있고 없는지 잘 파악하는 능력이 필요하다. 그건 의사결정권을 행사하는 자가 갖춰야 할 기본 능력이다. 알고 있다고 생각하는 지식일수록 계속 이유를 묻고 직원들 앞에서 '나는 모를 수 있다.'라는 가능성을 인정하는 용기는 성숙한 리더의 기본 자세.

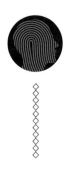

인간은 합리적이지 않고
합리화할 뿐이다

"인간은 합리적 존재가 아니라 합리화하는 존재입니다."

미국의 사회심리학자 리언 페스팅어Leon Festinger가 한 말이다. 그가 1950년대에 '인간의 잘못된 믿음(선택)을 합리화하는 비합리성'을 설명하는 인지부조화Cognitive dissonance 이론을 발표했을 때 사회적 충격이 매우 컸다. 당시만 해도 사람들은 인간이 합리적으로 사고해 이익을 최대화하는 존재라고 굳게 믿고 있었기 때문이다. 인지부조화란 자기가 알던 지식(믿음)과 상반된 새로운 정보를 받아들여야 할 때 심리적으로 매우 불편해하는 현상을 말한다.

이때 인간은 심리적 불일치 상태, 즉 인지부조화를 해결하기 위해 자신의 행위를 정당화하는 방향으로 기존의 신념을 바꾸는 선택을 한다. 이 과정이 자기합리화다. 인간은 의사결정에서 자신의 최종 판단이 합리적 사고의 결과라고 믿는다. 하지만 실제로는 의사결정 후 자신의 판단을 합리화함으로써 정당성을 부여하는 데 익숙하다.

어떻게 해야 인지부조화의 덫에 걸리지 않을까

◇◇◇◇◇

1999년 밀레니엄을 앞두고 전 세계적으로 종말론이 꽤 주목을 받았다. 당시 종교뿐만 아니라 출판, 영화, 음악 등 여러 분야에서 종말론은 인기 콘텐츠로 소비됐다. 당시 우리나라는 특히 시한부 휴거를 주장하는 사람들의 소동으로 상당히 시끄러웠다. 물론 휴거는 없었고 결국 교주로 불리던 사람의 구속되면서 사건은 마무리됐다. 그런데 휴거설을 믿고 전 재산을 교주에게 바친 사람들의 태도가 다시 사회의 이목을 집중시켰다.

그들은 자신이 사기를 당했다고 인정하지 않았다. 오히려 자신들의 기도를 통해서 종말이 미루어졌다는 논리를 펼쳤다. 그들은 믿음과 사실이 충돌하는 인지부조화가 일어나자 자신들의 행위를 정당화하기 위해 되려 사실을 부정하고 자기합리화를 했다. 『이솝우화』 속 여우가 포도를 원하는 간절함이 있었지만 따는 데 실패하자 "저 포도는 분명히 떫고 신 포도일 거야."라며 포기한 결정을 정당화한다. 다이어터들이 푸짐한 고칼로리 음식을 먹으며 "맛있게 먹으면 0칼로리야!"라고 외치는 행위는 합리적 판단의 결과가 아니라 결정을 합리화하는 인간의 비합리성을 보여준다.

인지부조화는 중요한 의사결정에서 수시로 영향력을 발휘한다. A옵션과 B옵션 중 하나를 선택해야 하는 트레이드오프의 상황이다. 이때 사람들은 대개 이미 선택한 옵션을 높이 평가하고 포기한 옵션을 낮춰 평가한다. 자신의 선택을 합리화하고 정당화함으로써 인지부조화를 줄이려는 심리로서 일관성의 법칙Consistency이라고 한다. 예를 들어 경마장에서 이미 말에 돈을 베팅한 사람과 같은 말에 베팅하려고 마음먹은 사람 중 누가 더 강하게 확신할까? 이미 돈을 베팅한 사람이다. 일단 결정을 하면 결정의 질과 상관없이 결정 자체에 강한 신뢰를 부여함으로써 자신의 의사결정을 합리화한다. 그건 자신의 판단이 옳은지 그른지 알 수 없어 불안하기 때문이다. 이는 '결정 후 부조화Postdecision dissonance' 현상으로서 인지부조화 심리의 하나다. 인간이 선택 상황에서 인지부조화로 일어나는 불안과 불편을 회피하려는 심리를 가장 많이 연구하는 분야는 역시나 기업의 마케팅 전문가들이다. 그들은 고객이 선택 후 느끼게 될 인지부조화를 재빨리 감소해주는 광고 마케팅 전략을 통해 고객의 선택을 지지하고 합리적 선택이라고 확신하도록 유도하는 데 집중한다.

심리학자들은 결정을 취소할 수 없는 상황이거나 모든 의사결정을 혼자서 했을 때 인지부조화가 특히 강화된다고 말한다. 가령 리더가 핵심 의사결정권을 독점하면 자신의 결정을 합리화하고 정당화하려는 욕구가 더 강해지는 것이다. 합리적이지 않은 결정을 합리화하려면 필연적으로 선택을 무조건 긍정하는 선택지원 편향Choice-supportive bias과 자신의 생각을 확증하는 증거를 선호하는 확증 편향이 작동해 반대의 정보는 아예 회피해버린다. 혹은 자신이 내린 의사결정의 중요성을 오히려 축소시킴으로써 인지부조화를 해결하려는 태도가 나타나기도 한다. 옳은 선택을 견지해야 할 상황에서 타협을 선택한다. 그리고 정당화한 의사결정이 사실은 합리적 판단이었다고 거꾸로 믿는 것이다.

그럼 어떻게 해야 인지부조화의 덫에 걸리지 않을까? 자신의 판단에서 오류를 찾는 훈련이 필요하다. 물론 뇌에서 일어나는 모든 인지 편향은 무의식 현상으로서 훈련으로 완벽하게 함정을 피하기는 어렵다. 그러나 인지 편향과 인지부조화 등 심리가 판단에 개입하는 것이 문제라는 사실을 인식할 때 비판적 사고로 정보를 보고 스스로 판단을 점검하는 게 가능해진다. 결국 아는 것이 힘이다.

인간은 원래 진실과 거짓을 잘 구분하지 못한다

◇◇◇◇◇

제2차 세계대전 중 나치 독일이 자행한 유대인 대학살 홀로코스트는 인류사 최대의 비극이다. 독일은 종전 후 지금까지 해마다 사과를 하고 있다. 철저하게 반성하고 있음을 스스로 기억하기 위해서다. 그런데 당시 독일인들은 어떻게 정치집단의 광기에 편승하게 된 것일까? 바로 프레이밍 효과 때문이다. 나치 정권은 사실 꽤 오랫동안 독일 사회가 반유대인 정서를 수용하도록 치밀하게 움직였다. 프로파간다Propaganda의 선구자로 불리는 요제프 괴벨스 Joseph Goebbels는 지속적으로 유대인에 대한 부정적 루머를 퍼뜨렸다.

그는 독일의 진정한 위협 요소로 '유대인'과 '볼셰비즘'을 규정했다. 선전 활동의 목적은 '유대인은 악마'라는 프레임을 만드는 것이었다. 말도 안 되는 주장이다. 하지만 독일인들은 이를 진실이라고 믿었고 유대인 핍박을 타당한 일로 받아들였다. 학살이라는 극단적 사건에 이르기까지 프레이밍 효과는 제대로 위력을 발휘했다. 프레이밍 효과는 인간의 비합리성을 증명하는 대표적 인지 편향이다. 인간은 실제의 사실보다 프레임으로 사실을 이해한다. 프레임은 사건과 사실의 관계를 인식하는 생각의 틀이다. 프레임에 따라 사실은 다르게 인식된다. 사람들은 이미 프레이밍된 것을 사실로 받아들이고 진실로 해석한다.

1990년대 우리나라 식품회사 간 조미료 전쟁이 발발했다. 포문을 연 건 후발 조미료 브랜드다. 이들은 자사의 천연 조미료가 좋다고 홍보하는 대신 기존의 1등 조미료 브랜드에 포함된 MSG가 유해하다는 프레임을 만드는 데 총력을 펼쳤다. 미국 FDA와 우리나라 식약청은 MSG가 유해하지 않다고 결론을 내렸다. 하지만 마케팅 전쟁에서 MSG는 완벽하게 패배했다. 이후 'MSG는 유해하다.'라고 프레이밍된 사실은 진실이 됐다. 가령 라면은 이제 MSG를 넣지 않는다. 그럼에도 여전히 MSG 맛의 대명사다. 사람들은 라면이 건강한 식품이 아닌 이유가 MSG 때문이라고 답한다. 과학적으로 해롭지 않다고 말해도 소용없다. 이미 프레이밍된 사실을 바탕으로 내린 의사결정을 사람들은 사실에 근거한 합리적 판단이라고 믿는다. 프레임으로 이해된 내용이 사실이 아닐 수 있다. 하지만 인식의 프레임 밖으로 나가 맥락을 살피는 의도적인 노력이 없을 때 그대로 진실이 된다.

인간은 원래 거짓과 진실을 제대로 판단할 능력이 충분하지 않다는 사실은 단순노출 효과Mere exposure effect와 진실 착각True illusion 현상을 통해서도 증명된다. 심리학자 래리 제이코비Larry Jacoby는 논문 「하룻밤 사이에 유명해지다」에서 가상의 낯선 이름을 자주 본 것만으로 자신이 그 사람을 안다고 생각하고 또 유명한 사람으로 착각하는 현상을 소개했다. 요제프 괴벨스는 실제로 "거짓말도 100번 하면 진실이 된다."라는 유명한 말을 남기기도 했다.

미국의 센트럴워싱턴대학교의 심리학과 교수 대니엘 폴라그Danielle C. Polage는 논문 「가짜 뉴스가 어떻게 퍼지는가에 대한 연구」에서 우리 뇌가 새로운 정보가 진실인지 아닌지를 판단할 때 두 가지 기준에 따른다고 분석했다. 첫 번째는 기존에 알던 지식과 얼마나 일치하는가 비교해보는 논리적 기준이다. 두 번째는 새로운 정보가 얼마나 익숙한가에 따라 참과 거짓을 판단하는 기준이다. 많이 들어 본 이야기라는 이유로 '사실'이라고 판단하는 건 비합리적이다. 그런데도 논리를 따지는 첫 번째 기준보다 익숙함이 판단에 더 강력한 영향을 미친다. 같은 이야기를 자꾸 듣다 보면 진짜라고 생각되는 것이다. 우리의 뇌는 어떤 정보든 두 번째 접할 때 더 쉽고 빠르게 처리한다. 익숙함이 사고에 미치는 영향에 대해 밴더빌트대학교의 심리학자 리사 파지오Lisa Fazio 교수는 "두 번째 접하는 이야기는 더 빨리 읽히고 이해도 금방 됩니다. 우리의 뇌는 이렇게 빨리 처리하고 습득한 정보에 '사실'이라는 딱지를 붙입니다."라고 설명했다. 이때 사실이라고 판단할 만한 근거는 전혀 필요 없다. 단지 익숙함이면 충분하다.

우리의 뇌는 인과관계가 설명될 때 편안함과 익숙함을 느끼는데 이는 자주 진실 착각으로 나타난다. 2003년 사담 후세인Saddam Hussein이 체포된 날 미국 증시의 주가가 하락했다. 엄청난 군사작전의 성공이었고 주가가 오를 것이라는 예측과 상반된 현상이 나타난 것이다. 그러자 블룸버그 통신은 '후세인은 체포했지만, 여전히 잔당 세력이 존재하므로 향후 불안정이 예상되기 때문이다.'라는 방향의 기사를 타전했다. 그런데 기사를 올린 지 얼마 지나지 않아서 주가가 상승하기 시작했다. 블룸버그 통신은 황급히 기사를 업데이트했다. 조금 전 기사 말미에 '그럼에도 테러 종식의 기대로 주가가 올랐다.'라는 내용이 첨가됐다. 이 뉴스에서 후세인이 체포됐고 주식이 오르내린 현상은 실제 있었던 일이다. 하지만 그 이유를 분석한 내용은 진실이 아니다. 그럴듯한 인과관계의 스토리가 완성되면 그것을 참이라고 믿는 서사 오류일 뿐이다.

매일 아침 경제 뉴스에서 'A기업이 잘 나간다.' 'B종목의 주가가 상승할 것이다.'라는 등의 기사를 읽으며 사람들은 새로운 정보를 업데이트했다고 생각한다. 하지만 이는 착각이다. 가령 세계보건기구가 팬데믹을 선언한 후 '나스닥 1퍼센트 폭락'이라는 기사가 나왔다. 사람들은 즉각 주가 '폭락'을 사실로 인식했다. 하지만 기사 어디에도 주가가 1퍼센트 하락한 현상을 '폭락'이라는 사실로 이해할 만한 근거는 없다. 얼마 후 주가가 다시 오르자 이번에는 '급등'이라는 뉴스가 쏟아졌다. 역시 어느 정도의 상승률을 급등으로 판단해야 하는지 제시된 기준은 없다. 기사를 쓰는 당사자와 전문가 몇 명의 주관적 판단이 있을 뿐이다.

이런 비합리성은 비판적 사고를 하지 않으면 통제할 수 없다. 새로운 정보를 접할 때 일단 의심하고 근거를 확인하는 진상 조사Fact finding는 비판적 사고의 눈을 기르는 좋은 훈련이다. 살인사건 수사에서 "팩트는 시체다."라는 말이 있다. 아무리 그럴듯한 정황 증거가 넘쳐나도 시체가 없으면 살인이라는 사건이 성립되지 않는다는 명쾌한 논리다. 정보의 진위가 불분명할 때 사실 그 자체를 의심하는 습관은 판단의 비합리성을 줄일 수 있는 가장 쉽고 간단한 방법이다. 진실 착각을 극복하는 방법은 다른 인지 편향을 극복하는 법과 다르지 않다. 그 첫걸음은 자신이 보고 듣는 것이 사실이 아닐 수 있고 또 인지 편향에 빠졌을 수 있다는 점을 인지하는 것이다. 만약 사실처럼 보이는 주장을 접했는데 그 이유를 정확히 알지 못한다고 해보자. 그럴 땐 잠시 숨을 고르고 근거로 들 만한 사실과 데이터를 찾아내야 한다. 귀찮은 일이지만 원래 진실은 쉽게 파악할 수 없는 법이다.

인간은 이성적이지 않고
완벽하지 않다

아이폰에는 제품 설명서가 없다. 처음 아이폰을 구매한 사람은 참 불친절한 브랜드라고 생각할 수도 있다. 하지만 처음 접하는 제품인데도 사용에 큰 어려움이 없다. 설명서를 읽지 않아도 쉽게 접근 가능한 직관적인 유저 인터페이스User interface 디자인 덕분이다(물론 홈페이지에서 사용설명서를 다운받을 수 있다). 애플이 자사의 전 제품에 설명서를 넣지 않는 건 '에너지를 써가며 깊게 생각하기 싫어하는 인간의 심리'를 최대한 충족하려는 디자인 철학 때문이다. 인지적 구두쇠Cognitive miser 이론을 적용한 전략인 셈이다. 1991년 미국의 사회심리학자 수전 피스크Susan Fiske와 셸리 테일러Shelley Taylor는 인간의 사고 시스템을 '인지적 에너지를 아끼도록 프로그램된 인지적 구두쇠'로 정의했다. 인간은 오랜 세월 생존을 위해 시간과 에너지를 최대한 절약하는 방식으로 진화해왔다. 그러다 보니 심사숙고할 때 뇌가 사용하는 에너지를 아끼기 위해 복잡한 문제를 단순화하고 빨리 판단하는 방식으로 사고하게 됐다는 것이다. 인지적 구두쇠 이론의 바탕이다. 이성보다 직관을 먼저 사용해 세상을 이해하는 성급한 판단은 개인의 선택이 아니라 진화를 거쳐 장착된 사고의 디폴트 시스템인 것이다.

왜 인간은 제한적으로 합리적인 판단을 할까

◇◇◇◇◇

인간이 사고하는 방식은 두 가지다. 자동으로 생각하는 직관의 방식과 주의 집중해서 사고하는 이성의 방식이다. 심리학자 키스 스타노비치Keith Stanovich와 리처드 웨스트Richard West는 무의식에서 본능적으로 작동하는 직관의 사고방식을 '시스템1'이라고 하고 의도적인 노력으로만 작동하는 이성의 사고방식을 '시스템2'라고 정의했다.

시스템1의 장점은 매우 빠르게 판단하는 것이다. "1 더하기 1의 값은?"이라는 질문에 즉각 대답하고 사무실에서 마주친 상사의 얼굴을 보자마자 "화났군."이라고 알아차리는 건 시스템1이 작동한 결과다. 의도적 노력 없이 자동으로 활동하는 시스템1은 동시에 여러 일을 할 수 있다. 천천히 걸으면서 잡담하고 음악을 들으며 운전할 수도 있다. 엄마는 아기의 울음소리를 듣자마자 배고프다는 사실을 알아차리고 아이를 달래면서 동시에 적당한 온도로 물을 데워 분유를 준비한다. 모두 시스템1의 영역이다.

반면 의도적인 노력으로 작동하는 시스템2는 느리다. 복잡한 함수를 계산하거나, 두세 가지의 옵션을 두고 장단점을 비교하거나, 운동을 목적으로 빠르게 걷거나, 기후변화 대응책을 논의하는 등 무언가에 몰두할 때는 시스템2가 작동한다. 시스템2는 여러 가지를 동시에 사고하지 못한다. 가령 달리기를 하는데 매우 심각한 내용의 전화가 걸려온 상황을 생각해보자. 사람들은 이때 달리기를 멈춘다. 통화에 집중할 수 없기 때문이다. 수학의 미적분 문제를 풀면서 메트로놈의 박자에 맞춰 춤을 출 수 없다. 농구 경기에 푹 빠져 시청하느라 옆에 아이가 함께 보고 있었다는 사실을 잊기도 한다. 경기 종료 후에야 알아차리고 깜짝 놀라는 것이다. 시스템2는 오로지 한 가지에 집중한다.

외부정보를 수용하고 해석할 때 먼저 작동하는 건 직관인 시스템1이다. 시스템1의 방식으로 답을 찾지 못할 때 비로소 심사숙고하는 이성인 시스템2가 작동한다. 빠르게 움직이는 시스템1과 정확한 시스템2가 서로 협력한다면 인간은 늘 합리적인 판단을 할 수 있을 것이다. 그러나 이 둘은 좋은 협력자가 아니다. 시스템1이 활동할 때 시스템2는 작동을 멈춘다.

시스템1이 '잘 모르면서 마치 아는 것처럼' 결론을 내리는 동안에도 시스템2는 움직이지 않는다. 시스템2는 시스템1의 판단에 오류가 없는지 확인할 책임도 미룬다. 너무 게으른 나머지 시스템1의 오류를 어물쩍 '진실'이라고 인정해버린다. 이것이 바로 인지 착각이다. 이때 뇌는 시스템2로부터 '인정'을 받았으므로 나름 심사숙고했다고 믿는다. 합리적 판단으로 착각하는 것이다. 팀장이 첫 출근한 신입사원을 보자마자 '일 잘하지 못할 것 같은데 말도 참 안 듣겠어.'라고 생각했다고 하자. 단지 자신이 선호하는 외모가 아니고 일류 대학을 나오지 않았다는 사실이 무의식에서 판단의 근거로 작용한 것이다. 하지만 평소 '사람 보는 눈'이 있다고 자신해온 팀장의 머릿속에는 합리적 추론의 결과로 이해된다. 시스템1의 직관이 내린 판단을 시스템2가 바로잡지 않고 인정해버린 결과다.

이런 비합리적 사고의 과정은 무의식적으로 나타나기 때문에 인간은 스스로 인식하지 못한다. 그러다 보니 무엇이 문제고 왜 문제인지도 깨닫지 못한다. 무엇이든 아는 만큼 생각하고 보이는 게 전부인 시스템1의 판단을 합리적이라고 착각하는 상황은 일상의 모든 순간에 부지불식간 발생한다. 이를 모두 통제하기란 불가능하다. 비합리적 판단과 선택으로 발생하는 작은 실수들은 그저 '인간적'이라는 이름으로 허용하는 것이 오히려 자연스럽다. 하지만 중대한 의사결정의 경우는 다르다. 국가와 기업의 리더가 직관과 이성의 판단을 구분하지 못한 채 수백억 원에서 수천억 원에 이르는 잘못된 투자를 감행해 엄청난 손실을 일으키고 무분별한 개발정책을 남발해 후세에 돌이킬 수 없는 환경 부담을 남기고 전쟁을 유발해 수많은 목숨을 잃게 됐을 때 감당해야 할 결과를 인간적 실수로 받아들일 수는 없다.

인간은 100퍼센트 합리적이지도 않고 100퍼센트 비합리적이지도 않다. 이성을 바탕으로 한 합리적 사고와 직관의 균형을 찾기 어려운 제한적 합리성을 가진 존재일 뿐이다. 인간은 완벽하지 않기에 완벽하게 합리적인 의사결정을 내릴 수 없다. 완벽하지 않은 자신을 인정할 때 돌이킬 수 없는 실수를 그나마 예방할 수 있다. 하지만 인간은 자신이 비합리적이라는 사실을 인정하기가 쉽지 않다.

왜 기분이 좋을 때 의사결정을 하면 안 될까

◇◇◇◇◇

시스템1의 방식은 한마디로 어림짐작인 휴리스틱이다. 복잡한 세상을 빨리 판단해야 하는 사람들은 지름길이 필요하다. 방법은 간단하다. 범주와 유형을 정하고 패턴으로 모델링한 틀에 새로운 정보를 적용하면 쉽다. 세상을 범주화하고 유형으로 정리하는 기술이 휴리스틱이고 패턴화한 판단의 프레임이 바로 편향이다. 편견, 선입견, 고정관념은 휴리스틱과 편향의 산물이다. 인간은 이들 삼총사를 활용함으로써 사고의 시간과 에너지를 절약한다.

휴리스틱의 가장 일반적인 유형은 대상의 일부 특성으로 그 전체를 판단해버리는 대표성 휴리스틱Representativeness heuristic이다. 미국 프린스턴대학교 심리학자 알렉산더 토도로프Alexander Todorov는 2000~2004년 미국의 상하원 선거 데이터의 분석을 토대로 2005년에 『사이언스』에 논문 「외모에 의한 능력 평가와 선거 결과 예측」을 발표했다. 학부생을 대상으로 각 선거구의 당선자와 낙선자 사진을 보여주고 더 유능해 보이는 사람을 고르도록 하고 실제 선거 당선자와 비교했는데 놀랍게도 약 70퍼센트가 일치했다는 내용이다. 이미지(인상)가 판단(투표)을 좌우할 확률이 매우 높다는 사실이 증명됐다.

그런데 이는 혹시 미국인만의 특성은 아닐까? 그래서 스위스 로잔대학의 경영학자 존 안토나키스John Antonakis와 올라프 달가스Olaf Dalgas가 2,841명의 스위스인에게 2002년 프랑스 총선 후보자 사진을 보여주고 똑같은 방식으로 실험을 진행했다. 그 결과 역시 70퍼센트 정도의 일치율이 나타났다. 그런데 이 사례에서 특히 주목할 점은 실험 참가자 중 열세 살 미만의 어린이가 무려 681명이 포함됐다는 점이다. 그런데 이들의 선택도 성인과 큰 차이가 없는 64퍼센트 정도의 일치율을 보였다. 직관적 이미지(인상)로 전체를 판단(평가)하는 휴리스틱은 나이, 국가, 문화와 상관없는 인간의 고유 특성이다.

"소심한 걸 보니 A형이구나." 혹은 "AB형일 줄 알았어. 변덕스럽잖아."라는 등 혈액형 유형별 성격 감별법은 대표성 휴리스틱의 전형이다. 사람들은 과학적 근거가 전혀 없는 편견이지만 낯선 이의 혈액형을 묻고 '이런 사람' 혹은 '저런 사람'이라고 판단한다. "저 사람은 전형적인 교수다." "OO 출신이 일을 잘한다." "아시아인은 순종적이다." 등 대표성 휴리스틱은 매우 흔한 사고의 유형이다.

사람들은 어떤 대상이나 상황이 자신의 고정관념이나 기억과 얼마나 유사한지를 기준으로 나름의 '대표성'을 만들어 대상이나 사건을 파악한다. 가령 길에서 우연히 만난 사람이 안경을 쓰고 클래식 음악을 들으며 영문 경제지를 자주 보고 있다고 하자. '이 사람의 직업은 무엇일까?'라는 문제를 주고 ①번 경영대학원 교수와 ②번 택배기사 중 선택하라고 하면 대부분 ①번을 고른다. 대표성으로 추론한 휴리스틱의 판단이다. 그러나 이는 매우 비합리적 추론이다.

통계적 관점으로 접근해보자. 구체적 수치는 잘 몰라도 국내 직업별 인구분포에서 경영대학원 교수보다 택배기사의 수가 훨씬 많다는 사실을 알 수 있다. 가상으로 경영대학원 교수가 100명이고 택배기사가 10만 명이라고 해보자. 경영대학원 교수의 90퍼센트가 위 조건을 충족해도 90명에 불과하다. 반면 택배기사의 1퍼센트만이 위 조건에 충족한다고 해도 1,000명이다. 따라서 '안경을 쓰고 클래식 음악을 들으며 영문 경제지를 보는 사람'의 직업은 택배기사일 확률이 더 높다. 휴리스틱의 가장 큰 횡포가 바로 기저율 무시다. 기저율이란 특정 범주에 속하는 사례의 상대적 확률이다. 사전 정보가 전혀 없는 상황에서 추론할 때는 기저율을 고려해야 합리적 판단을 할 수 있다. 하지만 휴리스틱은 통계를 자주 무시한다. 클래식을 즐겨 듣고 영문 경제지를 읽는 사람이 택배기사일 가능성이 훨씬 큰 객관적 근거를 제시해도 머릿속에는 여전히 '그래도 경영대학원 교수일 것'이라고 생각하는 것이다. 택배는 단순한 업무에 속하고 따라서 택배기사는 공부에 관심이 없는 저학력의 소유자일 것이라는 편견의 작용이다.

회상용이성 휴리스틱은 통계를 무시하고 세상을 판단한다. 쉽게 떠오르는 생각을 과대 포장하는 매우 익숙한 사고 방식이다. 2020년 팬데믹이 막 시작됐을 무렵 24시간 내내 코로나19 뉴스 특보가 쏟아졌다. 당시 사람들은 코로나19에 감염될 확률을 실제보다 매우 높게 판단했고 집단적 공포가 빠르게 확산됐다. 그 결과 해외 일부 국가에서는 휴지를 사재기했고 우리나라에서는 마스크를 사재기했다. 회상용이성 휴리스틱은 대형 이슈가 발생했을 때 비합리성이 극대화된다. 과거 '공업용 우지 라면' 사태를 떠올려보자.

TV에서 연일 식품의 위해성을 보도하면서 시장의 공포가 폭발했다. 해당 기업은 반박과 사과를 이어갔지만 역부족이었다. 분노가 잠잠해질 무렵 위험성이 과장됐다는 사실이 밝혀졌지만 시장점유율 1위를 지켰던 해당 브랜드는 경쟁에서 밀려났다. 한때 인기를 끌었던 모 카스테라 브랜드도 미디어에 의해 위해성이 보도되면서 '매우 나쁜' 이미지가 형성됐고 결국 시장에서 철수했다. 물론 이때도 이슈가 잦아든 후 위험이 터무니없이 과장됐다는 사실이 드러났다. 많은 자영업자가 엄청난 손해를 감당해야 했다.

개인의 경험도 회상용이성 휴리스틱에 직접적 영향을 미친다. 교통사고를 겪은 사람은 그 위험성을 더 크게 생각하기 때문에 더 비싼 보험을 선택한다. 팀 프로젝트에서 내 공로가 더 크다고 생각하는 건 동료가 한 일보다 내가 한 고생이 더 쉽게 떠오르기 때문이다. 중국 투자로 실패한 기업가는 중국 시장 진출의 위험성을 실제보다 더 높게 평가한다. 회상용이성 휴리스틱은 표현 방식에도 쉽게 휘둘린다. 인구 100만 도시에 감염병이 발생했다고 하자. 이때 '1퍼센트의 사망률'이라는 표현보다 '100만 명 중 1만 명이 사망'한다는 표현이 더 큰 공포를 유발한다. 이를 분모무시의 법칙 Denomination neglect이라고 한다. 똑같은 내용이지만 '1만 명 사망'이라는 표현은 1퍼센트의 사망률이라는 표현보다 머릿속에서 더 생생하게 묘사된다. 따라서 더 쉽게 감정을 자극하고 행위를 결정하도록 한다.

감정과 기분도 휴리스틱의 요소다. 좋아하는 정치인의 주장은 일단 신뢰한다. 반면 싫어하는 정치인의 주장은 무조건 반대하고 확증할 만한 정보만 강조한다. 편애하는 직원의 실수는 관용의 대상이고 싫어하는 직원의 아이디어는 실패 가능성이 더 크게 생각된다. 바로 감정 휴리스틱이다. 그런가 하면 어떤 순간의 기분이 계속 남아서 다른 판단에 영향을 주기도 한다. 기분이 좋을 때 '좋은 게 좋은 것'이라며 일단 긍정하는 건 기분 휴리스틱이다. 기분이 좋을 때는 중요한 의사결정을 하지 말라는 얘기가 있다. 감정과 기분이 판단에 미치는 영향은 우리의 생각보다 훨씬 강력하기 때문이다.

우리가 의사결정을 할 때 꼭 피해야 할 것들

◇◇◇◇◇

휴리스틱은 합리적 판단이 필요하지 않은 상황에서는 빨리 유용하게 사용할 수 있는 사고방식이다. 하지만 인지적 편향이 개입하므로 판단의 오류가 발생하게 된다. 실제로 실패한 경영 의사결정들에는 인지 편향의 문제가 공통으로 발견된다. 의사결정 전문가 존 베시어스John Beshears와 프란체스카 지노Francesca Gino는 2015년에 『하버드 비즈니스 리뷰』를 통해 '의사결정 설계자로서 리더'가 의사결정 과정에서 경계해야 할 대표적 인지 편향을 소개했다.

첫째, 과도하게 낙관적인 의사결정에 개입한 인지 편향이다. 대표적으로 '낙관주의 편향'과 '과신'이 있다. 낙관주의 편향은 자신의 능력을 과대평가하는 과신의 영향이다. 낙관주의와 과신이 만났을 때 의사결정권자는 과거의 성공을 100퍼센트 자신의 실력 덕분이라고 믿고 운도, 동료들의 공도 인정하지 않는다.

둘째, 객관적으로 현상을 바라보지 못한 의사결정에 개입하는 인지 편향이다. 자기 신념과 일치하는 정보에 가중치를 부여하는 '확증 편향', 자신의 최초 주장에서 벗어나지 못하는 '앵커링 효과', 만장일치를 선호하는 '집단사고', 자기 관점만 고집하는 지독한 '자기중심주의' 등은 사안의 인식과 평가 과정에 흔하게 개입해 부정적인 영향을 미친다.

뮐러리어 도형

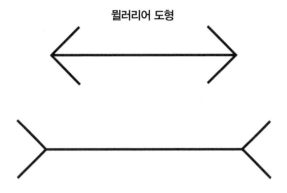

셋째, 제대로 된 대안의 선택을 방해하는 인지 편향이다. 대표적으로 '손실 회피'가 있다. 비합리적으로 손실을 과장하는 편향은 이미 써버려 회수할 수 없는 비용에 집착하는 '매몰비용의 오류'를 낳는다. 이때 자신의 선택이 잘못돼 실패가 확실해도 고집스럽게 자신의 판단에 집착하는 '몰입상승 효과Escalation of commitment'에 따라 망할 게 뻔한 사업에 더 많은 자원을 투입한다. 이런 무모한 의사결정의 이면에는 자신이 결과를 통제할 능력이 있다고 믿는 '통제 착각'이 있다. 결과를 통제할 수 있다고 믿기에 자기 행동의 위험성을 무시하는 것이다.

넷째, 안전주의를 추구하는 인지 편향이다. 현 상태의 유지를 선호하는 '현상유지 편향'과 즉각적인 보상의 가치를 지나치게 과대평가하고 장기적 이익의 가치는 과소평가하는 '현재 편향Present bias'이 대표적이다. 혁신보다 안전을 우선하는 의사결정을 유도한다. 장기적 계획을 추진하지 못하는 근시안적 경영 의사결정이 반복과 타성에 젖은 조직문화가 형성되는 주요 원인이다.

휴리스틱과 편향은 착시 현상과 같다. 뮐러리어 도형을 보자. 나란히 그려진 두 선의 길이는 같다. 그런데 한쪽이 분명 길어 보인다. 선의 길이를 자로 재보고 같다는 사실을 확인해도 눈으로 보기에는 여전히 한쪽이 길어 보인다. 이와 똑같은 현상이 머릿속 사고의 과정에서도 일어난다. 착각은 인지의 착시 현상이다. 생각이 틀렸다는 것을 인지해도 여전히 기존의 방식이 옳다고 생각한다. 눈에 보이고 직접 자로 재볼 수 있는 착시보다 눈에 안 보이고 생각 속에서 일어나는 인지적 착시의 오류를 인정하기가 훨씬 더 어렵다. 그래서 행동경제학은 인지 편향의 패턴을 기억하라고 강조한다. 자를 가지고 직접 재보듯 여러 편향의 패턴을 활용해 인지 착각을 점검하라는 얘기다. 일단 최종 의사결정을 하기 전에 판단을 의심하고 비슷한 상황의 인지 편향 패턴과 비교하는 간단한 과정을 거쳐보자. 그것만으로도 잘못될 가능성을 조금은 줄일 수 있다.

왜 아인슈타인은 죽을 때까지
공부했을까

"선생님께서는 이미 해박한 지식을 갖고 계시는데요. 어째서 그렇게 계속 공부를 열심히 하십니까?"

어느 날 천재 물리학자 알베르트 아인슈타인Albert Einstein이 열심히 공부하고 있는 걸 보고 제자들이 조심스럽게 물었다. 그러자 아인슈타인은 조용히 자리에서 일어나 칠판에 원을 하나 그리더니 제자들에게 물었다. "이 원의 안쪽은 이미 알고 있는 지식이고 원의 밖은 모르는 부분입니다. 그럼 새로운 궁금증은 어디에서 생길까요?" 제자들이 "원의 안쪽입니다."라고 대답했다. 그러자 아인슈타인은 고개를 저으며 "이미 다 알고 있는데 무엇이 궁금하겠습니까?"라고 말했다. 다시 제자들이 "원의 바깥쪽입니다."라고 답했다. 이에 아인슈타인은 "전혀 모르는데 뭐가 궁금하겠습니까?"라며 고개를 저었다.

그리고 당황한 제자들을 향해 말을 이어 갔다. "궁금증은 아는 것과 모르는 것의 경계선에서 생깁니다. 원이 커질수록 경계선이 확장되고 따라서 궁금한 게 더 많아집니다. 내가 나이가 많고 평생 열심히 공부했으니 나의 원이 여러분의 원보다 조금이라도 클 것이고 궁금한 것도 더 많을 수밖에 없습니다. 그러니 어떻게 공부를 게을리할 수 있겠습니까."라고 말했다. 지식이 많을수록 자신이 무엇을 모르는지 비로소 깨닫게 된다. 반면 아는 것이 적을수록 세상에 궁금한 것이 없다. 무엇을 모르는지 모르기 때문이다. 지식을 계속 업데이트하면서 원의 경계를 확장하지 않으면 작은 원의 프레임에서 세상을 해석하게 된다.

"아는 만큼 보인다."라는 속담은 과학적으로도 증명된 사실이다. 미국 존스홉킨스대학교 연구자들은 아랍어 전문가팀과 아랍어를 한 번도 본 적 없는 일반팀을 대상으로 아주 짧은 시간에 두 아랍 문자를 보여주고 유사성을 판단하는 실험을 진행했다. 예상대로 아랍어 전문가팀의 정확도가 훨씬 높았다. 로버트 와일리Robert Wiley 교수는 2016년 『실험심리학저널Psychonomic Bulletin & Review』에 시험결과를 발표하며 "특정 물체나 분야에 대해 많이 알게 되면 복잡해 보이는 것도 단순 명쾌하게 인지할 수 있습니다."라고 설명했다. 무언가에 대해 깊이 있게 알게 되면 더 많은 관련 정보를 인지할 수 있고 부분적 정보의 중요성까지도 파악할 수 있는 능력으로 확장되는 것이다.

어떻게 하면 더 많은 앎을 추구할 수 있을까

◇◇◇◇◇

미국의 전 국방장관 도널드 럼즈펠드Donald Rumsfeld는 2001년 9.11 테러를 막지 못한 책임의 당사자로 지목돼 비난의 화살을 맞았다. 그러자 도널드 럼즈펠드는 9.11 테러는 자신의 잘못된 판단과 대응에서 비롯된 사건이 아니라는 점을 강조하며 앎과 모름의 4가지 유형을 제시했다.

첫째, '안다는 것을 아는 것Known knowns'이다. 말 그대로 우리가 알고 있는 지식이다. 둘째, '모른다는 것을 아는 것Known unknowns'이다. 우리가 무지하다는 사실을 알고 있는 상태를 말한다. 셋째, '안다는 것을 모르는 것Unknown knowns'이다. 미처 깨닫지 못한 지식이 여기에 해당한다. 그리고 마지막 넷째, '모른다는 것을 모르는 것Unknown unknowns'이다. 우리가 무엇을 모르는지조차 알지 못하거나 혹은 안다고 생각하지만 사실은 모르는 상태를 말한다. 도널드 럼즈펠드는 9.11 테러는 네 번째 유형인 '무엇을 모르는지 모르는 상태'에서 발생한 사건이기에 어떤 대비도 할 수 없었다고 소명한 것이다.

당시 미국인들이 그에게 분노했던 이유는 9.11 테러를 '충분히 예측 가능한' 사건이라고 믿었기 때문이다. 하지만 실제로 사건의 전후 사정은 사건이 발생한 후에야 비로소 하나씩 밝혀진 내용이다. 상황을 모두 파악하고 나면 인과관계가 명확해지고 도저히 모를 수가 없는 '뻔한' 사건으로 이해한다. 바로 인지 착각이다. 하지만 사람들은 이를 인정하기 쉽지 않다.

'모르는 것조차 모르고 있는' 상황은 매우 위험하다. 무엇이 문제인지 전혀 모르기 때문에 잠재된 문제의 발생 가능성을 알아차리지 못한다. 또는 실제로 모르면서 알고 있다는 착각에 빠져 있으므로, 어떤 문제가 발생해도 통제 가능하다고 자만하고 행동하다가 결국 더 나쁜 결과를 일으킨다.

2012년 미국 대통령 선거에서 버락 오바마Barack Obama의 당선은 물론 50개 주의 선거 결과를 정확하게 예측한 미국의 데이터 전문가 네이트 실버Nate Silver는 『신호와 소음』에서 '모른다는 것을 알지 못하는' 전문가들의 예측이 얼마나 위험한지 지적했다. 2008년 금융위기 전 당시 월가의 신용평가회사들은 시장의 위험을 잘 통제하고 있다고 자신만만했다. 그러나 금융위기가 터지고 난 후 그들이 실제로는 '전혀 모르고 있었다.'라는 사실이 드러났다. 사람들은 자신이 무엇을 모르는지조차 모를 때, 또는 알고 있지만 제대로 알지 못해 모르는 것과 다름이 없을 때 가장 강한 자신감을 느낀다. 거침없는 의사결정이 가능해지는 것이다. 2008년 금융위기가 가져온 불행은 미국만의 것은 아니었다. 수많은 국가가 연쇄 충격을 받았고 사회적 약자들의 삶이 무너졌다. 무지함을 깨닫지 못한 판단의 결과는 이토록 위험하다.

리더의 의사결정은 완벽할 수 없다. 하지만 더 나은 의사결정은 가능하다. 행동경제학의 조언은 무엇보다 '모르는 것조차 모르는' 상태에서 벗어나 '모르는 것을 아는' 상태로 가기 위해 노력하라는 것이다. 즉 '자기인식'을 위한 노력이 필요하다. 당연한 얘기지만 모른다는 사실을 인정할 때 더 많은 앎을 추구하게 되고 사고의 프레임을 확장할수록 제한된 비합리성으로 인한 의사결정의 문제들을 줄일 수 있다.

리더가 되는 첫걸음은 인간 자신을 이해하는 것이다

◇◇◇◇◇

팬데믹 시대를 표현하는 가장 적절한 단어가 있다면 바로 '혼란과 불안'이다. 우리는 코로나19가 전 세계로 확산하던 초기에 전문가들에게 불안한 미래의 방향을 물었다. 하지만 그들의 전망은 상당 부분 빗나갔다. 이는 자연스러운 현상이다. 한 번도 가보지 않은 세상을 한 분야의 관점으로 모두 이해하는 건 불가능하다. 사회, 경제, 문화, 철학, 의료 등이 융합한 새로운 관점, 바로 포스트 팬데믹 시대가 요구하는 리더의 통찰이다.

리더의 유형을 말할 때 빠지지 않고 단골로 등장하는 두 개념이 있다. 스페셜리스트와 제너럴리스트다. 스페셜리스트는 좁은 분야를 깊게 아는 사람이고 제너럴리스트는 넓은 분야를 얕게 아는 사람이라고 알려져 있다. 하지만 이는 오해다. 스페셜리스트와 제너럴리스트는 상반된 개념이 아니다.

제너럴리스트는 자기 전문성은 물론 다양한 식견을 쌓아 역량을 확장한 사람을 말한다. 대부분 조직에서 전문가로 훈련받고 스페셜리스트가 되면 이후 더 많은 분야를 경험하면서 능력을 쌓아 제너럴리스트로 성장하게 된다. 가령 IT 엔지니어로 입사한 후 경력을 쌓으면 전문가가 된다. 이후 승진을 거듭하는 동안 후배 직원들보다 전문성은 더 깊어져야 하고 동시에 관리자로서 필요한 능력을 훈련받아야 한다. 자기 전문성은 기본이고 커뮤니케이션, 협상력, 공감력 등의 소프트 스킬과 경영적 관점, 비즈니스 역량을 함께 갖추었을 때 비로소 제너럴리스트가 된다. 이들이 바로 리더다.

제너럴리스트는 진행형의 개념이다. 제너럴리스트의 수준에 도

달했다고 완성되는 것이 아니다. 리더의 자리에 오른 후 자신의 전문성이 무용 지식이 되지 않도록 공부해야 하고 다양한 영역으로 지식을 확장해나가는 피나는 노력으로 제너럴리스트의 역량을 유지할 수 있다.

과거 리더들은 T자형 인간이 되라는 요구를 받았다. 깊이 있는 전문성(세로축)으로 확고한 자기만의 전문 영역을 구축하는 것은 기본이다. 전문성이 깊지 않으면 다른 영역으로 옮겨갈 수도 없고 아주 좁은 직무의 틀 안에 갇히게 된다. 탄탄한 전문성을 기둥으로 삼아 식견(가로축)을 넓게 확장한 상태가 T자형 인간이다. 그런데 지금 세상에서는 T자형 능력도 부족하다. 최소한 2개 이상의 분야에서 남들보다 뛰어난 π(파이)자 형 리더, 다양한 분야의 전문성을 갖춘 지네형 리더가 필요한 시대가 왔다. 산업의 경계가 흐릿해지는 시장에서 경쟁하는 조직의 리더는 한두 개 분야의 전문성만으로는 역할을 하기 어려워졌다. 가령 IT 분야의 리더가 되려면 IT는 물론이고 바이오, 경제, 경영 등 다양한 분야에서 한두 가지 이상의 전문성을 갖춰야 한다. IT 비즈니스는 이제 IT와 다양한 산업의 융복합이라는 새로운 모델로 나아가기 때문이다.

하지만 π자 형 리더와 지네형 리더를 독보적으로 똑똑한 의사 결정자로 이해하면 곤란하다. 세상에 완벽한 천재도 없지만, 완벽한 천재가 있더라도 반드시 훌륭한 리더가 되는 것은 더더욱 아니다. π자 형 리더와 지네형 리더는 모든 능력을 갖춘 개인이라기보다 오히려 다양한 집단지성을 하나의 역량으로 결집시키는 능력을 갖춘 리더로 봐야 한다. 4차 산업혁명의 시대는 단순히 경제 환경이 변화하고 과학이 발전된 세상을 의미하지 않는다. 문명의 전환

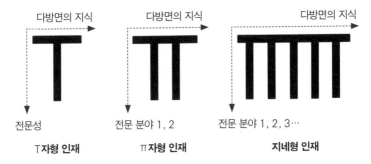

시대가 요구하는 리더 조건의 변화

다방면의 지식 → 전문성
T자형 인재

다방면의 지식 → 전문 분야 1, 2
π자형 인재

다방면의 지식 → 전문 분야 1, 2, 3…
지네형 인재

으로 인류의 삶이 바뀌는 세상이 오고 있다. 우리는 역사적으로 한 번도 경험해보지 못한 불확실한 미래로 나아가고 있다. 그러한 상황에서 길을 잃지 않기 위해 필요한 건 바로 협력과 그 협력을 가능케 할 리더십이다. 다수의 집단지성이 활동하는 플랫폼으로서 사회나 조직 구조와 시스템을 설계하는 것이 이 시대 리더의 역할이다. 완벽한 의사결정의 환상이 아니라 더 나은 의사결정을 위해 노력하는 성숙한 리더로 성장하기 위한 첫걸음은 바로 우리 인간 자신을 이해하는 것임을 기억해야 한다.

리더의 오판 왜 리더는 잘못된 의사결정을 할까

초판 1쇄 발행 2021년 2월 26일
초판 4쇄 발행 2024년 7월 2일

지은이 유효상
펴낸이 안현주

기획 류재운 **편집** 안선영 김재열 **브랜드마케팅** 이승민 **영업** 안현영
디자인 표지 최승협 본문 장덕종

펴낸 곳 클라우드나인   **출판등록** 2013년 12월 12일(제2013-101호)
주소 우) 03993 서울시 마포구 월드컵북로 4길 82(동교동) 신흥빌딩 3층
전화 02-332-8939   **팩스** 02-6008-8938
이메일 c9book@naver.com

값 17,000원
ISBN 979-11-91334-08-1 03320